**Impressum**

1. Auflage, November 2010

Idee, Konzept & Gestaltung: Martin Arz
alle Abbildungen: © Hirschkäfer Verlag, 2010
Printed in the Czech Republic



ISBN978-3-940839-13-8

Besuchen Sie uns im Internet:
**www.hirschkaefer-verlag.de**

Max Hirschkäfer

# ABSOLUT München

Das München-Sammelsurium

HIRSCHKÄFER
verlag

# VORNEWEG

München ist die schönstebestesensationellste Stadt Deutschlands, Europas oder auch der Welt – das verkünden in regelmäßigen Abständen diverse internationale Erhebungen, Umfragen und Analysen. Man soll zwar nie einer Statistik trauen, die man nicht selbst gefälscht hat, aber bei München kann man getrost eine Ausnahme machen. Sie IST die schönstebestesensationellste Stadt. Wir Münchner wissen das. Wir leben schließlich hier!

Aber was wissen wir eigentlich wirklich über unsere Stadt?
Definitiv zu wenig!
Darum haben wir Daten, Fakten, Zahlen, Kurioses, Verrücktes, Trauriges, Überraschendes, Witziges und vieles mehr zusammengetragen, was man über München wissen kann, nicht unbedingt wissen muss, aber eigentlich wissen sollte. Nichts schleppt man herrlicher mit sich herum als unnützes Wissen – erst recht, wenn es um diese Stadt geht.

Das Ganze ist ein München Sammelsurium. Als Sammelsurium bezeichnet man per definitionem eine ungeordnete, unsystematisch angelegte Sammlung. Ursprünglich stammt das Wort aus der Nahrungsmittelbranche: Das niederdeutsche *sammelsur* stand für einen gastronomischen Tiefpunkt, nämlich ein »saures Gericht aus gesammelten Speiseresten«. Vermutlich gab es das Resteessen früher häufig in der Mensa, denn Studenten verpassten der ungeliebten Mahlzeit das scheingelehrte lateinische Suffix *-ium*.

Ein Sammelsurium ist kein Lexikon und es kann natürlich nie Anspruch auf Vollständigkeit erheben, denn beide Begriffe schließen einander aus. Sicher wird der eine oder andere Leser schreien: »Da fehlt aber das! Und vor allem dies! Erst recht jenes!« Richtig! Sicher doch. Das gehört dazu. Das ist Konzept eines Sammelsuriums.

Wir haben bei der Recherche alle Fakten nach Möglichkeit mehrfach gegengecheckt und haben dabei gemerkt, dass sich dank eifriger, unkritischer Abschreiberei manche Fehler, Mythen und Legenden über Jahrzehnte hinweg halten. Wir haben so manche Richtigstellung hier im Buch. Selbstverständlich sind auch wir nicht vor Fehlern gefeit und bitten daher um Nachsicht, falls sich irgendwo der eine oder andere Fehler eingeschlichen haben sollte.

Nun aber viel Spaß beim Schmökern und Staunen …

## STADT

**Stadt München**

| | |
|---|---|
| Bundesland: | Bayern |
| Regierungsbezirk: | Oberbayern |
| Landkreis: | Kreisfreie Stadt |
| Höhe: | 519 m über NN |
| Fläche: | 310,43 km² |
| Flächennutzung: | 44,1 % Gebäude<br>17,2 % Verkehrsflächen<br>15,5 % Landwirtschaftsflächen<br>15,5 % Erholungsflächen<br>4,1 % Waldflächen<br>1,3 % Wasserflächen<br>2,2 % Flächen anderer Nutzung |
| Größte Ausdehnung N ↔ S: | 20,7 km |
| Größte Ausdehnung O ↔ W: | 26,9 km |
| Länge der Stadtgrenze: | 118,9 km |
| Einwohner: | • 1.368.840 (histor. Höchststand im Januar 2009)<br>• 1.364.194 (Jahresmittel 2009) |
| Postleitzahlen: | 80331–81929 |
| Vorwahl: | 089 |
| Kfz-Kennzeichen: | M |
| Gemeindeschlüssel: | 09 1 62 000 |
| Stadtgliederung: | 25 Stadtbezirke |
| Adresse der Stadtverwaltung: | Marienplatz 8 • 80331 München |
| Netzadresse: | www.muenchen.de |
| Oberbürgermeister: | Christian Ude (SPD) |

München hat die höchste Bevölkerungsdichte aller deutschen Großstädte:

# 4.409 Einwohner/km²

*(Zahl berechnet nach den histor. Höchststand im Januar 2009)*

Geographische Lage der Stadtmitte = nördlicher Turm der Frauenkirche 48° 8' 23'' n. Br., 11° 34' 28'' ö. L.

**Höchster Punkt Münchens:**
Die Baldehöhe im Bereich der einstigen Burgstelle von Burg Warnberg im Stadtteil Solln: 579 m bis 580,5 m über NN

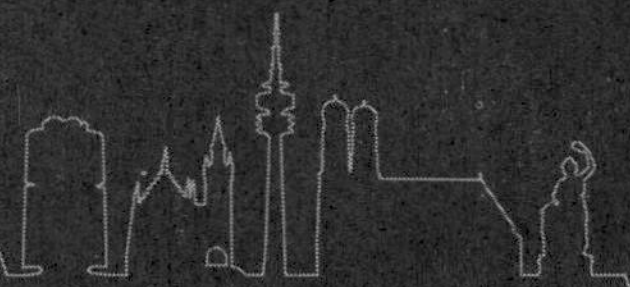

München: Ø 519 m über NN

**Tiefster Punkt Münchens:**
Nördliches Schwarzhölzl im Stadtteil Feldmoching: 482 m über NN

## LAND

**Landkreis München**

| | |
|---|---|
| Bundesland: | Bayern |
| Regierungsbezirk: | Oberbayern |
| Verwaltungssitz: | München |
| Fläche: | 667,27 km² |
| Einwohner: | 317.543 (31. Dez. 2008) |
| Bevölkerungsdichte: | 476 Einwohner je km² |
| Vorwahl: | 089 |
| Kfz-Kennzeichen: | M |
| Kreisschlüssel: | 09 1 84 |
| Kreisgliederung: | 27 Gemeinden + 2 Städte |
| Adresse der Kreisverwaltung: | Mariahilfplatz 17 • 81541 München |
| Netzadresse: | www.landkreis-muenchen.de |
| Landrat: | Johanna Rumschöttel (SPD) |
| Größte Kommune: | Stadt Unterschleißheim |

Der Landkreis München ist der

# bevölkerungsreichste

Landkreis Bayerns.

| | |
|---|---|
| Planungsregion München: | 2.644.707 Einwohner (Stand 2008) |
| Metropolregion München: | 5.203.738 Einwohner (Stand 2006) |

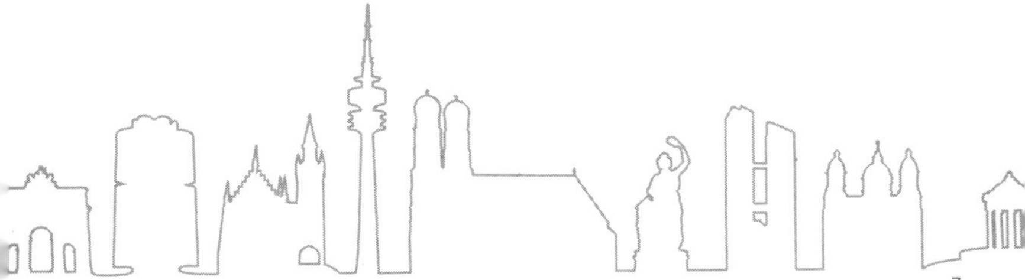

## FLUSS

Die **Isar** (insgesamt 295.000 m lang) durchfließt das Stadtgebiet auf einer Länge von 13.700 m. Die **Würm** (Gesamtlänge: 35.000 m) besucht München auf einer Strecke von 9.300 m*. Und dann sind da noch:

| | | | |
|---|---|---|---|
| Aubach | 1.170 m | Langwieder Bach | 4.900 m |
| Auermühlbach | 6.500 m | Lochhauser Fischbach | 4.500 m |
| Brunnbach | 3.000 m | Maria-Einsiedel-Bach (Floßfahrtkanal) | 570 m |
| Eisbach | 3.000 m | Maria-Einsiedel-Mühlbach | 1.300 m |
| Entenbach | 2.000 m | Moosach (Isar) | 50.000 m |
| Erlbach | 5.400 m | Nymphenburg-Biederstein-Kanal | 7.760 m |
| Fabrikbach | 560 m | Oberstjägermeisterbach | 5.500 m |
| Feldmochinger Mühlbach | 6.000 m | Schwabenbächl | 7.500 m |
| Freibadbächl | 3.400 m | Schwabinger Bach | 6.670 m |
| Garchinger Mühlbach | 4.700 m | Schwarze Lacke | 740 m |
| Glockenbach | 520 m | Schwebelbach | 8.600 m |
| Gröbenbach | 19.000 m | Seekanal | 642 m |
| Großer Stadtbach | 1.550 m | Stadtmühlbach | 470 m |
| Hachinger Bach | 6.400 m | Stadtsägmühlbach | 440 m |
| Harlachinger Quellbach | 760 m | Umlaufgraben | 440 m |
| Hofbrunnwerkkanal | 410 m | Wehrbach, Oberer & Unterer | 1.350 m |
| Hüllgraben | 6.600 m | Werkkanal | 7.000 m |
| Kalterbach | 4.200 m | Westermühlbach | 1.080 m |
| Kegelhofbach | 250 m | Westlicher Stadtgrabenbach | 2.500 m |
| Kleine Isar | 850 m | Würmkanal | 5.600 m |
| Köglmühlbach | 250 m | | |
| Kunstmühlnebenbach | 440 m | | |

**Je nach Quelle findet man ganz unterschiedliche Längen- und Hektar-Angaben. Wir verlassen uns hier auf das Statistische Amt München und die »Geschichte der Münchner Stadtbäche« von Christine Rädlinger, München 2004*

## SEE

Der hohe Freizeitwert Münchens – so heißt es oft – liegt auch an den nahen Seen, wobei meist Starnberger-, Ammer-, Tegernsee etc. gemeint sind. Dabei bietet auch die Stadt selbst jede Menge stehende Gewässer:

| | |
|---|---|
| Badenburger See | 5,7 ha |
| Baggersee am Rangierbahnhof | 6,3 ha |
| Baggersee am Friedrich-Panzer-Weg | 2,5 ha |
| Böhmer Weiher | 6,9 ha |
| Fasaneriesee | 14,7 ha |
| Feldmochinger See | 17,1 ha |
| Hinterbrühler See | 4,4 ha |
| Kleinhesseloher See | 7,8 ha |
| Langwieder See | 16,7 ha |
| Lerchenauer See | 7,9 ha |
| Lußsee | 17,5 ha |
| Olympiasee | 8,6 ha |
| Pagodenburger See | 5,3 ha |
| Regattaparksee | 13,6 ha** |
| Ruderregattastrecke | 31 ha*** |
| Riemer Badesee | 9,7 ha |
| Schwabinger See | 2,7 ha |
| Seen im Westpark | 3,5 ha |
| See im Ostpark | 3,4 ha |
| Seen im Messegelände Riem | 2,6 ha |

***Davon gehören 9,3 ha zum Münchner Stadtgebiet, der Rest zu Oberschleißheim*
****Davon liegen 19,3 ha auf dem Stadtgebiet von München, der Rest gehört zu Oberschleißheim*

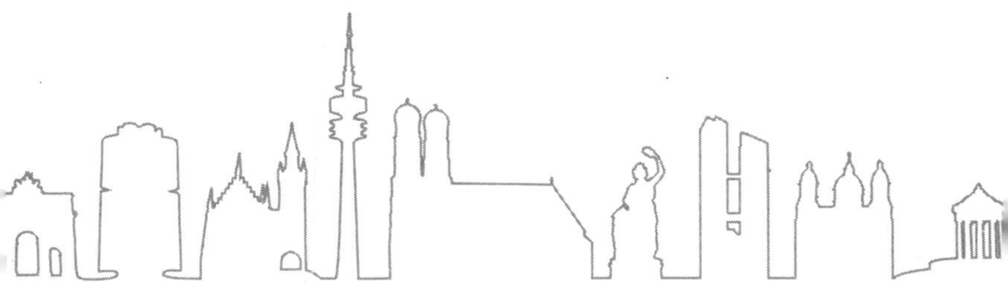

# MÜNCHEN BABYLON

| | |
|---|---|
| *Afrikaans* | München |
| *Albanisch* | Munihi \| Mynih \| München |
| *Aragonesisch* | Múnich |
| *Aserbaidschanisch* | Münxen |
| *Asturisch* | Munich |
| *Baskisch* | Munich |
| *Bosnisch* | Minhen |
| *Bretonisch* | Munich \| Munc'hen \| München |
| *Dänisch* | München |
| *Englisch* | Munich |
| *Esperanto* | Munkeno |
| *Estnisch* | München |
| *Finnisch* | München |
| *Französisch* | Munich |
| *Galicisch* | Múnic |
| *Indonesisch* | München |
| *Isländisch* | München |
| *Italienisch* | Monaco \| Monaco di Baviera |
| *Jiddisch (Ost-)* | Memm |
| *Kaschubisch* | Mnichòwò |
| *Katalanisch* | Munic |
| *Kroatisch* | Minhen |
| *Kurdisch* | Munîx \| München |
| *Ladinisch* | Minca |
| *Lateinisch* | Monachium \| Monachum \| Monacum |
| *Lettisch* | Minhene |
| *Litauisch* | Miunchenas |
| *Moldauisch* | Munhen |
| *Neapolitanisch* | Monaco ,e Baviera |
| *Niederländisch* | München |
| *Norwegisch* | München |
| *Polnisch* | Monachium |
| *Portugiesisch* | Munique |
| *Rätoromanisch* | Minca |
| *Rumänisch* | München |
| *Schwedisch* | München |
| *Serbokroatisch* | Minhen |
| *Slowakisch* | Mníchov |
| *Slowenisch* | Monakovo \| München |
| *Spanisch* | Múnich |
| *Tagalog* | Lungsod ng München |
| *Tschechisch* | Mnichov |
| *Türkisch* | Münih |
| *Ungarisch* | München |
| *Usbekisch* | Myunxen |
| *Vietnamesisch* | Muy Ních \| München |
| *Wallonisch* | Mûnik |

| | | |
|---|---|---|
| *Bairisch-Österreichisch* | PS | Minga \| Minka \| Minkn \| Minicha \| Minichn \| Minchn \| Minschn |
| *Obersächsisch* | | Minschen |
| *Schwäbisch* | | Müncha \| Münche \| Menga |

—

**MÜNCHEN IST BEKANNTLICH DIE**

**NÖRDLICHSTE STADT ITALIENS.**

**EBEN MONACO.**

APROPOS MONACO

**MONACO** ist der Name folgender Personen:
Juan MONACO (* 1984), argentinischer Tennisspieler
Julie MONACO (* 1973), österreichische Künstlerin
Kelly MONACO (* 1976), amerikanische Schauspielerin
Lorenzo MONACO (~1370–~1425), italienischer Maler
Marietta di MONACO (1893–1981), Münchner Kabarettistin, Tänzerin
Mario del MONACO (1915–1982), italienischer Opernsänger
Thomas De MONACO (* 1961), Schweizer Fotograf
und
MONACO Franze, Rollenname des Schauspielers Helmut Fischer in der gleichnamigen TV-Serie
{Die Mitglieder der monegassischen Fürstenfamilie heißen Grimaldi}

**NOCH MEHR MONACO**:
MONACO = europäischer Stadtstaat
MONACO = englische Musikgruppe
MONACO = eine Schriftart (nämlich diese)
MONACO = Chronograph des Uhrenherstellers TAG Heuer
MONACO = Mischgetränk aus hellem Bier mit einem Schuss Grenadine
MONACO FRANZE – DER EWIGE STENZ: deutsche Fernsehserie
AS MONACO: Fußballclub im Fürstentum Monaco
GROSSER PREIS VON MONACO: Formel-1-Rennen auf dem Stadtkurs Circuit de Monaco in Monte Carlo, Monaco
DODGE MONACO: Modell der amerikanischen Automarke Dodge

## 1. URKUNDLICHE ERWÄHUNG

»ad munichen« • »apud munichen« • »villa munichen« • »forum munichen«? Ja, wie nun? Je nach Quelle variiert die genaue erste urkundliche Erwähnung. Schauen wir doch einfach mal auf der Urkunde nach, die Kaiser Friedrich Barbarossa seinem Kanzler Rainald am 14. Juni 1158 in Augsburg diktierte:

»… sup(er) foro ap(ud) vering(en) et munichen dinoscit(ur) …«
Im kompletten Zusammenhang geht es um den Streit, der
»über den Markt zu Föhring und München ausgetragen«
wird.

## MÜNCHENS TAUFPATEN

Die Urkunde, in der München erstmals erwähnt wird, bezeugten: die Erzbischöfe Arnold von Mainz und Friedrich von Köln, die Bischöfe Gebhard von Würzburg, Hermann von Verden, Konrad von Augsburg und Eberhard von Bamberg, dazu noch der Herzog Friedrich von Schwaben, die Markgrafen Hermann von Verona, Dietrich von der Lausitz sowie dessen Bruder Heinrich.

## MÜNCHENS GESCHWISTER

Diese vier Städte sind echte Schwestern, denn sie haben einen gemeinsamen Vater: Heinrich den Löwen (* um 1129/1130 oder 1133/35, † 6. August 1195), aus dem Geschlecht der Welfen; er war von 1142 bis 1180 als Heinrich III. Herzog von Sachsen sowie von 1156 bis 1180 als Heinrich XII. Herzog von Bayern.
Heinrich der Löwe gründete:

- München (1158)
- Landsberg am Lech (1159)
- Schwerin (1160)

… und er gründete nach einem verheerenden Brand neu:

- Lübeck (1159)

## MÜNCHNER …

### DAS MÜNCHNER ABKOMMEN

ist das in der Nacht zum 30. September 1938 unterzeichnete Abkommen zwischen dem italienischen Diktator Benito Mussolini, dem britischen Premierminister Neville Chamberlain, dem französischen Ministerpräsident Édouard Daladier und dem Diktator Adolf Hitler. Demnach durfte Hitler das zur Tschechoslowakei gehörende Sudetenland, dessen Bevölkerung überwiegend deutschsprachig war, dem Deutschen Reich einverleiben. Die Konferenz fand im Münchner Führerbau am Königsplatz statt, Vertreter der Tschechoslowakei durften nicht teilnehmen. Für Tschechen und Slowaken ist das Münchner Abkommen daher das »Diktat von München«.

### DAS MÜNCHNER BIER

ist die geschützte geographische Angabe für Bier, das innerhalb der Stadtgrenzen Münchens von den zum Verein Münchner Brauereien gehörenden Brauereien Augustiner Bräu, Spaten-Franziskaner-Bräu, Hacker-Pschorr, Paulaner, Hofbräu und Löwenbräu gebraut wird.

### DIE MÜNCHNER DICHTERSCHLACHT

ist der Munich Poetry Slam, den die Substanz, Poccistraße, seit 1996 jeden zweiten Sonntag im Monat veranstaltet. Der Munichslam ist damit der älteste deutsche Slam und mittlerweile der größte Europas. Jeweils fünf geladene Slammer treten gegen fünf Poeten aus der offenen Liste an.

### DIE MÜNCHNER FRAKTUR

ist eine Schrift, naemlich diese hier.

### DIE MÜNCHNER FRANÇAISE

entstand Anfang des 19. Jh. aus dem Modetanz Française. Die Française verschwand wieder, die Münchner Française blieb. Sie ist eng verwandt mit der Quadrille. Heute noch wird sie u. a. beim Kocherlball getanzt.

### DIE MÜNCHNER FREIHEIT

ist ein Platz in Schwabing an der Kreuzung Leopold-/Feilitzschstraße. Die Münchner Freiheit hieß bis 1998 Münch**e**ner Freiheit. Ursprünglich war es der Feilitzschplatz, ab 1933 hieß er Danziger Freiheit. Mit der Umbenennung zur Münchner Freiheit im Jahr 1947 sollte die Widerstandsgruppe »Freiheitsaktion Bayern« geehrt werden, die im April 1945 zur Kapitulation vor den amerikanischen Truppen und zum bewaffneten Aufstand (»Fasanenjagd«) gegen die verbliebenen NS-Einheiten aufrief.

## MÜNCHNER …

### DIE MÜNCHENER FREIHEIT

ist eine Popband, die am 4. Oktober 1980 von Sänger und Keyboarder Stefan Zauner (*1952 in Göttingen) und Gitarrist Aron Strobel (*1958 in Schwäbisch Gmünd) gegründet wurde und 1986 ihren wohl größten Hit mit »Ohne dich (schlaf ich heut Nacht nicht ein)« hatte.

### DIE MÜNCHNER GRUPPE

war ein Zusammenschluss von Filmemachern Mitte der 1960er Jahre, u. a. mit Rudolf Thome, Max Zihlmann und Klaus Lemke. Die Gruppe richtete sich gegen das »Oberhausener Manifest« mit dem Slogan »Papas Kino ist tot«. Die Münchner Gruppe postulierte: »Papas Kino ist tot, es lebe Papas Kino!« Beeinflusst von der französischen Nouvelle Vague gründeten die Mitglieder eine Produktionsfirma und drehten die ersten Filme im Kollektiv. Filme der Münchner Gruppe sind z. B. KLEINE FRONT (Klaus Lemke 1965, mit Werner Enke) | JANE ERSCHIESST JOHN, WEIL ER SIE MIT ANN BETRÜGT (Rudolf Thome 1968) | JET GENERATION (Eckhart Schmidt 1968)

### DAS MÜNCHNER HAUS

ist eine Alpenvereinshütte der Sektion München des DAV (Grundsteinlegung 1894). Sie liegt auf dem Westgipfel der Zugspitze auf einer Höhe von 2.959 m und ist somit das höchstgelegene Schutzhaus in den deutschen Alpen. Das Münchner Haus erreicht man mit Hilfe der Bergbahnen vom Zugspitzplatt, vom Eibsee und von Ehrwald in Österreich aus.

### DER MÜNCHNER KESSEL

wurde der Name für die Einkesselung von Teilnehmern einer genehmigten Demonstration auf dem Münchner Marienplatz während des Weltwirtschaftsgipfels der G7-Staaten 1992. Zwischen 500 und 1.000 Demonstranten wurden von den Einsatzkräften stundenlang gefangengehalten und zum Teil mit Schlagstöcken schwer verletzt. Der damalige Ministerpräsident Max Streibl blamierte München dann vollends mit seinem Statement: »Wenn einer glaubt, er muss sich mit Bayern unbedingt anlegen und er muss stören, dass wir dann etwas härter durchgreifen und hinlangen, das ist auch bayerische Art. Meine Damen und Herren, jeder muss wissen, wenn er nach Bayern kommt, dass er es eben mit Bayern zu tun bekommt.«

### DIE MÜNCHNER KÜNSTLERGENOSSENSCHAFT

königlich privilegiert von 1868, kurz MKG, ist die älteste Vereinigung freischaffender Künstler in Bayern.

# Münchner Lichterkette

Die Münchner Lichterkette (auch: das Münchner Lichtermeer) war die erste ihrer Art. Nach ausländerfeindlichen Ausschreitungen im frisch wiedervereinigten Deutschland und dem Brandanschlag mit mehreren Toten auf zwei von Türken bewohnte Häuser in Mölln, organisierten vier engagierte Münchner zusammen mit hunderten Helfern am 6. Dezember 1992 die erste Lichterkette Deutschlands. Mehr als 400.000 Menschen stellten sich nach Einbruch der Dunkelheit mit brennenden Kerzen in der Hand auf die Straße, um friedlich und schweigend gegen Ausländerfeindlichkeit und Rassismus zu protestieren. Weitere Städte folgten dem Münchner Vorbild.

MÜNCHNER …

## DIE MÜNCHNER LINIE

entstand nach den Schwabinger Krawallen. Bei den blutigen Straßenschlachten in Schwabing im Juni 1962 stand die Polizei wegen exzessiven Schlagstockeinsatzes unter massiver Kritik. Daraufhin entwickelte Polizeipräsident Manfred Schreiber ein für Deutschland revolutionäres neues Konzept: die Münchner Linie, deren Ziel die Deeskalation im Vorfeld war. Neu war auch der Einsatz von Polizeipsychologen. Zur Münchner Linie gehörte aber auch, die Mittel der Strafverfolgung zu perfektionieren und konsequenter anzuwenden.

## DAS MÜNCHNER NEUE TESTAMENT

ist eine deutschsprachige Bibelübersetzung des Neuen Testamentes, die sich um möglichst große Nähe zum griechischen Original bemüht. Prof. Dr. Otto Kuss regte die Neuübersetzung zunächst als Übung für seine Promovenden an. Später schloss sich der Schülerkreis zum Verein Collegium Biblicum München (CBM) e. V. zusammen. Als Grundlage für das Münchener Neue Testament diente die 26. Auflage von Nestle-Aland. Herausgegeben von Josef Hainz, Martin Schmidl, Josef Sunckel u. a. erschien es 1988 im Patmos Verlag, Düsseldorf.

## DIE MÜNCHNER RÄTEREPUBLIK

war der kurzlebige Versuch, nach Ende des Ersten Weltkriegs einen sozialistischen Staat in Form einer Rätedemokratie in Bayern zu etablieren. Der erste bayerische Ministerpräsident Kurt Eisner hatte am 7. November 1918 Bayern für monarchiefrei (= »Freistaat«) erklärt, wurde dann am 21. Februar 1919 ermordet. In den folgenden politischen Wirren existierte die Münchner Räterepublik vom vom 7. April bis zu ihrer gewaltsamen Niederschlagung am 2. Mai 1919.

## DIE MÜNCHNER RUHESTÖRUNG

ist eine Band, die seit Oktober 1983 live Samba Batucada mit Perkussion spielt. Das Kollektiv (mit zeitweise bis zu 70 Trommlern) entstand ursprünglich als musikalischer Arm der Ökopax-Bewegung, um bei Demonstrationen den Widerstand gegen den Nato-Doppelbeschluss lautstark rhythmisch zu unterstützen. Die Gruppe tritt nach wie vor international auf, trommelt für soziale und politische Ziele und ist in München bei vielen Gelegenheiten (Filmfest, Tollwood, Christopher Street Day, Lange Nacht der Musik) sowie auf vielen Straßenfesten live zu erleben.

## MÜNCHNER …

### DIE MÜNCHNER SCHULE

ist ein Begriff aus der Kunstgeschichte, er bezeichnet den typischen Malstil der Münchner Malerei des 19. und frühen 20. Jh. München war zwischen 1850 und 1914 eines der bedeutendsten Kunstzentren der Welt, selbst Picasso wollte hier gerne studieren. Die Münchner Schule zeichnet sich durch Genauigkeit und Naturalismus bei der Darstellung sowie durch effektvolle Farbgebung aus.

### DIE MÜNCHNER SECESSION

ist eine Vereinigung bildender Künstler, die sich 1892 von der Münchner Künstlergenossenschaft abspaltete. 1901 ging aus der Münchner Secession die Phalanx und 1909 die Neue Künstlervereinigung München hervor. Die Nazis lösten die Münchner Secession 1938 auf. Der Verein gründete sich jedoch 1946 wieder neu.

### DIE MÜNCHNER SICHERHEITSKONFERENZ

ist seit 1962 ein jährlich im Februar wiederkehrendes Treffen der Rüstungslobby mit Militärs und Politikern im Münchner Hotel Bayerischer Hof. Gegründet von Ewald-Heinrich von Kleist-Schmenzin hatte die Konferenz früher den Titel Münchner Wehrkundetagung. Es ist das weltweit größte Treffen seiner Art. Obwohl das Treffen offiziell rein privat ist, wird es vom Bundesverteidigungsministerium finanziert.

### DIE MÜNCHENER ZWIETRACHT

ist eine volkstümliche Musikgruppe, gegründet 1991 von Karl Eichinger, Wolfgang Köbele und Heinz Fuhrmann. 2001 kam sie ins Guiness Buch der Rekorde, weil sie innerhalb von neun Monaten an drei Grand-Prix teilgenommen hatte: am deutschen Vorentscheid zum Grand Prix Eurovision de la Chanson, am Grand Prix der Volksmusik und am Grand Prix der guten Laune.

### … UND DER MÜNCHNER IM HIMMEL

ist eine Figur namens Alois Hingerl, die Ludwig Thoma 1911 erfand. Der Dienstmann Alois fühlte sich im Himmel absolut unwohl und weigerte sich Halleluja zu singen, brüllte nur grantig: »Lujah, sog i!« Gott erlöste ihn und um seine Ruhe zu haben, schickte er Alois Hingerl los, der bayerischen Regierung göttliche Weisungen zu überbringen. Da der Alois aber erst mal ins Hofbräuhaus einkehrte und dort versackte, wartet die Regierung bis heute auf die Weisungen von oben.

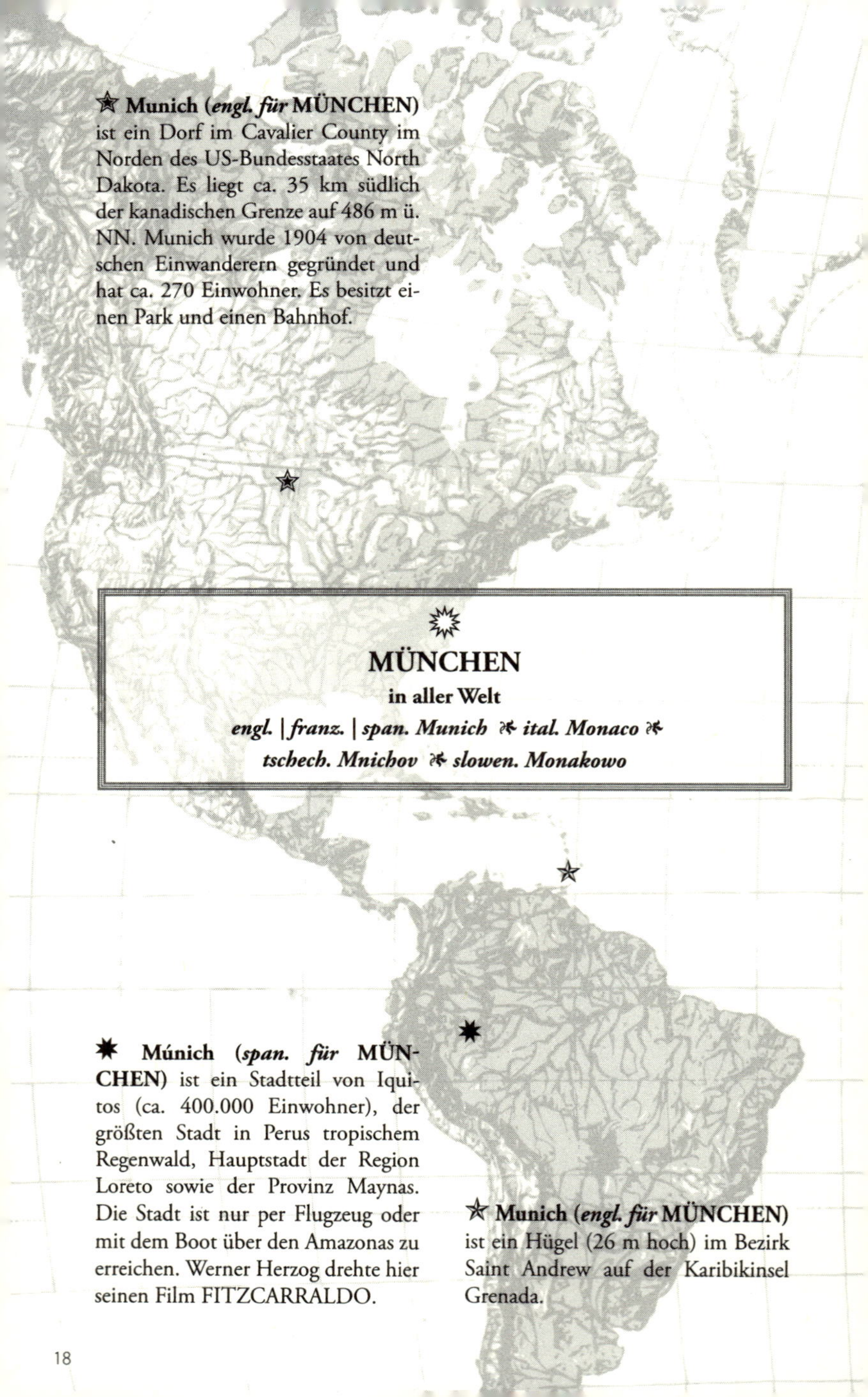

**Munich (*engl. für* MÜNCHEN)** ist ein Dorf im Cavalier County im Norden des US-Bundesstaates North Dakota. Es liegt ca. 35 km südlich der kanadischen Grenze auf 486 m ü. NN. Munich wurde 1904 von deutschen Einwanderern gegründet und hat ca. 270 Einwohner. Es besitzt einen Park und einen Bahnhof.

## MÜNCHEN

**in aller Welt**

***engl. | franz. | span. Munich ❧ ital. Monaco ❧ tschech. Mnichov ❧ slowen. Monakowo***

**Múnich (*span. für* MÜNCHEN)** ist ein Stadtteil von Iquitos (ca. 400.000 Einwohner), der größten Stadt in Perus tropischem Regenwald, Hauptstadt der Region Loreto sowie der Provinz Maynas. Die Stadt ist nur per Flugzeug oder mit dem Boot über den Amazonas zu erreichen. Werner Herzog drehte hier seinen Film FITZCARRALDO.

**Munich (*engl. für* MÜNCHEN)** ist ein Hügel (26 m hoch) im Bezirk Saint Andrew auf der Karibikinsel Grenada.

☆ **München** ist ein Ortsteil von Uebigau-Wahrenbrück im Elbe-Elster-Kreis in Brandenburg mit 24 Einwohnern. Jedes Jahr Anfang Oktober findet hier das Oktoberfest statt. 2005 kamen mehrere Tausend Besucher, etwa 10 % davon in Dirndl oder Lederhose.

☆ **München** ist ein Ortsteil von Bad Berka in Thüringen mit ca. 97 Einwohnern.

☆ **München** ist ein Ortsteil von Hirschbach in der Oberpfalz, bestehend aus 22 Häusern mit 33 Einwohnern.

✸ **München** ist ein Ortsteil von Markt Hutthum, Niederbayern, Landkreis Passau. In Hutthum treffen sich Weltstädte: Neben München gibt es noch den Ortsteil Prag.

✲ **Monaco (*ital. für* MÜNCHEN)** ist ein Fürstentum und Stadtstaat. Heimat der Reichen und Schönen. Es liegt von Frankreich umschlossen an der Mittelmeerküste in der Nähe der italienischen Grenze.
Der Name geht allerdings im Gegensatz zu allen anderen fremdsprachigen Münchens nicht auf »Mönch« zurück, sondern auf den griechischen Gott Herakles Monoikos. Griechische Siedler errichteten im 5. Jh. v. Chr. auf dem Gebiet von Monaco einen Tempel zu Ehren Herakles. Aus dem Namenszusatz Monoikos, was so viel wie »der Einzigartige« bedeutet, entwickelte sich »Monaco«.

✪ **Monakowo (*slowen. für* MÜNCHEN)** ist ein Dorf in Russland, Oblast Nischni Nowgorod, nahe den Städten Nawaschino und Murom. In der Umgebung leben ca. 2.200 Einwohner. In dem Dorf soll ein Atomkraftwerk gebaut werden.

★ **Mnichov (*tschech. für* MÜNCHEN)** führen mehrere Orte in Tschechien im Namen. Als »München« übersetzt werden aber nur:
**Mnichov u Lucního Chvojna**, ein Dorf in Nordböhmen, Ortsteil von Velké Chvojno
**Mnichov**, eine Wüstung bei Zahrádky in Nordböhmen

## MEHR MÜNCHEN

MÜNCHEN = Film von Steven Spielberg (2005)
MÜNCHEN = Hamburger Band (Bernd Wesseling, André van Lochum, Jan Kottisch, Frank Berning), die 2010 ihr erstes Album herausbrachte
MÜNCHEN = Album der japanischen Band oaqk von 2010
Nikolaus MÜNCHEN = Kölner Dompropst (1794–1881)

## NOCH MEHR MÜNCHEN

**MÜNCHEN IST WELTWEIT UNTERWEGS:**

**MÜNCHEN** der Name folgender Schiffe:
- MÜNCHEN (1889 getauft) (»München I«)
ein Schiff des ehemaligen Norddeutschen Lloyd
- MÜNCHEN (1892 getauft)
ein als »Rupprecht« indienst gestelltes und 1919 in »München« umbenanntes Bodensee-Dampfschiff, 1958 ausgemustert
- MÜNCHEN (1920 getauft) (»München II«)
ein Schiff des ehemaligen Norddeutschen Lloyd
- MÜNCHEN (1923 getauft)
hieß ab 1931 »Steuben«, ursprünglich ein Passagierdampfer des ehemaligen Norddeutschen Lloyd, im 2. Weltkrieg Truppentransporter, am 10. Februar 1945 versenkt, von den ca. 4.000 Menschen an Bord überlebten nur rund 660
- MÜNCHEN (1962 getauft)
ein Bodensee-Passagierschiff
- MÜNCHEN (1972 getauft)
ein 1978 im Atlantik verschollenes Containerschiff der Hapag-Lloyd

**MÜNCHEN** ist der Name eines ICE mit Triebkopfzug Tz 304 (2003 getauft)

**MÜNCHEN** ist der Name eines Lufthansa Airbus A380 (2010 getauft)

## MÜNCHNER RATHAUS AUF BERLINER TELEFONBUCH

Berlin – arm, aber sexy! So hat der Regierende Bürgermeister Klaus Wowereit einst seine Stadt betitelt. Dass Berlin aber so arm war, dass es sich nicht mal mehr ein eigenes Wahrzeichen für das Cover des neuen Telefonbuchs leisten konnte, konnten die Münchner nicht mitansehen und schickten flott eines ihrer Wahrzeichen. So zierte 2008 das Münchner Rathaus das neue Telefonbuch Berlins (Band 2, L–Z)!

Na, ganz so war es doch nicht:

»Eigentlich sollte Berlins Rotes Rathaus abgebildet sein, stattdessen ist es versehentlich das Neue Rathaus aus München geworden«, erklärte ein Sprecher des TVG Verlags in Frankfurt am Main die peinliche Panne. Ein Mitarbeiter habe in der Endphase der Produktion die beiden Bilder verwechselt. Der Fehler wurde erst nach der Auslieferung der kompletten Auflage von 700.000 Stück bemerkt. Eine Rückholaktion wäre zu teuer geworden, daher mussten die Berliner ein Jahr mit dem München-Cover leben.

## KÜNSTLER DES BLAUEN REITER

Eine der wichtigsten künstlerischen Bewegungen des 20. Jh. eroberte von Münchner Ateliers aus die Welt: der Blaue Reiter. Gegründet 1911, beendet 1914, standen diese Künstler im Umfeld des Blauen Reiters:

**Wassily Kandinsky** (1866–1944)
**Franz Marc** (1880–1916)
**Marianne von Werefkin** (1860–1938)
**Gabriele Münter** (1877–1962)
**Heinrich Campendonk** (1889–1957)
**Alexej von Jawlensky** (1864–1941)
**August Macke** (1887–1914)
**Alfred Kubin** (1877–1959)
**Arnold Schönberg** (1874–1952)
**Paul Klee** (1879–1940)
**Robert Delaunay** (1885–1941)
**Hanns Bolz** (1885–1918)

Zu den Künstlern, die 1911 in der ersten Ausstellung des Blauen Reiters in der Galerie Thannhauser teilnahmen, zählte auch **Pablo Picasso.**

## DIE LEHEL-LEGENDE

Das Lehel ist Münchens älteste Eingemeindung, es kam 1724 zum Stadtgebiet – so ist es überall nachzulesen und so kolportieren es die Leheler munter. FALSCH. Das Lehel (von gebürtigen Münchnern angeblich »Lächel« ausgesprochen, aber finde mal einen gebürtigen Münchner) hat der Isarvorstadt sowie dem Gasteig rein gar nichts voraus. Spätestens ab 1460 zählten all die genannten Gebiete zum Münchner Burgfrieden, in dem die zu München gehörenden Gebiete außerhalb der Stadtmauer festgelegt wurden. Wäre sonst ja auch dumm gewesen: So gehörten der Brückenkopf am anderen Isarufer (Gasteig), die städtischen Bleichen, die wichtigsten Mühlen und die Floßländen (in der Isarvorstadt und im Lehel) zum Stadtgebiet. Mit der Bestätigung des Burgfriedens durch Kurfürst Max Emanuel kamen allerspätestens 1724 auch die Max- und die Ludwigsvorstadt zu München.

## DAS GEHEIMNISVOLLE DORF

Es war einmal ein Dorf, dessen Alter unbekannt ist, dessen Geschichte niemand kennt, dessen Namen niemand weiß. Nichts, rein gar nichts weiß man über dieses Dorf – außer, dass es existierte. Lange vor der Gründung Münchens am Petersbergl florierte ganz in der Nähe ein wenig weiter westlich ein Dorf, das erst mit dem Beginn Münchens einen Namen bekam: Altheim, das »alte Heim«, das alte Dorf eben, im Gegensatz zum »neuen Heim bei den Mönchen«, also München. Altheim lag zunächst außerhalb der befestigten Stadt München und wurde dann bei einer der Stadterweiterungen einfach still und leise geschluckt. Allerdings lebt das Dorf, über das niemand etwas weiß, bis heute fort: im Straßennamen Altheimer Eck.

## FALSCHER MYTHOS SCHWABING

Der Mythos vom bohèmen Schwabing der Jahrhundertwende beruht vor allem auf den legendären Künstlerkneipen »Simplicissimus« in der Türkenstraße, »Café Stefanie« an der Ecke Amalien-/Theresienstraße und dem ersten politischen Kabarett Deutschlands der »11 Scharfrichter« im »Goldenen Hirschen« in der Türkenstraße sowie der Kunstakademie.

Türkenstraße? Amalienstraße? Theresienstraße? Akademiestraße?

Richtig. Alles Maxvorstadt! Nicht Schwabing. Es lebe die Maxvorstädter Bohème!

Aber Schwabing ist ja ein Zustand, kein geografischer Ort …

## DIE ÄLTESTE REIHENHAUSSIEDLUNG

Münchens älteste Reihenhaussiedlung ist die Villenkolonie Gern. Rund um die Böcklinstraße errichtete die Firma Heilmann & Littmann ab 1892 die zweistöckigen, in Gruppen zusammengefassten Haustypen im Landhausstil mit historisierenden Formen und unterschiedlichen Grundrissen. Heute steht die Kolonie zum Teil unter Denkmalschutz.

## WEISSE WEIHNACHT

Früher war alles besser. Die Sommer wärmer und die Winter kälter. Und die weiße Weihnacht gehörte sowieso dazu! Weiße Weihnacht? Wirklich? Zum Zurechtrücken mancher Legenden hier die Schneehöhen in München am 24. Dezember:

| | | | | | |
|---|---|---|---|---|---|
| **1954** | Fleckerl | **1973** | 3 cm | **1992** | — |
| **1955** | — | **1974** | — | **1993** | — |
| **1956** | 3 cm | **1975** | 5 cm | **1994** | 7 cm |
| **1957** | — | **1976** | 8 cm | **1995** | — |
| **1958** | — | **1977** | — | **1996** | 8 cm |
| **1959** | — | **1978** | 7 cm | **1997** | — |
| **1960** | 5 cm | **1979** | Fleckerl | **1998** | Fleckerl |
| **1961** | 8 cm | **1980** | — | **1999** | 4 cm |
| **1962** | 31 cm | **1981** | 21 cm | **2000** | — |
| **1963** | 8 cm | **1982** | 2 cm | **2001** | 10 cm |
| **1964** | 8 cm | **1983** | — | **2002** | — |
| **1965** | Fleckerl | **1984** | Fleckerl | **2003** | 3 cm |
| **1966** | — | **1985** | — | **2004** | — |
| **1967** | — | **1986** | 10 cm | **2005** | 4 cm |
| **1968** | — | **1987** | — | **2006** | — |
| **1969** | 23 cm | **1988** | — | **2007** | — |
| **1970** | 9 cm | **1989** | — | **2008** | — |
| **1971** | — | **1990** | Fleckerl | **2009** | — |
| **1972** | — | **1991** | — | | |

## BERLIN – MADE IN MUNICH

Billy Wilders Kultklassiker EINS ZWEI DREI mit James Cagney, Liselotte Pulver, Horst Buchholz, Hubert von Meyerinck und Friedrich Hollaender wurde in München gedreht. Für die authentischen Außenaufnahmen baute man auf dem Filmgelände Geiselgasteig eine Berlin-Szenerie mit Brandenburger Tor und Flughafen Tempelhof nach.
Für Ingmar Bergmans DAS SCHLANGENEI baute man 1976 eine historische »Berliner« Straße. Die Kulisse wurde in den folgenden Jahren für zahllose andere Produktionen weiterverwendet.
1979 verfilmte Rainer Werner Fassbinder BERLIN ALEXANDERPLATZ nach dem Roman von Alfred Döblin in 13 Teilen und einem Epilog – nicht in Berlin auf dem Alex sondern in München, Geiselgasteig.

## RUHRPOTT – MADE IN MUNICH

Für Klaus Emmerichs TV-Serie ROTE ERDE entstand auf dem Bavaria Filmgelände 1982 eine komplette Zechensiedlung.
Der beliebte TATORT-Kommissar Schimanski (Götz George) ermittelte zwar in Duisburg, gedreht wurde aber oft in München (auch bei Außenaufnahmen!).

## HAMBURG – MADE IN MUNICH

Die ROTE ERDE-Kulisse wurde 1996 abgerissen. An ihre Stelle trat ein 3 Mio. Mark (ca. 1,5 Mio. €) teurer, detailgetreuer Nachbau eines St. Pauli-Viertels für den Fünfteiler DER KÖNIG VON ST. PAULI, den Dieter Wedel in Hamburg und in der Filmstadt Geiselgasteig für SAT.1 inszenierte.

## FÜR DIE MINDERBEMITTELTEN …

»Um Dienstboten, Handlungsgehilfen und überhaupt der minderbemittelten Einwohnerschaft in München Gelegenheit zu geben, ihre ersparten Kreuzer sicher und mit Vortheil anzulegen«, so lautet es im Originaltext der Stadtchronik, richtet der Magistrat am 2. Januar 1824 die Sparkasse der Stadt München ein. Das »wohlthätige und zweckmäßige« Institut fand sofort großen Zulauf.

*Wappen der Stadt* SCHWABING

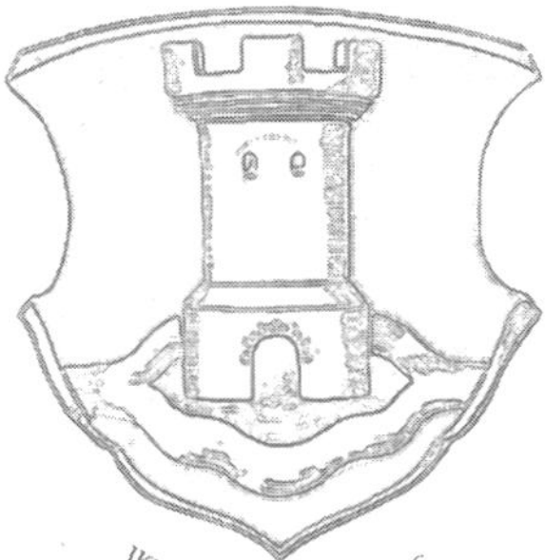

*Wappen der Stadt* PASING

## WIR WAREN STÄDTE

München schluckte in seiner Geschichte nicht nur kleine Ortschaften, Dörfer oder Weiler, sondern ganze Städte:

- MILBERTSHOFEN mit den Stadtteilen Milbertshofen, Neufreimann und Riesenfeld | Stadt vom 1. Mai 1910 bis 1. April 1913
- PASING | Stadt vom 1. Januar 1905 bis 1. April 1938
- SCHWABING mit den Stadtteilen Schwabing, Biederstein, Hirschau, Neuschwabing, Riesenfeld und Tivoli (mit Ludwigswalzmühle) | Stadt vom 29. Dezember 1886 bis 20. November 1890
- VORSTADT AU mit Untergiesing und der Siedlung Nockherberg | Stadt vom 25. Juli 1808 bis 1. Oktober 1854

*Wappen der Stadt* VORSTADT AU

*Wappen der Stadt* MILBERTSHOFEN

## MÜNCHNER KLANG

1973 eröffnete der Südtiroler Giorgio (eigentlich Hansjörg) Moroder sein »Musicland Studio« im Arabellapark. Gemeinsam mit Arrangeur Harold Faltermeyer, Drummer und Co-Autor Keith Forsey und Toningenieur Jürgen Koeppers kreierte Moroder einen neuen Disco-Stil. Seinem zwei Jahre alten Moog-Synthesizer entlockte Moroder jene öligen »Streicher«-Klänge, die gemixt mit einem wummernden Basslauf zum Markenzeichen der neuen Musikrichtung werden sollte:

**Munich Sound**

1976 eroberte der Munich Sound die Welt. Die in München lebende Musicalsängerin Donna Summer stöhnte für Moroder geschlagene 17 Minuten lang den musikalischen Orgasmus »Love to Love You, Baby«. Der Song erreichte Platz 2 der amerikanischen Billboard-Charts. Die BBC boykottierte das Lied. Im typischen Munich Sound produzierte Michael Kunze für das Mädchentrio Silver Convention 1976 den Megahit »Fly, Robin, Fly« – und schlug sogar Moroder, denn Kunzes Lied schaffte es auf Platz 1 der Billboard-Charts, was als einziger deutschen Produktion zuvor nur Bert Kaempferts »Strangers in the Night« gelungen war. Außerdem erhielt Kunze den Grammy für den besten R&B-Instrumentalsong – instrumental, weil der ganze Text nur aus einer Wiederholung der Zeilen »Flieg, Rotkehlchen, flieg – hoch, hoch in den Himmel« (natürlich auf englisch) bestand.
Auch der Offenbacher Musikproduzent Frank Farian ließ nicht lange auf sich warten und schickte seine neu zusammengestellte Kapelle namens Boney M. nach München, allerdings nicht ins Musicland Studio, sondern ins Union Studio. Boney M., das wohl international erfolgreichste deutsche Musikprojekt aller Zeiten, nahm fast alle Platten größtenteils in München auf und der Munich Sound, nun totaler Mainstream und als »Eurodisco« bezeichnet, eroberte so auch noch die entlegendsten Gegenden der Welt.
In München gab sich in jenen Jahren folgerichtig die Pop-Elite von den Rolling Stones bis Barbra Streisand die Klinke in die Hand und ließ ihre Songs im Munich Sound aufhübschen. »Miss You«, die kommerziell erfolgreichste Single der Stones, ist eine typisches Munich Sound-Produkt, auch wenn Produzent Moroder in den Credits nicht genannt wird. 1978 verließ Moroder München in Richtung Los Angeles und sahnte mehrere Oscars, Grammys und Golden Globes ab. Der elektroniklastige, alte Munich Sound (wegen des maschinellen Sounds auch abwertend als »Munich Machine« bezeichnet) war wegweisend für den Discosound sowie die Techno- und Trancemusik. Aktuell ist der Munich Sound in moderner Abwandlung hipper denn je.

## MÜNCHNER KLANG-KLASSIKER

Hier einige Megahits des Munich Sound, die weltweit jeder kennt:

| Jahr | Interpreten | Single | höchste Chartplatzierung | | |
|---|---|---|---|---|---|
| | | | DE | UK | US |
| 1975 | Donna Summer | Love to Love You, Baby | 6 | 4 | 2 |
| 1975 | Silver Convention | Fly, Robin, Fly | 3 | 28 | 1 |
| 1976 | Silver Convention | Get Up And Boogie | 13 | 7 | 2 |
| 1977 | Donna Summer | I Feel Love | 3 | 1 | 6 |

## DAS MÜNCHNER KINDL IST EIN KERL!

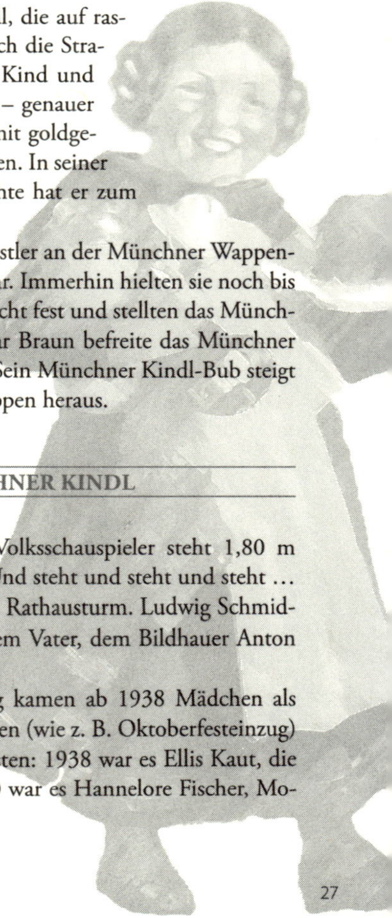

Seit Jahrzehnten täuschen uns flotte Dirndl, die auf rassigen Brauereigäulen zum Oktoberfest durch die Straßen reiten. Das Münchner Kindl ist kein Kind und erst recht kein Mädchen! Es ist ein Mann – genauer gesagt ein nach rechts blickender Mönch mit goldgeränderter schwarzer Kutte und roten Schuhen. In seiner Linken hält er ein rotes Eidbuch, die Rechte hat er zum Schwur erhoben.

Im Laufe der Jahrhunderte tobten sich Künstler an der Münchner Wappenfigur aus und verkindlichten sie immer mehr. Immerhin hielten sie noch bis in die 1920er Jahre an dem Originalgeschlecht fest und stellten das Münchner Kindl als Buben dar. Der Maler Kaspar Braun befreite das Münchner Kindl erstmals aus seiner starren Haltung. Sein Münchner Kindl-Bub steigt in einer Zeichnung von 1847 aus dem Wappen heraus.

## PROMINENTE MÜNCHNER KINDL

- Einer der bekanntesten Münchner Volksschauspieler steht 1,80 m groß in 85 m Höhe über München. Und steht und steht und steht … nämlich als Münchner Kindl auf dem Rathausturm. Ludwig Schmid-Wildy war neun Jahre alt, als er seinem Vater, dem Bildhauer Anton Schmid, für die Figur Modell stand.
- Nach seiner Geschlechtsumwandlung kamen ab 1938 Mädchen als Münchner Kindl bei offiziellen Anlässen (wie z. B. Oktoberfesteinzug) zum Einsatz. Die beiden prominentesten: 1938 war es Ellis Kaut, die Erfinderin der Pumuckel, 1979–1980 war es Hannelore Fischer, Moderatorin des ARD-Mittagsmagazins.

## ALTE ORTE

Es ist eine Crux mit dem Alter … vor allem bei Orten. Mögen noch so viele jungsteinzeitliche, bronzezeitliche, keltische oder römische Funde belegen, dass manche Orte seit Jahrtausenden besiedelt sind – es zählt einzig und allein die erste urkundliche Erwähnung als Grundlage für Jubiläen. Hier die Top-Fünf (bzw. Top-Vier) der ältesten Gemeinden im Landkreis München mit dem Jahr ihrer ersten schriftlichen Erwähnung:

| | | |
|---|---|---|
| 1. | Aschheim | 756 |
| 2. | Schäftlarn | 762 |
| 3. | Gräfelfing | 763 |
| 4. | Baierbrunn | 776 |
| 4. | Großhesselohe | 776 |

## DIE PERFEKTEN WELLEN

Man muss nicht nach Hawaii! Die perfekte Welle, der Traum aller Surfer, liegt so nah. Sie schäumt nämlich gleich mehrfach in München. Zum einen gibt es die legendäre Welle im Eisbach, direkt am Eingang zum Englischen Garten an der Prinzregentenstraße. Sie ist längst eine Touristenattraktion und in jedem Reiseführer zu finden. Eine Steinstufe an der Austrittsstelle des bis dorthin unterirdisch sehr schnell fließenden Nebenarms der Isar erzeugt die etwa 50 cm hohe stehende Welle. 35 Jahre lang surften hier Kanuten und Wellenreiter aus aller Welt – zwar geduldet, aber dennoch illegal. Doch die Polizei drückte meist alle Augen zu. Seit 2010 hat die Stadt München das Sagen über die Welle (zuvor war es der Freistaat Bayern) und schon ist das Surfen erlaubt! Ebenfalls 2010 kam die Eisbachwellen-Doku KEEP SURFING in die Kinos. Die zweite perfekte, etwas zahmere Welle kennt kaum ein Touristenführer, dafür jeder Riversurfer aus aller Welt. Sie findet sich in Thalkirchen an der Floßlände, nahe Zentralländstraße. Hier müssen Surfer zwar manchmal auf vorbeifahrende Ausflugsfloße Rücksicht nehmen, doch haben sie die Welle zum Austragungsort der Munich Surf Open gemacht, einem internationalen Riversurfcontest, der seit 2001 für Jungs und Mädels ausgetragen wird. Die dritte, aber eindeutig größte Welle kennen wohl wirklich nur Eingeweihte: Sie ist auch selten und verboten, denn sie bildet sich nur bei Hochwasser in der Isar direkt unterhalb der Reichenbachbrücke. Bis zur Renaturierung der Isar gab es noch eine Welle an der Wittelsbacherbrücke.

## NICHT LUSTIG!

**Witze aus dem Millionendorf: Darüber lacht München!**

Unter diesem Titel stellte sueddeutsche.de 2009 den Surfern 28 München-Witze zur Wahl. Bewertet werden konnte von »Hahaha, superlustig! Ich kann gar nicht mehr aufhören zu lachen!« über »Sehr witzig! Den muss ich mir merken.« und »Nicht schlecht, aber da hab ich schon bessere gehört.« bis »Oh je, der ist ja unterirdisch.«

Hier die – nach Meinung einiger Tausender – beiden unterirdischsten:

❶ Reinhold Messner steigt mit einem Münchner auf den Mount Everest. In der Todeszone sagt Messner zum Münchner: »Oben im Lager 7 gibt es ein Sauerstoffzelt.«

Der Münchner darauf: »Ein Bierzelt wäre mir lieber!«

❷ Ein Franzose in München – versehentlich tritt er einem Einheimischen auf den Fuß. Der Münchner fängt das Fluchen an: »Kruzifix, schaug hoit, wosd histeigst.«

Darauf der Franzose: »Oh, pardon.«

Der Münchner: »Bist narrisch, de Schuah san ned aus Karton, de san echt Leder!«*

**Bei dieser »Pointe« outet sich der Witz-Erfinder sofort als Nicht-Bayer, denn wie sagt man als echter Münchner, wenn man jemandem auf den Fuß tritt? Richtig, so wie man es von Napoleon gelernt hat: »Pardon!«*

## LUSTIG?

**Witze aus dem Millionendorf: Darüber lacht München!**

Unter diesem Titel stellte sueddeutsche.de 2009 den Surfern … s. o.

Hier die – nach Meinung einiger Tausender – beiden superlustigsten:

❶ Sepp kommt in die erste Klasse. »So«, fragt der Lehrer, »wer von euch ist denn Bayernfan?« Alle bis auf Sepp melden sich.

Der Lehrer kommt langsam auf Sepp zu. »Und du, junger Mann, du bist wohl ein Sechziger, ha?«

Sepp hebt den Kopf: »Meine Mutter wäscht die Trikots, mein Vater ist Stadionwart und mein Bruder spielt in der 2. Liga. Da bin ich wohl Löwen-Fan.«

Der Lehrer nickt. »Jetzt stell dir mal vor, dein Vater wär Alkoholiker und deine Mutter Prostituierte, was wär denn dann?«

Sepp denkt kurz nach: »Ja, dann wär ich wohl auch Bayernfan.«

❷ Ein Münchner geht an der Isar spazieren. Da sieht er einen Mann am Ufer, der einen Becher in den Fluss taucht und gerade trinken will.

Der Münchner schreit zu dem Mann: »Ja, bist du narrisch! Des Wasser is dreckad und voller Bakterien. Des kannst ned saufa.«

Der Mann dreht sich um und fragt: »Wat hammse jesacht, juter Mann?«

Darauf der Münchner: »Sie müssen gaaaanz langsam trinken. Das Wasser ist seeeehr kalt.«

# Ganz schön alt

Viele Stadtteile Münchens sind erheblich älter als die Stadt. Einige können, wie Funde belegen, sogar auf mehrere tausend Jahre Geschichte zurückblicken. Doch was zählen Funde für Jubiläen?

| | 1. schriftliche Erwähnung | Ort/Stadtteil | als |
|---|---|---|---|
| 408 v. Muc. | 03.07.750 | Oberföhring | »ad Feringas« |
| 395 v. Muc. | 29.06.763 | Pasing | »villa Pasingas« |
| 395 v. Muc. | 768 | Bogenhausen | »Pupinhusir« |
| 386 v. Muc. | 13.09.772 | Trudering | »Truhtheringa« |
| 384 v. Muc. | 30.03.774 | Allach | »Ahaloh« |
| 379 v. Muc. | 779/806 | Sendling | »Sentilinga« |
| 376 v. Muc. | 782 | Schwabing | »Suuapinga« |
| 375 v. Muc. | 783 | Feldmoching | »Feldmohinga« |
| 368 v. Muc. | 14.07.790 | Giesing | »Kyesinga« |
| 368 v. Muc. | 14.07.790 | Perlach | »peralohc« |
| 351 v. Muc. | 04.06.807 | Moosach | »Mosaha« |
| 350 v. Muc. | 12.02.808 | Haidhausen | »Heidhusir« |
| 346 v. Muc. | 23.04.812 | Berg am Laim | »ad Perke« ↳ *ab 1430 Zusatz »auf dem Laimb* |
| 343 v. Muc. | 19.04.815 | Fröttmaning | »ad Freddamaringun« |
| 343 v. Muc. | 02.10.815 | Johanneskirchen | »ecclesia sancti Johannis baptiste in loco Feringas« |
| 341 v. Muc. | 06.11.817 | Menzing ↳ *ab 1315 »duo mezing« = zwei Menzing = Ober- und Untermenzing* | »Mezingia« |
| 319 v. Muc. | 10.12.839 | Daglfing | »ad Tagolfingas« |
| 288 v. Muc. | 870 | Baumkirchen | »ad Pouminunchirihum« |
| 208 v. Muc. | um 950 | Lochhausen | »Lohhusa« |
| 210 v. Muc. | 948/957 | Freimann | »Frienmannun« |
| 201 v. Muc. | 957/972 | Riem | »Riema« |
| 152 v. Muc. | 1006/1022 | Ramersdorf | »Rumoltesdorf« |
| 148 v. Muc. | 16.04.1010 | Aubing | »Ubingun« |
| 137 v. Muc. | 1021/1039 | Zamdorf | »Zamindorf« |
| 133 v. Muc. | 1025/1031 | Gern | »loco gerin« |
| 111 v. Muc. | 1047/1053 | Laim | »loco leima« |
| 93 v. Muc. | 1065/1075 | Hadern | »haderun« |
| 80 v. Muc. | 1078/1085 | Solln | »de Solon« |
| 9 v. Muc. | 1149/1152 | Milbertshofen | »Ilmungeshoven« |
| 9 v. Muc. | 1149/1155 | Harlaching | »Hadaleichingen« |
| 0 | **14.06.1158** | **München** | **»apud Munichen«** |

Es zählt allein die erste urkundliche Erwähnung. Und die ist bei manchen Orten nicht ganz eindeutig geklärt. Wir haben hier im Zweifel die freundlichste Variante (= ältestes Datum) gewählt.

| Bedeutung/Herkunft des Namens | Eingemeindet / zum Stadtbereich gehörend |
|---|---|
| bei der Familie Feringa, die vor dem Brückenbau die Fähre über die Isar betrieb | 1913 |
| Haus des Poaso/Poso oder Paoso/Paso (Eigenname) | 1938 |
| Haus/Häuser des Poapo/Poppo/Pubo (Eigenname) | 1892 |
| Siedlung des Truhtheri/Truchtaro/Drudheri (Eigenname) | 1932 |
| Wald am Wasser | 1938 |
| Siedlung des Sendilo (Eigenname) | 1877 |
| von »Swapo« = Siedlung eines Schwaben | 1890 |
| Feld des Macho/Mocho (Eigenname) | 1938 |
| Siedlung des Kyeso/Kyso (Eigenname) | 1854 |
| Bärenwald (»pera« = Bär/Eber, »loh« = lichter Wald) | 1930 |
| Ache, die durch ein Moos fließt = Moorbach | 1913 |
| Häuser auf der Heide | 1854 |
| Lehmhügel | 1913 |
| Siedlung des Fridumar (= der Friedfertige) (Eigenname) | 1935 |
| Kirche des heiligen Johannes Baptist zu Föhring | 1930 |
| Siedlung des Manzo/Manzio/Menzio/Mennisco (Eigenname) | 1938 |
| Hof des Tagolf/Thachulf (Eigenname) | 1930 |
| aus Baumstämmen gefertigte Kirche | 1913 |
| Häuser an der Lohe/am Wald | 1942 |
| bei den freien Männern | 1931 |
| von »Rieme« = schmaler Ackerstreifen | 1937 |
| Dorf der Familie Rumolt (Eigenname) | 1864 |
| Siedlung des Ubo (Eigenname) | 1942 |
| Dorf des Zamo (Eigenname) | 1913 |
| von »Gere« = keilförmiges Stück Land | 1899 |
| lehmiger Ort | 1900 |
| von »Hart« = Wald | 1938 |
| von »Sole« = Ort, an dem sich Wild suhlt | 1938 |
| Hof des Ilmung (Eigenname) | 1913 |
| Siedlung des Hadaleih (Eigenname) | 1854 |

BEI DEN MÖNCHEN

| | 1. schriftliche Erwähnung | Ort/Stadtteil | als |
|---|---|---|---|
| 0 | **14.06.1158** | **München** | **»apud Munichen«** |
| 8 n. Muc. | 15.03.1166 | Forstenried | »Uorstersriet« |
| 9 n. Muc. | ca. 1167 | Lappen (Groß- & Klein-) | »Louppen« |
| 12 n. Muc. | 1170 | Neuhausen | »Niwenhusen« |
| 26 n. Muc. | ca. 1184 | Freiham | »Frihaim« |
| 28 n. Muc. | 03.04.1186 | Nymphenburg | »Chemenaten« |
| | | ↳ *15.03.1675 Umbenennung in »Nimpfenbourg« = Burg der Nymphen (gem* | |
| 40 n. Muc. | 10.10.1198 | Harthausen | Harthausen |
| 42 n. Muc. | ca. 1200 | Denning | »Tenningen« |
| 73 n. Muc. | 1231/1234 | Englschalking | »Engelschalchingen« |
| 102 n. Muc. | 1260 | Konradshof | »Chunratshoven« |
| 110 n. Muc. | 07.02.1268 | Thalkirchen | Talkirchen |
| 111 n. Muc. | 1269/1271 | Langwied | »Lanquat« |
| 112 n. Muc. | 06.06.1270 | Reinharting | »Reinhartingen« |
| 135 n. Muc. | 23.02.1293 | Gasteig | »auf dem Gasteig« |
| 147 n. Muc. | 1305 | Priel | »Prül« |
| 167 n. Muc. | 24.02.1325 | Pipping | »Pipingen« |
| 182 n. Muc. | 12.12.1340 | Au | »Awe ze Gyesingen« |
| 204 n. Muc. | 1362/63 | Nederling | »Noederling« |
| 211 n. Muc. | 01.10.1369 | Hartmannshofen | »Hartmanshoven« |
| 271 n. Muc. | 1429 | St. Emmeram | »sannd Haymran« |
| 300 n. Muc. | 29.12.1458 | Graggenau-Viertel | »Gragkenaw viertail« |
| 300 n. Muc. | 29.12.1458 | Hacken-Viertel | »Hagken vierteil« |
| 300 n. Muc. | 29.12.1458 | Kreuz-Viertel | »Kreutz vierteil« |
| 304 n. Muc. | 15.09.1508 | Anger-Viertel | »Anngerfiertl« |
| 367 n. Muc. | 1525 | Lehel | »auf den lehen« |
| | | ↳ *14.12.1812 Umbenennung in St.-Anna-Vorstadt nach der St. Anna-Kirche* | |
| 391 n. Muc. | 10.07.1549 | Neuherberg | »new herberg« |
| 410 n. Muc. | 1568 | St. Georgenschwaige | St. Georgen |
| 475 n. Muc. | 1633 | Gröbenzell | »Zollner auf dem Gröben« |
| 540 n. Muc. | 09.10.1698 | Neuhofen | Neuhofen |
| 539 n. Muc. | 1697 | Hasenbergl | »Laimpichel« |
| | | ↳ *ab 1753 Umbenennung des kgl. Jagdreviers in »Künglberg« = Königshasenb* | |
| 558 n. Muc. | 1716 | Fürstenried | Fürstenried |
| 633 n. Muc. | 1791 | Kleinhesselohe | »Heselloh« |
| 639 n. Muc. | 27.04.1797 | Schönfeld-Vorstadt | Schönfeld |
| 646 n. Muc. | 14.12.1804 | Ludwigsvorstadt | Ludwigsvorstadt |
| 654 n. Muc. | 14.12.1812 | Isarvorstadt | Isarvorstadt |
| 654 n. Muc. | 14.12.1812 | Maxvorstadt | Maximilianvorstadt |
| 715 n. Muc. | 04.12.1873 | Schwanthalerhöhe *(= Westend)* | Schwanthalerhöhe |
| 717 n. Muc. | 02.06.1875 | Westend *(= Schwanthalerhöhe)* | Westend |

| Bedeutung/Herkunft des Namens | Eingemeindet / zum Stadtbereich gehörend |
|---|---|
| bei den Mönchen | |
| Rodung im Forst | 1912 |
| von »Labach« = morastige Gegend | 1931 |
| Gutshof des Rudolfus de Niwenhusen (Eigenname) | 1899 |
| freies Heim | 1942 |
| beheizbare Behausung (Kemenate) | 1899 |
| *s ab 1664 gebaute Schloss Nymphenburg)* | |
| Häuser am/im Wald (= »Hart«) | 1854 |
| Siedlung des Tenno (Eigenname) | 1930 |
| Siedlung des Engelschalch (Eigenname) | 1930 |
| Hof des Konrads (Eigenname) | 1890 |
| Kirche im Tal | 1900 |
| am langen Wald | 1942 |
| Wald (»Hart«) am Rain | 1913 |
| von »gach« = jäh/steil = steiler Weg | 1460* |
| Tiergarten, Wildgehege | 1892 |
| Siedlung des Pippin (Eigenname) | 1938 |
| das Land am Wasser (= »Au«) bei Giesing | 1854 |
| Siedlung des Nendilo (Eigenname) | 1913 |
| Hof des Hartmann (Eigenname) | 1913 |
| zu Ehren des hl. Bischofs Emmeram | 1913 |
| von »Graggenau« (Au der Krack = Rabe, Krähe) | 1158 |
| von »Hacken« (Hag, Hac, Hagen = eigefriedetes/gehegtes Land) | 1158 |
| von der Kreuzgasse (heute Promenadeplatz, Pacellistraße) | 1158 |
| »Anger« = Gras-, Weide- oder Ackerland | 1158 |
| »Lohe« = lichter Wald; bis 1812 auch »äußeres Graggenauer-Viertel« | 1460* |
| *, der Name setzte sich aber nie durch* | |
| neue Herberge | 1931 |
| = die Schwaige Milbertshofen mit der Kirche St. Georg | 1913 |
| Zollstation am Gröbenbach (war bis 1952 Stadtteil Münchens) | 1942 |
| neuer Hof | 1877 |
| Lehmbühl (»Bühl« = Hügel) | 1938 |
| *812 »Kaninchenberg«* | |
| nach Kurfürst Max Emanuel und »ried« = Rodung | 1912 |
| lichter Wald von Haselstauden | 1890 |
| Neubausiedlung auf dem »schönen Feld« | 1460* |
| nach Kronprinz Ludwig; zuvor »äußeres Hacken-Viertel« | 1460* |
| nach der Isar; zuvor »äußeres Anger-Viertel« | 1460* |
| nach König Max I. Joseph; zuvor »äußeres Kreuz-Viertel« | 1460* |
| nach dem Bildhauer Ludwig Schwanthaler | 1812 |
| nach der Westendstraße | 1812 |

* siehe Seite 22!

## EINE GANZ KURZE STADTGESCHICHTE

**5.600 – 2.200 v. Chr.** Steinzeitliche Siedlungen in Berg am Laim, Pasing, Moosach und Sendling

**2.200 – 1.000 v. Chr.** Bronzezeitliche Siedlungen in Münchens Altstadt, Harlaching, Grünwald und im Luitpoldpark

**Keltenzeit** Viereckschanzen in Aubing, Langwied, Feldmoching und Perlach

**Römerzeit** Römische Siedlungen in Aubing, Englschalking, Denning, Unterföhring und Grünwald

**Spätantike** Siedlungsspuren auf dem Petersbergl

**8. Jhd.** Niederlassung von Mönchen auf dem Petersbergl

**1158** Gründung als Stadt durch Heinrich den Löwen, bzw. erste urkundliche Erwähnung im »Augsburger Schied«

**1175** Erste Stadtbefestigung

**1180** München fällt an den Bischof von Freising

**1200** Erstmals betritt mit Ludwig dem Kehlheimer ein bayrischer Herzog nachweislich Münchner Boden

**1214** Erste urkundliche Erwähnung des Münchner Stadtrechts

**1239** Erstmals tritt das Münchner Kindl auf – auf dem Siegel einer Urkunde, die die Bürgerschaft vom Brückenzoll befreit

**1240** Statt den Bischöfen gehört München fortan den Wittelsbachern

**1255** München wird Residenz des Teilherzogtums Oberbayern

**1271** Baubeginn der Frauenkirche als zweite Pfarrkirche

**1285** Schwere Judenprogrome

**1328** Die Stadt wird für zwei Jahrzehnte kaiserliche Residenz, erweitert und mit einem zweiten Mauerring befestigt

**1397–1402** Aufstand der Zünfte gegen Patrizier und die Wittelsbacher

**1442** Herzog Albrecht III. vertreibt alle Juden aus München und ganz Oberbayern

**1494** Einweihung der neuen, ab 1468 gebauten Frauenkirche

**1504** Nach der Wiedervereinigung der Herzogtümer wird München alleinige Hauptstadt Bayerns

**1550–1579** Herzog Albrecht V. macht München zu einem Zentrum der Renaissancekunst

| | |
|---|---|
| **1623** | Während des Dreißigjährigen Krieges wird München kurfürstliche Residenzstadt |
| **1632** | Die Schweden besetzen München |
| **1634** | Die Pest wütet in München und löscht 1/3 der Bevölkerung aus |
| **1704** | Die Habsburger besetzen München im Spanischen Erbfolgekrieg, ein Jahr später kommt es zur Sendlinger Mordweihnacht |
| **1742** | Habsburgische Besatzung im Österreichischen Erbfolgekrieg |
| **1789** | München öffnet sich: Anlage des Englischen Gartens und beginnender Abbruch der Stadtbefestigung |
| **1806** | München wird Hauptstadt des neuen Königreichs Bayern |
| **1825–1848** | König Ludwig I. macht München zur Kunststadt von Weltrang |
| **1826** | Erstmals wird wieder eine Synagoge eingeweiht |
| **1827** | Grundsteinlegung zur ersten evangelischen Kirche Münchens |
| **1839** | Die erste Eisenbahn fährt von München nach Augsburg |
| **1876** | Die erste Münchner Trambahn transportiert Fahrgäste |
| **1886–1912** | Die Stadt erlebt eine neue kulturelle und technologische Blüte unter Prinzregent Luitpold, »München leuchtet« |
| **1901** | München überschreitet die 500.000 Einwohner-Grenze und ist nach Berlin und Hamburg drittgrößte deutsche Stadt |
| **1918** | Revolution und Sturz der Monarchie, Bayern wird Freistaat (= frei von Monarchie) |
| **1919** | Ausrufung und Untergang der »Räterepublik Baiern« |
| **1923** | Der Hitler-Ludendorff-Putsch scheitert |
| **1935** | Hitler ernennt München zur »Hauptstadt der Bewegung« |
| **1943** | Dank der »Weißen Rose« und anderer mutiger Nazigegner wird München zur »Hauptstadt der Gegenbewegung« |
| **1944/45** | Schwere Bombenschäden im Zweiten Weltkrieg |
| **1945** | Amerikanische Truppen befreien die Stadt am 30. April |
| **1957** | München hat erstmals über 1 Mio. Einwohner |
| **1971** | Eröffnung der ersten Münchner Fußgängerzone |
| **1972** | Olympische Sommerspiele in München |
| **1992** | Eröffnung des neuen Münchner Flughafens |
| **2003** | Als erste deutsche Großstadt beginnt München seine EDV weitgehend auf Linux und freie Software umzustellen |

## MÜNCHNER GASSENHAUER AUS BERLIN

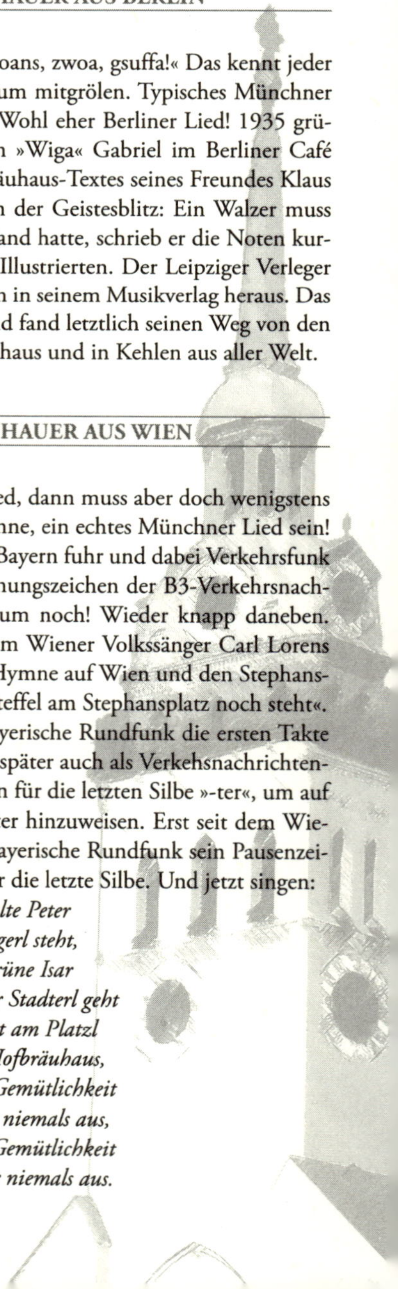

»In München steht ein Hofbräuhaus – oans, zwoa, gsuffa!« Das kennt jeder Tourist, das kann man noch im Delirium mitgrölen. Typisches Münchner Lied eben. Moment. Münchner Lied? Wohl eher Berliner Lied! 1935 grübelte der Berliner Komponist Wilhelm »Wiga« Gabriel im Berliner Café am Zoo über die Vertonung des Hofbräuhaus-Textes seines Freundes Klaus Siegfried Richter aus Hindelang. Dann der Geistesblitz: Ein Walzer muss es sein. Weil Gabriel kein Papier zur Hand hatte, schrieb er die Noten kurzerhand auf das Titelblatt der Berliner Illustrierten. Der Leipziger Verleger Wilhelm Gebauer brachte das Lied dann in seinem Musikverlag heraus. Das Stück wurde 1936 zum Faschingshit und fand letztlich seinen Weg von den Preußen zu uns ins Münchner Hofbräuhaus und in Kehlen aus aller Welt.

## MÜNCHNER GASSENHAUER AUS WIEN

Wenn schon nicht das Hofbräuhaus-Lied, dann muss aber doch wenigstens »Solang der alte Peter«, unsere Stadthymne, ein echtes Münchner Lied sein! Das Lied kennt jeder, der jemals durch Bayern fuhr und dabei Verkehrsfunk hörte: Die ersten Takte sind das Erkennungszeichen der B3-Verkehrsnachrichten. Münchnerischer gehts also kaum noch! Wieder knapp daneben. Die Stadthymne Münchens stammt vom Wiener Volkssänger Carl Lorens (1851–1909). Der komponierte es als Hymne auf Wien und den Stephansdom unter dem Titel »Solang der alte Steffel am Stephansplatz noch steht«. Seit dem 13. Januar 1948 nutzt der Bayerische Rundfunk die ersten Takte des Liedes, zunächst als Pausenzeichen, später auch als Verkehsnachrichtenmelodie. Zunächst fehlte immer der Ton für die letzten Silbe »-ter«, um auf die im Krieg zerstörte Kirche Sankt Peter hinzuweisen. Erst seit dem Wiederaufbau der Kirche 1951 spielt der Bayerische Rundfunk sein Pausenzeichen vollständig, inklusive des Tones für die letzte Silbe. Und jetzt singen:

*Solang der alte Peter*
*Am Petersbergerl steht,*
*Solang die grüne Isar*
*Durchs Münchner Stadterl geht*
*Solang da drunt am Platzl*
*Noch steht das Hofbräuhaus,*
*Solang stirbt die Gemütlichkeit*
*bei de Münchner niemals aus,*
*Solang stirbt die Gemütlichkeit*
*bei de Münchener niemals aus.*

## TV-KULT-SERIEN AUS MÜNCHEN

Münchner TV-Kult, bundesweit mit Preisen überhäuft und auch in der zigsten Wiederholung immer noch sehenswerter als der meiste bundesdeutsche Rest:

CAFÉ MEINEID (BR) 1982–2002 | Münchnerisches – oft skurril bis kabarettistisch – mit eher kleinen als großen Verbrechen aus dem Gerichtssaal und der Cafeteria eines fiktiven Münchner Amtsgerichts

DIE HAUSMEISTERIN (BR) 1987–1992 | Haidhausener Hinterhofmilieu, wie es leibt und lebt, mit Veronika Fitz als resolute Hausmeisterin sowie Helmut Fischer als »Bärli« und Ilse Neubauer als »Ilsehasi«

IRGENDWIE UND SOWIESO (BR) 1986 | spielt in München und dem Umland, und wenn eine deutsche Serie der Inbegriff von Kult ist, dann diese; Ottfried Fischer ist Sir Quickly, der Rest ist Legende

KIR ROYAL (WDR) 1986 | brillant-bösartiger Bussi-Bussi-Marathon in München mit Klatschreporter Baby Schimmerlos (Franz-Xaver Kroetz), seiner Mona (Senta Berger) und jeder Menge Gaststars

LÖWENGRUBE (BR) 1989–1991 | Münchner Nachkriegsjahre mit Jörg Hube und Christine Neubauer; die Serie entstand aus der Radio-Hörspielserie DIE GRANDAUERS UND IHRE ZEIT

MEISTER EDER UND SEIN PUMUCKL (BR) 1982–1989 | mit Gustl Bayrhammer als Meister Eder und Hans Clarin als Pumuckls Stimme

DER MILLIONENBAUER (BR) 1979 u. 1987 | Walter Sedlmayr als Bauer, der vom Bauboom im Münchner Osten profitiert und mit seinen Äckern Millionen macht

MONACO FRANZE – DER EWIGE STENZ (BR) 1983 | Helmut Fischer ist Franz Münchinger, Parademünchner, Schlawiner, Stenz, Frauenliebhaber – und trotzdem eigentlich richtig verliebt in sein »Spatzl« Ruth-Maria Kubitschek

MÜNCHNER GESCHICHTEN (BR) 1974 | Günther Maria Halmer gibt neun Folgen lang den Vorstadtgigolo Tscharlie aus dem Lehel, der immer auf der Suche nach der »Riesensach'« ist

DIE SCHNELLE GERDI (BR) 1989 | Senta Berger macht als sympathische, aber leicht naive Taxlerin sechs Folgen lang die Münchner Straßen unsicher; 2002 zieht die Gerdi dann für sechs neue Folgen nach Berlin in DIE SCHNELLE GERDI UND DIE HAUPTSTADT

DER SCHWAMMERLKÖNIG (BR) 1988 | Wolfgang Fiereck und sein »Dädy« Walter Sedlmayr wollen ihre Pilzzucht zu einem Feinkostunternehmen ausbauen

DER GANZ NORMALE WAHNSINN (BR) 1979–1980 | Towje Kleiner erlebt Turbulentes und schier Wahnsinniges als frisch geschiedener Journalist

ZUR FREIHEIT (BR) 1986 | zartherbe Gschichten aus dem Bauch von München mit Ruth Drexel als resoluter Wirtin; machte den Drehort, das Wirtshaus im Schlachthof, zum bundesweit bekannten Kulturtreffpunkt

## MÜNCHEN IN TV-SERIEN

Einige weitere beliebte TV-Serien, die in München gedreht werden/wurden, sowie eine beliebte TV-Serie, die in München spielt, aber nicht hier gedreht wird:

ALLE MEINE TÖCHTER (ZDF) 1994–1999 | Günter Mack als alleinerziehender Richter + Jutta Speidel als dessen Haushälterin + Villa in München = Liebe

ALLES AUSSER SEX (ProSieben) 2005–2006 | in einem Münchner Waschsalon tauschen sich Singlefrauen (u. a. Anette Frier) über ihr Liebesleben aus

Ballsaison – Frauen, Fußball, Wacker München (arte, ZDF) 2006 | TV-Reality-Soap

DER BASTIAN (ZDF) 1973 | Horst Janson als ewiger Student, der seine »Semester« und seine Amouren in München genießt – mit bis zu 15 Mio. Zuschauern pro Folge eine der erfolgreichsten Serien, die je im deutschen Fernsehen lief

BLAM! (ARD) 1985 | die Geschicke einer jungen Popband in München Mitte der 80er Jahre mit viel Neuer Deutscher Welle

BÜRO, BÜRO (ARD) 1982–1992 | überzeichneter Büroalltag mit Elfi Eschke als Tippse Gabi Neuhammer

DIE GLÜCKLICHE FAMILIE (BR) 1987–1991 | Maria Schell und Siegfried Rauch spielten die Eltern einer Gräfelfinger Familie mit den typischen Alltagsproblemen

FAMILIE MEIER (BR) 1981–1983 | Serie rund um die großen und kleinen Probleme einer typischen Kleinbürgerfamilie mit Karl Obermayr

HAUPTBAHNHOF MÜNCHEN (ZDF) 1970 | kurzlebige Serie (6 Folgen) um einen pensionierten Bahnpolizisten, der als rettender Engel am Münchner Hbf unterwegs ist

DAS HAUS MIT DER NR. 30 (BR) 1977–1979 | in ein Münchner Mietshaus zieht die Familie Koch (Familienpapa ist Jörg Hube) neu ein und hat 41 Episoden lang Zeit, sich einzuleben

*Was haben die Telenovela STURM DER LIEBE und preisgekrönte Mini-Serie DIE MANNS – EIN JAHRHUNDERTROMAN (Deutscher Fernsehpreis, 7 Bayerische Fernsehpreise, Adolf-Grimme-Preis, Goldene Kamera und Emmy Award) gemeinsam? Der Westflügel des Hotels Fürstenhof in STURM DER LIEBE ist die auf dem Filmgelände Geiselgasteig gebaute Villa Mann aus DIE MANNS.*

LINDENSTRASSE (ARD) seit 1985 | die Mutter aller deutschen Soaps, spielt zwar in München, wird aber in Köln gedreht (siehe MARIENHOF!)

LOTTA IN LOVE (ProSieben) 2006 | gefloppte Telenovela um ein Mädel, das per Zufall mit einer Popsängerin verwechselt wird

DIE MANNS – EIN JAHRHUNDERTROMAN (ARD, arte) 2001 | die Familiengeschichte der Manns mit Armin Mueller-Stahl, Monica Bleibtreu, Veronica Ferres und vielen anderen Stars

MÜNCHENER FREIHEIT (ZDF) 1985 | siebenteilige Dramaserie um einen DDR-Übersiedler, der obdachlos in München strandet und bei den Pennern an der Münchner Freiheit eine neue Heimat findet

SCHULMÄDCHEN (RTL) 2002–2005 | Sitcom um pubertierende Mädels an einem Münchner Gymnasium

SYLVIA – EINE KLASSE FÜR SICH (Sat.1) 1998–2000 | Uschi Glas spielt eine Lehrerin, die am »Franz-Josef-Strauß-Gymnasium« (in Wahrheit das Oskar-von-Miller-Gymnasium) unterrichtet

UNSERE SCHÖNSTEN JAHRE (ZDF) 1983–1985 | Uschi Glas und Elmar Wepper in love …

DIE WIESINGERS (BR) 1984–1988 | Leben und Leiden der Brauereidynastie Wiesinger zwischen Prinzregentenzeit und Machtergreifung der Nationalsozialisten

*In ZEIT GENUG gab Ottfried Fischer ein Schauspieldebüt in einer Fernsehserie.*

ZEIT GENUG (BR) 1982 | Provinzbursche Ernst Hannawald kommt zum Onkel nach München und erkundet die Großstadt

ZWEI MÜNCHNER IN HAMBURG (ZDF) 1989–1993 | Uschi Glas und Elmar Wepper in love – reloaded. Diesmal gelegentlich in München und hauptsächlich in Hamburg, wo beide ungestraft weiterhin Boutiquenbayrisch sprechen.

## GEDREHT IN MÜNCHEN, SPIELT(E) ABER IN …

… **der bayerischen Provinz, Teil 1:** SO IST DAS LEBEN! DIE WAGENFELDS (Sat.1) 1995–1996 | Serie um eine Familie aus Hamburg, die es in das fiktive bayerische Dorf Rosenburg verschlägt, das in Wahrheit nur auf dem Filmgelände Geiselgasteig existierte

… **der bayerischen Provinz, Teil 2:** STURM DER LIEBE (ARD) seit 2005 | Telenovela um das Fünf-Sterne-Hotel Fürstenhof, das vorgeblich in der Nähe von Bad Tölz steht, tatsächlich aber in Geiselgasteig

… **Düsseldorf:** AHORNALLEE (RTL) 2007 | gefloppte Soap, die in Düsseldorf spielte, aber in einer Münchner Altbauvilla gedreht wurde

… **ganz Europa:** SALTO MORTALE (ARD) 1969–1972 | Geschichten der Artistenfamilie Doria, die zu Gastspielen durch ganz Europa reist – aber fast alle Folgen wurden (deutlich erkennbar) im Circus Krone gedreht

… **Köln:** MARIENHOF (ARD) seit 1992 | Daily Soap, die in Köln spielt, aber in München gedreht wird (siehe LINDENSTRASSE)

… **Regensburg:** FAMILIE SONNENFELD (ARD) 2005–2009 | die Serie spielte in Regensburg, gedreht wurde aber in einer Sollner Villa, 2008 musste die Produktion nach Berlin umziehen, weil die Villa an Siemens-Chef Peter Löscher verkauft wurde

… **den Weiten des Weltalls:** RAUMPATROUILLE ORION (ARD) 1966 | Deutschlands allererste und unzählige Male wiederholte Sci-Fi-Serie mit Dietmar Schönherr und Eva Pflug

*Die Tiefseebasis 104 aus RAUMPATROUILLE ORION steht mitten in München: Es ist der Boden des leergeräumten Königsplatzes. 1965 war der komplette Platz noch mit großen Granitplatten belegt.*

# Ganz oder teilweise erhaltene Burgen und Schlösser:

| NAME | ORT | ART |
|---|---|---|
| Alter Hof/Ludwigsburg/Alte Veste | Altstadt | teilw. erhaltene Burg |
| Amalienburg | Nymphenburg | Jagdschloss |
| Asam-Schlössl/Maria Einsiedeln | Thalkirchen | Schloss |
| Aumeister | Schwabing | Jagdschloss |
| Badenburg | Nymphenburg | Lustschloss |
| Birkenleiten | Giesing | Schloss |
| Blutenburg | Obermenzing | Schloss |
| Freiham | Freiham | Schloss |
| Fürstenried | Forstenried | Jagdschloss |
| Gatterburg | Pasing | Schloss |
| Gohren-Schlösschen/Neufelden | Schwabing | Schloss |
| Harrach-Schlösschen | Schwabing | Schloss |
| Höchl-Schlössl | Bogenhausen | Schloss |
| Jagdschlösschen | Berg am Laim | Schloss |
| Laimer Schlössl | Laim | Schloss |
| Magdalenenklause | Nymphenburg | Lustschloss |
| Maxburg (Wilhelmin. Veste) | Altsdtadt, Lenbachplatz | Schlossrest |
| Nymphenburg | Nymphenburg | Schloss |
| Pagodenburg | Nymphenburg | Lustschloss |
| Pelkoven-Schlössl | Moosach | Schloss |
| Perlachort | Perlach | Schloss |
| Perlachseck | Perlach | Schloss |
| Perlachsöd (Neusönner Schloss) | Perlach | Schloss |
| Residenz | Altstadt, Residenzstraße | Schloss |
| Siebenbrunn | Harlaching | Schloss |
| St. Johannes Baptist | Johanneskirchen | teilw. erhaltene Wehrkirche |
| Suresnes | Schwabing | Lustschloss |
| Warnberg | Solln | Schloss |

*Quelle: Landesamt für Denkmalpflege*

# Verschwundene Burgen und Schlösser:

| NAME | ORT | ART |
|---|---|---|
| Alte Schanze | Oberföhring | verschwundene Burg |
| Altheim | Altstadt, Hotterstraße | verschwundene Burg |
| Aubing (Teufelsberg) | Lochhausen | verschwundene Burg |
| Baderschlössl | Schwabing | verschwundenes Schloss |
| Biederstein | Schwabing | verschwundenes Schloss |
| Castellhof | Sendling | verschwundenes Schloss |
| Chedevilleschlösschen | Maxvorstadt | verschwundenes Schloss |
| Fugger-/Törringschlössl | Haidhausen | verschwundenes Schloss |
| Gut Neuhofen | Sendling | verschwundenes Schloss |
| Haidenau/Ridlerschlösschen | Haidhausen | verschwundenes Schloss |
| Harlaching | Harlaching | verschwundenes Schloss |
| Hofmarksschloss | Berg am Laim | verschwundenes Schloss |
| Josephsburg | Berg am Laim | verschwundenes Schloss |
| Klemensschlösschen | Maxvorstadt | verschwundenes Schloss |
| Löwenhof | Sendling | verschwundenes Schloss |
| Neuberghausen/Hompeschschlössl | Bogenhausen | verschwundenes Schloss |
| Neudeck | Au | verschwundenes Jagdschloss |
| Neuhausen | Neuhausen | verschwundenes Jagdschloss |
| Neuveste | Altstadt, Residenzstraße | verschwundenes Schloss |
| Pasing | Pasing | verschwundenes Wasserschloss |
| Perlachswart | Perlach | verschwundenes Schloss |
| Preysingschlössl | Haidhausen | verschwundenes Schloss |
| Schwabing | Schwabing | verschwundene Burg |
| Sendling | Sendling | verschwundene Burg |
| Stepberg | Bogenhausen | verschwundenes Schloss |
| Tattenbachschlösschen | München | verschwundenes Schloss |
| Warnberg (Balde-Hügel) | Solln | verschwundene Burg |
| Zweibrückenschlösschen | Maxvorstadt | verschwundenes Schloss |

## MÜNCHNER ZEIT

In München gehen die Uhren anders … wie in jeder Stadt, die nicht auf dem 15. Längengrad östlich von Greenwich liegt, dessen mittlere Sonnenzeit die in weiten Teilen Europas gültige mitteleuropäische Zeitzone definiert. Die MEZ ist Ortszeit in den Orten auf dem 15. Längengrad: Motala, Schweden | Gudhjem (auf Bornholm), Dänemark | Görlitz/Zgorzelec (an der Lausitzer Neiße), Deutschland und Polen | Jindřichův Hradec, Tschechien | Gmünd im Waldviertel, Österreich | Catania, Sizilien.

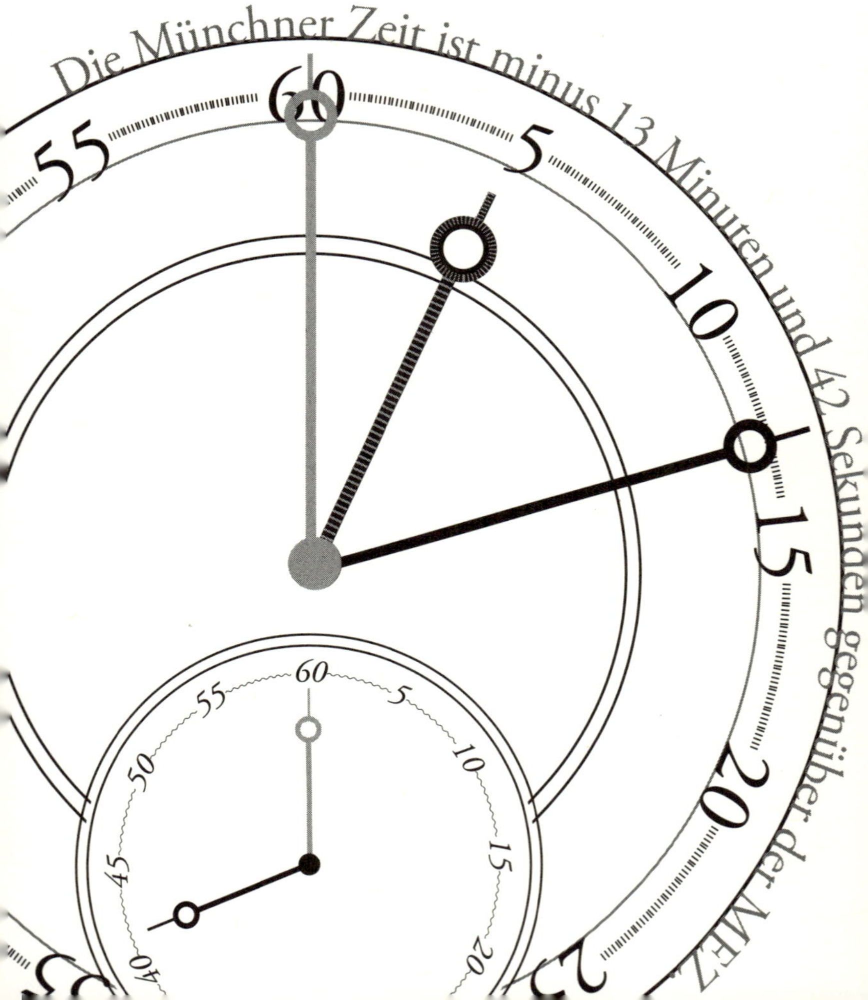

## MEHR ZU BURGEN & SCHLÖSSERN

**56** längst verschwundene sowie heute noch erhaltene Burgen und Schlösser gab/gibt es im Stadtgebiet München.

**0,181 Burgen/km²**
gibt es in München

## MÜNCHENS HOCHHÄUSER

***197*** Hochhäuser (ab 40 m) gibt es in München, davon sind 164 reine Wohnhäuser, 36 Büro-, Verwaltungsgebäude und sonstige Nutzungen wie z. B. Krankenhäuser.

***45*** Meter hoch ist Münchens erstes Hochhaus, das 1929 gebaute Technische Rathaus von Architekt Hermann Leitenstorfer an der Blumenstraße. Es beherbergt heute das Referat für Stadtplanung und Bauordnung. Bereits zu Beginn der 1920er Jahre plante man einen »Hochhausring« um die Münchner Altstadt. Das Vorhaben scheiterte am Stadtrat.

***29,97*** Meter hoch war der Legoturm, den rund 50.000 Helfer im Oktober 2009 in München auf dem Marienhof gebaut haben. Das waren 27 cm mehr als die bisherige Bestmarke: NEUER WELTREKORD made in Munich.

## MÜNCHENS MASS ALLER DINGE

Frauenkirche, Highlight Towers und Olympiaturm in proportionalen Größenvergleich

# *100*

Drüber geht nix: 100 m sind in München das Maß aller Dinge, denn das ist die aufgerundete Höhe der Türme der Frauenkirche. Höher durfte früher innerhalb des Mittleren Rings und darf seit einem sehr emotional geführten Volksentscheid im November 2004 auch im Stadtgebiet außerhalb des Mittleren Rings (vorläufig) nicht gebaut werden.

## MÜNCHENS WOLKENKRATZER

| | |
|---|---|
| *Olympiaturm* | 291 |
| *Kamin Heizkraftwerk Süd, Isartalstraße* | 175 |
| *Highlight Tower 1* | 126 |
| *Hypo-Haus* | 114 |
| *Highlight Tower 2* | 113 |
| *Sendeturm Blutenburgstraße* | 102 |
| *BMW-Vierzylinder* | 101 |
| *Kamin des Heizkraftwerk Freimann* | 100 |
| *Süddeutscher Verlag* | 100 |

**Nordturm: 98,57 ········ FRAUENKIRCHE ········ Südturm: 98,45**

| | |
|---|---|
| 97 | *St. Paul (Turm)* |
| 95 | *Heilig Kreuz Giesing (Turm)* |
| 92 | *Mariahilfkirche (Turm)* |
| 91 | *St. Johann Baptist Haidhausen (Turm)* |
| 91 | *St. Peter »Alter Peter« (Turm)* |
| 88 | *Münchner Tor* |
| 86 | *Seniorenwohnsitz Westpark* |
| 86 | *Messeturm* |
| 85 | *Munich City Tower* |
| 84 | *Skyline Tower* |
| 82 | *ADAC-Verwaltung* |
| 80 | *Rathausturm* |
| 76 | *Olympiadorf* |
| 75 | *Arabellahaus* |
| 68 | *Bayerischer Rundfunk* |
| 65 | *Fraunhofer Haus* |
| 63 | *Mercedes Center* |
| 58 | *Farao-Haus* |
| 45 | *Hochhaus an der Blumenstraße* |

# ROCKY HORROR WELTREKORD

»There's a light – over at the Frankenstein Place …« Seit 1975 singen sich die ultra-spießigen Hauptprotagonisten Brad und Janet verzweifelt Mut zu angesichts der düsteren Spukschlossfassade des durchgeknallten Wissenschaftler-Transvestiten Dr. Frank'n'Furter. Und ebenso lang ist THE ROCKY HORROR PICTURE SHOW einer der kultigsten Filme aller Zeiten, der weltweit immer wieder in unzähligen Kinos gezeigt wird. Die Münchner Museum Lichtspiele in der Au, Lilienstraße 2, direkt am Deutschen Museum, halten dabei einen Weltrekord: Hier läuft das Grusical ununterbrochen seit dem 24. Juni 1977. Längst wurde ein eigener Saal der schrillen Horror-Show entsprechend gestaltet, die Besucher kommen gerne in Verkleidung, mitsingen und mitmachen ist sowieso Ehrensache.
Ebenfalls rekordverdächtig: Seit mehr als elf Jahren zeigen die Museum Lichtspiele ununterbrochen die Tragikomödie INDIEN mit den österreichischen Kabarettisten Josef Hader und Alfred Dorfer.

## STYLISCHSTE STADT DER WELT

München hat keinen Style? Wer das behauptet, geht vermutlich mit geschlossenen Augen durch die Stadt. Fashion-Blogger aus aller Welt sahen das nämlich ganz anders. Im internationalen »Street Clash«, bei dem Blogger die Stadt mit den stylischsten Menschen der Welt wählen konnten, kürten sie 2008: München (2007 war es Tel Aviv).

## MIETPREISE

Hier der Vergleich der Mietpreise für 65-Quadratmeter-Wohnungen in durchschnittlicher Lage nach Baujahren*:

| | **München** | **Hamburg** | **Berlin** |
|---|---|---|---|
| Baujahr 1905 | 10,50 € | 7,16 € | 4,85 € |
| Baujahr 1925 | 10,50 € | 5,93 € | 4,70 € |
| Baujahr 1955 | 9,73 € | 5,54 € | 5,02 € |
| Baujahr 1975 | 9,48 € | 6,36 € | 5,56 € |
| Baujahr 2005 | 9,97 € | 7,65 € | 6,87 € |

**Quellen und Stand: offizielle Mietspiegel der Städte 2009; de facto können Münchner nur von diesen Preisen träumen, realistisch für München sind ca. 13,– €!*

## MÜNCHEN ERFINDET DAS REINHEITSGEBOT

Für alle Bierliebhaber ist der 23. April 1516 ein heiliges Datum. Damals erließ der bayerische Herzog Wilhelm IV. das Reinheitsgebot. Im Prinzip nichts Neues, denn Reinheitsgebote gab es viele – in fast jeder Stadt eines. Schon 1447 legten die Münchner fest, dass für ihr Bier nur Gerste, Hopfen und Wasser verwendet werden dürfe. Auf dieses Gebot stützte sich 1516 der Herzog. Sein Erlass regulierte einerseits die Preise, andererseits die Inhaltsstoffe des Bieres. Neu war auch, dass das Gebot nicht nur für die Stadt München, sondern das ganze Land Bayern zu gelten hatte!
Das bayerische Reinheitsgebot im Originaltext: Wir wollen auch sonderlichen dass füran allenthalben in unsern stetten märckthen un auf dem lannde zu kainem pier merer stückh dan allain gersten, hopfen un wasser genommen un gepraucht solle werdn. Und in der Übersetzung: »Ganz besonders wollen wir, dass forthin allenthalben in unseren Städten, Märkten und auf dem Lande zu keinem Bier mehr Stücke als allein Gersten, Hopfen und Wasser verwendet und gebraucht werden sollen.«
Das in München geborene Reinheitsgebot gilt seit 1906 in abgewandelter Form in allen deutschen Ländern.

## REINHEITS•*GE*•BOT ODER DROGEN•*VER*•BOT?

Beim Reinheitsgebot ging es sicher nicht um den reinen Geschmack. Bilsenkraut, Tollkirschen, Porst, Schlafmohn, Muskatnuss oder Wermut – all diese psychoaktiven Substanzen wurden im mittelalterlichen Deutschland nachgewiesenermaßen dem Bier zugesetzt. Mit Bier gings damals also auf einen ordentlichen Trip! Das bayerische Reinheitsgebot gilt daher auch als eines der ersten Drogengesetze. Die Regierung wollte unbedingt durchsetzen, dass Bier nichts weiter enthält, was noch mehr reinknallt als Alkohol.

## DIE 1. MÜNCHEN-FILME

- Die ältesten Filmaufnahmen, die in München gedreht wurden, stammen aus dem Jahr 1902: Sie zeigen eine Pferdetrambahn am Promenade- und Maximiliansplatz.
- Der erste kurze Film mit Spielhandlung, der in München gedreht wurde, war die französische Produktion EIN TYROLER IN MÜNCHEN von 1908.

## 1. RAUMFAHRT-TOTER DER WELT

Der Münchner Astronom Max Valier erfand 1928 den ersten raketengetriebenen Wagen der Welt: In nur acht Sekunden erreichte das Gefährt, das er mit Autokonstrukteur Fritz von Opel baute, eine Geschwindigkeit von 100 km/h. Am 22. Januar 1929 führte Max Valier auf dem Flugplatz Schleißheim die weltweit ersten Versuchsfahrten mit einem Raketenschlitten durch: RAK BOB 1 kam auf 110 km/h. Am 9. Februar 1929 setzte Valier noch eins drauf: Bei einer Fahrt auf dem zugefrorenen Starnberger See erreichte sein Schlitten RAK BOB 2 mit 18 Eisfeld-Raketen eine Höchstgeschwindigkeit von etwa 378 km/h. Die unbemannte Fahrt endete an einem Bootssteg mit der Zerstörung des Bobs. Am 17. Mai 1930 starb Max Valier bei einer Explosion während des Probelaufs einer Rakete in Berlin. Er gilt damit als erstes Todesopfer der Raumfahrt. Valier ist auf dem Westfriedhof beigesetzt.

## 2 MÜNCHNER VEREINE UND IHRE ZIELE

**»Verein gegen betrügerisches Einschenken«** – kämpft (besonders zur Wiesn-Zeit) für eine korrekt gefüllte Maß
**»Letzter Verein gegen Vereins- und Gruppenbildung«** – möchte generell Vereine und Gruppenbildungen verhindern, Vereinssitzung ist konsequenterweise immer am 29. Februar

## STRASSENMUSIKER ≠ KRAWALLMUSIKER

Die Musiker, die am 21. Juni 1962 noch nach 22.30 Uhr an der Leopoldstraße spielten, woran sich die tagelangen, blutigen Straßenschlachten der Schwabinger Krawalle entzündeten, waren: Sitka Wunderlich, Wolfram Kunkel, Rüdiger Herzfeldt und Michael Erber.

## DIE 3. DEUTSCHE U-BAHN

Geplant wurde bereits 1905 – völlig überdimensioniert! 1928 gab es erneut Pläne, vereitelt jedoch von der Weltwirtschaftskrise. Ab 1936 begannen schließlich die Bauarbeiten für Münchens Untergrundbahn, doch der Zweite Weltkrieg setzte dem ein Ende. Erst am 19. Oktober 1971 fuhr dann die erste Münchner U-Bahn – Deutschlands drittes U-Bahn-Netz nach Berlin (1902) und Hamburg (1912).

BEVOR SIE WEITERBLÄTTERN,
HIER EIN KLEINES QUIZ ZUR ENTSPANNUNG:

DEUTSCHLAND HAT 3 MILLIONENMETROPOLEN.
BERLIN. HAMBURG. MÜNCHEN.

WELCHE DAVON IST MULTIKULTIMETROPOLE?*
BERLIN? HAMBURG? MÜNCHEN?

* *gemessen am prozentualen Ausländeranteil*

SCHÄTZEN SIE MAL:

| Stadt | Einwohner gesamt | Ausländeranteil in Prozent (Ihre Schätzung als Ziffer) |
|---|---|---|
| BERLIN | 3.431.676 | .................. % |
| HAMBURG | 1.772.100 | .................. % |
| MÜNCHEN | 1.367.314 | .................. % |

UNSER TIPP:

2 dieser 3 Städte kehren bei jeder sich bietenden Gelegenheit ihre angebliche Vormachtstellung in Sachen Multikultiness – und damit ihre vorgebliche Weltoffenheit – hervor. Bei Schulvergleichstests schneiden diese beiden Städte stets desaströsestens ab und verweisen dann zeternd und jammernd auf ihren angeblich irre hohen Schüleranteil mit Migrationshintergrund. Doch Deutschlands echter Meltingpot führt seit langen Jahren in Sachen Ausländeranteil mit so GIGANTISCHEM Abstand vor den anderen beiden Städten, dass Sie künftig alles Recht der Welt haben, die Bewohner dieser beiden anderen Städte so herzhaft auszulachen, dass Sie sich den Bauch halten müssen und Ihnen die Tränen kommen, wenn die mal wieder darüber schwadronieren, dass ihre Heimatstadt irgendwie echt total ein Synonym für multikulti oder Migrationsprobleme sei …
So, sind Sie nun stark genug, die ganze Wahrheit zu erfahren und umzublättern?

## MULTIKULTIMILLIONENMETROPOLEN

| | Stadt | Einwohner | Ausländeranteil % |
|---|---|---|---|
| 1 | München | 1.367.314 | 23,1 % |
| 2 | Berlin | 3.431.676 | 13,9 % |
| 3 | Hamburg | 1.772.100 | 13,8 % |

## MULTIKULTIGROSSSTÄDTE
(ab 500.000 Einwohner)

| | Stadt | Einwohner | Ausländeranteil % |
|---|---|---|---|
| 1 | Frankfurt/Main | 672.667 | 24,3 % |
| 2 | München | 1.367.314 | 23,1 % |
| 3 | Stuttgart | 593.034 | 21,1 % |
| 4 | Köln | 999.200 | 17,3 % |
| 5 | Düsseldorf | 585.054 | 17,2 % |
| 6 | Duisburg | 492.870* | 15,1 % |
| 7 | Hannover | 518.088 | 14,2 % |
| 8 | Berlin | 3.431.676 | 13,9 % |
| 9 | Hamburg | 1.772.100 | 13,8 % |
| 10 | Bremen | 547.255 | 12,7 % |

**Zugegeben, das sind unter 500.000, aber Duisburg zählte bis 2008 zu den Großstädten ab 500.000 Einwohnern, daher darf es hier noch einmal mit dabei sein.*

## HERKUNFTSLÄNDER TOP 10

Münchner, die keinen deutschen Pass haben, kommen aus:

| | Land | Personenzahl |
|---|---|---|
| 1 | Türkei | 42.263 |
| 2 | Kroatien | 24.275 |
| 3 | Österreich | 21.626 |
| 4 | Griechenland | 21.602 |
| 5 | Italien | 21.346 |
| 6 | Bosnien-Herzegowina | 16.329 |
| 7 | Polen | 15.500 |
| 8 | Serbien | 13.508 |
| 9 | Irak | 8.591 |
| 10 | Frankreich | 7.714 |

## MÜNCHENS EXOTEN

Sie sind ganz allein. Sie sind in München einzigartig, denn sie sind die einzigen ihres Landes, die in München leben. Nur je ein Münchner stammt aus:

Antigua und Barbuda
Gabun
Kiribati
Lesotho
Monaco
Palau
Papua-Neuguinea
St. Kitts und Nevis

*Alle Angaben auf den Seiten 49–52: Stand jeweils Ende 2008 (außer Düsseldorf: Stand Ende 2007) | Quellen: die jeweiligen Statistikämter der Städte*

# MÜNCHENS MULTIKULTIZENTREN

| | Stadtbezirk | Ausländeranteil % |
|---|---|---|
| 1 | Milbertshofen-Am Hart | 35,3 % |
| 1 | Schwanthalerhöhe | 35,3 % |
| 2 | Obergiesing | 27,7 % |
| 3 | Ramersdorf-Perlach | 27,5 % |
| 4 | Ludwigsvorstadt-Isarvorstadt | 27,4 % |
| | Berlin-Mitte *(höchster Ausländeranteil, Stadtbezirke Berlin)* | 27,4 % |
| 5 | Berg am Laim | 26,9 % |
| 6 | Feldmoching-Hasenbergl | 26,6 % |
| | Hamburg-Mitte *(höchster Ausländeranteil, Stadtbezirke Hamburg)* | 26,6 % |
| 7 | Moosach | 25,5 % |
| 8 | Sendling | 25,4 % |
| 9 | Maxvorstadt | 23,1 % |
| 10 | Sendling-Westpark | 23,0 % |
| 11 | Schwabing-Freimann | 22,7 % |
| 12 | Altstadt-Lehel | 22,5 % |
| | Neukölln *(zweithöchster Ausländeranteil, Stadtbezirke Berlin)* | 22,4 % |
| | Friedrichshain-Kreuzberg *(dritthöchster Ausländeranteil, Stadtbezirke Berlin)* | 22,3 % |
| 13 | Au-Haidhausen | 21,9 % |
| 14 | Laim | 21,8 % |
| 15 | Hadern | 21,4 % |
| 16 | Neuhausen-Nymphenburg | 21,2 % |
| 17 | Schwabing-West | 20,2 % |
| 18 | Untergiesing-Harlaching | 19,8 % |
| 19 | Thalkirchen-Obersendling-Forstenried-Fürstenried-Solln | 19,3 % |
| 20 | Aubing-Lochhausen-Langwied | 18,8 % |
| 21 | Bogenhausen | 18,3 % |
| 22 | Pasing-Obermenzing | 16,9 % |
| 23 | Trudering-Riem | 16,7 % |
| 24 | Allach-Untermenzing | 16,1 % |
| | Altona *(zweithöchster Ausländeranteil, Stadtbezirke Hamburg)* | 14,4 % |

## BESTER ÖPNV EUROPAS

Den öffentlichen Personennahverkehr in 23 Metropolen Europas testete der ADAC im Herbst 2009. Die Städte mussten in den vier Kategorien Reisezeit, Umsteigen, Information und Tickets/Preise bestehen. Der Sieger: München. Als einzige Stadt bekam sie trotz horrend teurer Ticketpreise ein »sehr gut«, weil man schnell unterwegs ist, komfortabel umsteigen kann und gut informiert wird. Auch die anderen deutschen Städte schlossen gut ab, schlecht kamen Madrid, London und Budapest weg. Auf dem letzten Platz landete übrigens das kroatische Zagreb.

Hier die europäischen Top 5 in Sachen ÖPNV:

① München ② Helsinki ③ Wien ④ Prag ⑤ Hamburg

## DAHER DIE RADLERMASS

Das berühmteste aller Bier-Mixgetränk, die Radlermaß, entstand aus einer Notlage auf der Kugleralm bei Deisenhofen, 20 km außerhalb Münchens. Wirt Franz Xaver Kugler wollte eine neue Zielgruppe erschließen, die Radfahrer, und ließ einen Radweg durch den Wald zur Kugleralm anlegen. Am ersten Samstag im Juni 1922 fielen an die 13.000 Radler aus München in der Kugleralm ein und begehrten Bier. Der Wirt fürchtete leergetrunken zu werden. So viel Bier hatte er nicht! Da erinnerte er sich an die unzähligen Flaschen Zitronenlimonade im Lager, die kein Mensch je hatte trinken wollen. So mischte er halbe-halbe Bier mit Limonade und verkündete stolz, dieses Getränk habe er eigens für die Radler erfunden, damit sie nicht schwankend nach Hause fahren müssten. Es sei eine »Radlermaß«.

## DAHER DIE RUSSNMASS

Älter als die Radlermaß ist die Russnmaß. Nach dem Ende des Ersten Weltkriegs 1919 kam es in München zur Revolution, die revolutionären Arbeiter- und Soldatenräte besetzten die Weißbierbrauerei Mathäser am Stachus und machten sie zu ihrem Hauptquartier. Hier rief ihr Anführer Kurt Eisner den Freistaat Bayern aus. Damit sich niemand ins Koma soff und niemand bei der Verteidigung des Stützpunkts einschlief, streckten die Rotarmisten ihr Weißbier sicherheitshalber mit Limo. Wegen ihrer Verbindungen zu den russischen Kommunisten nannten die Münchner die »Roten« auch Russen. So bekam das Weißbier-Limo-Mischgetränk den Namen »Russn«.

## IHRE BÜSTEN STEH

In der Ruhmeshalle hinter der Bavaria (Theresienhöhe) werden Persönlichkeiten geehrt, die sich für Bayern verdient gemacht haben. Die (mitunter falschen)

**Linke Seitenwand**

MARTIN SCHONGAUER, MALER | MARTIN BEHAIM, GELEHRTER | ADAM KRAFT, BILDHAUER | KONRAD CELTES, DICHTER U. GELEHRTER | JOHANNES TRITHEIM, ABT U. GELEHRTER | MICHAEL WOLGEMUT, MALER | HANNS HOLBEIN D. AELTERE, MALER | WILIBALD PIRKHEIMER, GELEHRTER | VEIT STOSS, BILDSCHAFFENDER | ALBERT ALTORFFER, MALER | HANS BURGKMAIR, MALER | JOHANN ECK, GOTTESGELEHRTER | CONRAD PEUTINGER, GELEHRTER

**Linke Flügelwand**

*Gedenktafel für 1944 zerstörte Büsten, die zunächst nicht restauriert bzw. nachgebildet wurden.*

WOLFGANG MILLER, BAUMEISTER | ALEX V. HASLANG, BAYER. FELDHERR | JOH. GEORG HERWARTH, STAATSMANN | JOH. CHRIST. FRH. V. PREYSING, STAATSMANN | HANS CARL GRAF V. THÜNGEN, FELDMARSCHALL | JOH. BAPT. HOMANN, GELEHRTER | NIC. HIER. GUNDLING, GELEHRTER | JOH. CHRIST. GATTERER, GESCHICHTSSCHREIBER | SIMON SCHMID, K. B. GEISTL. RATH, ERFINDER

**Mittelwand**

LEONHARD V. ECK, CANZLER | PETER APIAN, GELEHRTER | LUCAS MÜLLER GEN. CRANACH D. AE., MALER | CHRISTOPH AMBERGER, MALER | HANS JACOB FUGGER, KUNSTSAMMLER UND GELEHRTER | HANS SACHS, DICHTER | ROLAND DE LATTRE GENANNT ORLANDO DI LASSO, TONSETZER | CHRISTOPH SCHWARTZ, MALER | PETER CANISIUS, GOTTESGELEHRTER | PETER DE WITTE GENANNT CANDID KÜNSTLER | JOH. THERKLAS GRAF V. TILLY, BAYER. HEERFÜHRER | GODFRIED HEINRICH GRAF ZU PAPPENHEIM | ELIAS HOLL, BAUMEISTER | FRHR. FRANZ V. MERCY, BAYRISCHER FELDHERR | CHRISTOPH SCHEINER, PRIESTER UND GELEHRTER | BARTHOLOMÄUS HOLZHAUSER, PRIESTER | JOHANN V. MANDL, STAATSMANN | JAKOB BALDE, PRIESTER U. DICHTER | JOACHIM SANDRART, MALER | CASPAR VON SCHMITT, STAATSMANN | ANDREAS WOLF, MALER | HADRIAN VAN DER WERFF, MALER | FRANZ REICH, MALER | BALTHASAR NEUMANN, BAUMEISTER | KÖNIG LUDWIG I. ZUR FEIER SEINES 100. GEBURTSTAGES DAS DANKBARE MÜNCHEN | WIG.

**Auf dem Sims**

CARL ORFF, KOMPONIST | WERNER HEISENBERG, PHYSIKER | BERTOLT BRECHT, DICHTER | EMMY NOETHER, MATHEMATIKERIN | THERESE PRINZESSIN v. BAYERN, FORSCHERIN | FRANZ VON LENBACH | KARL AMADEUS HARTMANN,

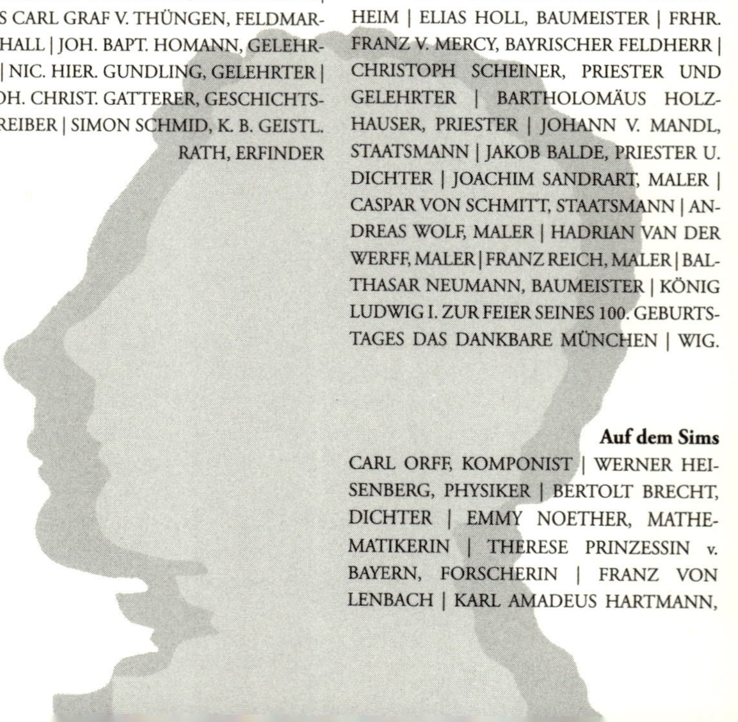

## DER RUHMESHALLE

Schreibweisen der Namen und Abkürzungen sowie die Berufsbezeichnungen in der folgenden Liste folgen der Beschriftung der Büsten.

FRHR. VON KREITTMAYR, VICE CANZLER | GRAF SIEGMUND V. HAIMHAUSEN, PRÄS. D. AKAD. D. WISSENSCHAFTEN | MICH. IGNATZ SCHMIDT, GESCHICHTSSCHREIBER | IOSEPH VOGLER, TONSETZER | BENIAMIN THOMPSON GRAF VON RUMFORD | JEAN PAUL FRIEDERICH RICHTER, SCHRIFTSTELLER | GEORG V. REICHENBACH, MECHANIKER | IOS. V. FRAUNHOFER, OPTIKER | LORENZ VON WESTENRIEDER, GESCHICHTSSCHREIBER | IOH. MICH. V. SAILER, BISCHOF | ALOIS SENEFELDER, ERFINDER DES STEINDRUCKES | GRAF AUGUST V. PLATEN, DICHTER | FRANZ P:V:SCHRANK, NATURFORSCHER | FÜRST KARL WREDE, FELDMARSCHALL | DANIEL OHLMÜLLER, BAUMEISTER | FRANZ V. BAADER, WELTWEISER | EDUARD V. SCHENK, DICHTER | IOSEPH PSCHORR, GROSSBRAUER | FRIEDRICH V. GAERTNER, BAUMEISTER | LUDW. V. SCHWANTHALER, BILDHAUER | FRANZ XAVER GABELSBERGER, ERFINDER D. DEUTSCHEN STENOGRAPHIE | CARL ROTTMANN, MALER | IOHANN ANDREAS SCHMELLER, GELEHRTER | GEORG SIMON OHM, GELEHRTER

KOMPONIST | HEINRICH WIELAND, CHEMIKER | CLAUS GRAF SCHENK VON STAUFFENBERG, WIDERSTANDSKÄMPFER | GEORG BRITTING, DICHTER | LENA CHRIST, SCHRIFTSTELLERIN

**Rechte Seitenwand**
HEINRICH VON HESS, MALER | LEO VON KLENZE, BAUMEISTER | PETER VON CORNELIUS, MALER | FERDINAND VON MILLER, ERZGIEßER | CHRISTOPH DIENTZENHOFER, BAUMEISTER | WILHELM LEIBL, MALER | RUDOLF DIESEL, ERFINDER | LUDWIG THOMA, SCHRIFTSTELLER | SIEGMUND RIEZLER, HISTORIKER | OSKAR VON MILLER, ELEKTROINGENIEUR | IGNAZ GÜNTHER, BILDHAUER | FRIEDRICH KOENIG, ERFINDER | MAXIMILIAN JOSEPH MONTGELAS, STAATSMANN

**Auf dem Sims**
CLARA ZIEGLER, SCHAUSPIELERIN | JOHANN MICHAEL FISCHER, BAUMEISTER | ARNOLD SOMMERFELD, PHYSIKER | RICHARD WILLSTÄTTER, CHEMIKER | ADOLF VON HILDEBRAND, BILDHAUER | CARL SPITZWEG, MALER | HANS FREIHERR VON UND ZU AUFSESS, GRÜNDER DES GERMANISCHEN NATIONALMUSEUMS | WILHELM JOSEF BEHR, STAATSRECHTSLEHRER | FRANZ ERWEIN GRAF VON SCHÖNBORN, STANDESHERR | FRANZ MARC, MALER | SEBASTIAN KNEIPP, PFARRER

**Rechte Flügelwand**
*Gedenktafel für 1944 zerstörte Büsten von Personen, die in die Walhalla aufgenommen wurden und deren Büsten daher für die Ruhmeshalle nicht restauriert oder neu gefertigt wurden.*
JOHANN REICHLIN, GELEHRTER | FRANZ V. SICKINGEN, RITTER | ALBRECHT DUERER, MALER | GEORG V. FRUNDSBERG, LANDSKNECHT | PETER FISCHER, KÜNSTLER IN ERZ | JOH. TURMAIR GEN. AVENTIN, GESCHICHTSSCHREIBER | HANS HOLBEIN D.J., MALER | JOH. CHRISTOPH V. GLUCK, TONDICHTER* | FRIED. WILH. V. SCHELLING, WELTWEISER

**heißt eigentlich Christoph Willibald*

## ERFINDER DER FANMEILE

Die Münchner Stadtverwaltung schlug der FIFA zur Fußball-WM 2006 ein großes »Fanfest« mit Großbildleinwand zum live Fußballgucken auf der Leopoldstraße vor. Die FIFA war begeistert, im Hastdunichtgesehen übernahmen alle anderen deutschen WM-Austragungsorte die Münchner Idee und die Fanmeile bzw. das »Public Viewing« (im Amerikanischen bezeichnet man so übrigens das öffentliche Aufbahren von Toten) war geboren.

## 1. FILM DER BAVARIA

Der 1. Film, der in den Bavaria Filmstudios entstand: DER OCHSENKRIEG nach einem Roman von Ludwig Ganghofer, 1920, Regie: Franz Osten (= Franz Ostermayr = Bruder von Studiogründer Peter Ostermayr).

## DIE ÄLTESTE U-BAHN-STRECKE

Die älteste Münchner U-Bahnstrecke wurde 1910 eröffnet: Die »Post-Métro« transportierte Post zwischen dem Briefpostamt an der Hopfenstraße und dem Hauptbahnhof. Der Tunnel war ca. 350 m lang, 2,35 m breit und 1,80 m hoch.

## DIE ÄLTESTE U-BAHN-LINIE

Die älteste Münchner U-Bahnlinie ist die U6. Der Lindwurmtunnel zwischen Sendlinger Tor und Goetheplatz wurde 1938–41 gebaut. Der Bahnhof Goetheplatz ist deshalb einige Meter länger als die üblichen 120 m Bahnsteiglänge, da er für andere Züge konzipiert wurde. Der heutige Streckenabschnitt entspricht im Wesentlichen dem alten Lindwurmtunnel. Am 19. Oktober 1971 fuhr der erste Zug zwischen Kieferngarten und Goetheplatz.

## 2 STANDL-KURIOSA

- Der älteste Münchner Kiosk, pardon, das älteste Standl, stammt von 1848 und steht heute noch am Schyrenplatz nahe der Wittelsbacherbrücke.
- Der Kiosk an der Reichenbachbrücke hat als einziges Münchner Standl jeden Tag 24 Stunden geöffnet.

## SHOPPEN WIE KÖNIGS

Dort einkaufen, wo schon die bayrischen Könige es taten, ist heute noch möglich: bei den »Königlich Bayerischen Hoflieferanten«. Diesen Titel vergaben die Könige und Prinzregent Luitpold an ausgewählte Firmen. Bis heute bieten die Firmen daher Produkte an, die auch die Gunst des Königs fänden. Hier einige der 60 noch existierenden Hoflieferanten in München:

**Andreas Huber**
Uhren
*Residenzstr. 11*
*80333 München*

**Dallmayr**
Feinkost
*Dienerstr. 14-15*
*80331 München*

**Eduard Meier**
Schuhmacherei
*Residenzstr. 22*
*80333 München*

**Eilles**
Tee
*Residenzstr. 13*
*80333 München*

**Erbshäuser**
Konditorei
*Glückstr. 1*
*80333 München*

**Heiden**
Juwelier
*Promenadeplatz 4*
*80333 München*

**Hemmerle**
Juwelier
*Maximilianstr. 14*
*80539 München*

**Honsell**
Friseur
*Hotel Vierjahreszeiten*
*Maximilianstr. 17*
*80539 München*

**Kaut-Bullinger**
Schreibwaren
*Rosenstr. 8*
*80331 München*

**Ludwig Beck**
Textilien
*Marienplatz 11*
*80331 München*

**Marstaller**
Reisegepäck
*Pacellistr. 2-4*
*80333 München*

**Münzinger**
*Sportartikel*
*Marienplatz 8*
*80331 München*

**Porzellanmanufaktur Nymphenburg**
*Schloss Nymphenburg*
*80638 München*

**Prantl**
Druck- und Lederwaren
*Amiraplatz 3*
*80333 München*

**Radspieler**
Raumausstatter
*Hackenstraße 4*
*80331 München*

**P. Rath - Karl Rothmüller**
Juwelier
*Theatinerstr. 36*
*80333 München*

**Roeckl**
Handschuhe
*Isartalstr. 49*
*80469 München*

**Rottenhöfer**
Konditorei
*Residenzstr. 25-26*
*80333 München*

**Schachinger**
Künstlerbedarf
*Josephspitalstr. 6*
*80331 München*

## SITZPLÄTZE

**69.901**
Allianz Arena

**69.250**
Olympiastadion

**12.150**
Olympiahalle

**10.240**
Sechzgerstadion (Städtisches Stadion an der Grünwalder Straße)

**6.256**
Olympia Eisstadion

**2.387**
Philharmonie

**2.100**
Nationaltheater (Staatsoper)

**1.200**
Prinzregententheater

**893**
Staatstheater am Gärtnerplatz

**877**
Residenztheater

**690**
Kammerspiele

**598**
Carl-Orff-Saal

**535**
Volkstheater

**532**
Cuvilliéstheater

**254**
Schauburg

## MUNICH OLYMPIC WALK OF STARS

Es gibt sie doch, die Sehenswürdigkeiten, die nicht mal ein Münchner kennt: z. B. den Munich Olympic Walk of Stars. Ein Weg am Fuß des Olympiaturms dient seit der Einweihung am 21. Mai 2003 als Konkurrenz zum Walk of Fame vor Grauman's Chinese Theatre in Los Angeles. Stars machen hier Abdrücke in den frischen Zement von 90 × 90 cm großen Platten. Wer sich verewigen darf, bestimmt ein Gremium. Zur Wahl stehen nur diejenigen, die Erfolge im Olympiapark gefeiert oder sich um den Olympiapark verdient gemacht haben, darunter sind:
*Elton John | R.E.M | Lenny Kravitz | KISS | Earth, Wind & Fire | Snoop Dogg | Genesis | Aerosmith | Bryan Adams | Zucchero | Chris de Burgh | David Copperfield | B.B. King | Eros Ramazzotti | Deep Purple | Liza Minnelli | Simply Red | Westernhagen | Backstreet Boys | Meat Loaf | Ronan Keating | Die Toten Hosen | James Last | Lionel Richie | Metallica | Andre Rieu | Peter Maffay | Carlos Santana | Julio Iglesias | Udo Jürgens | Bon Jovi | Dalai Lama | Tom Jones | Howard Carpendale*

## MOZART IN MÜNCHEN

Wolfgang Amadeus Mozart weilte achtmal in München und wäre hier gerne kurfürstlicher Hofkomponist geworden. Doch es war einfach keine Stelle frei. Immerhin durfte Mozart zwei Opern für den Münchner Karneval komponieren. Hier die Mozartopern, die im Cuvilliéstheater uraufgeführt wurden:

| | |
|---|---|
| 13. Januar 1775 | **»La finta giardiniera \| Die Gärtnerin aus Liebe«** |
| 29. Januar 1781 | **»Idomeneo«** |

## MODELLE FÜR DEN WITTELSBACHER BRUNNEN

Ein Prachtkerl, der muskelbepackte Münchner Athlet Johann Göhringer – mit dem Zirkus Barnum & Bailey hatte er die ganze Welt bereist. Und noch heute kann man ihn bewundern, denn er stand Adolf von Hildebrand Modell für den »Zerstörer«, die linke Figur des Wittelsbacher Brunnens am Lenbachplatz. Auf einem Pferd mit Fischhinterkörper reitend, wuchtet er einen Felsen in die Höhe. Der Brunnen – 1893 bis 1895 errichtet – ist eine Allegorie auf die Urkräfte des Wassers, die zerstörenden und die segensbringenden. Göhringers Gegenüber, das »Sinnbild für den das Land befruchtenden Strom«, war Maria Trautner, eine resche Maid, die sich später was Ordentliches anzog und einen Rosenheimer Geschäftsmann ehelichte.

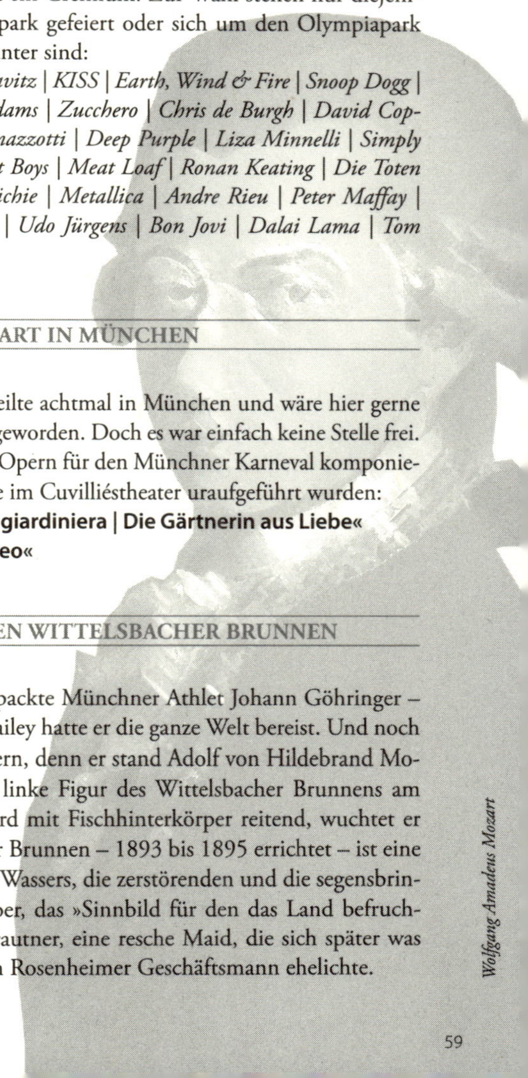

Wolfgang Amadeus Mozart

## KURZER EXKURS ZUR HANS-SACHS-STRASSE

Die Hans-Sachs-Straße in der Isarvorstadt entstand als Neubauprojekt 1896 und gilt heute als eine der schönsten Ensemblestraßen Münchens.

1. Von 1799 bis 1896 stand an der Ecke zur Müllerstraße ein großes, vom Westermühlbach gespeistes Schwimmbad mit Freibecken, Knabenschwimmschule sowie Wannenbädern für gut betuchte Gäste.
2. Auf dem Areal der heutigen Straße hatte der TSV 1860 München sein erster Trainingsgelände. Der Verein wurde im Gasthaus Zu den drei Linden an der Müllerstraße gegründet und zog erst 1889 an die Auenstraße (ebenfalls Glockenbachviertel) – von wegen also, die Löwen seien Giesinger!
3. Die Stadt wollte Anfang der 1960er die Straße plattmachen. Sie sollte einer 4-spurigen Ausfallstraße vom Altstadtring zur Kapuzinerstraße weichen. Daher ist auch das Kolosseum bereits zurückgesetzt gebaut.
4. Das Hans-Sachs-Straßenfest, das das Schwule Kommunikations- und Kulturzentrum SUB (Müllerstraße) seit 1991 jeden 3. Samstag im August ausrichtet, ist eines der ältesten Straßenfeste Münchens und eines der bekanntesten Deutschlands.

## 1. FÜHRERSCHEIN DER WELT

Sicher: Fahrerlaubnisscheine gab es früher; ebenso Fahrzeugkennzeichen. Doch Bayern führte 1899 als erstes Land der Welt die Führerscheinpflicht für Autofahrer und die Kennzeichenpflicht für Automobile ein. Der erste richtige Lappen der Welt ist der »Fahrschein« vom 14. April 1899, den die königliche Polizeidirektion dem Münchner Kaufmann Herrmann Beissbarth »zur Leitung eines Wartburg Motorenwagens« überreichte.

## 1. PAPST-BESUCH

Der erste Papst, der die bayerische Hauptstadt besuchte, war Papst Pius VI. Er kam im Jahr 1782.

## GRÖSSER ALS DAS WEISSE HAUS

8.800 $m^2$ groß ist die 1993 fertiggestellte Bayerische Staatskanzlei am Hofgarten. Damit hat der bayerische Ministerpräsident eine größere Residenz als der amerikanische Präsident, denn das Weiße Haus ist nur ca. 4.800 $m^2$ groß.

## DIE ECHTEN SONNENSEITEN DER STADT

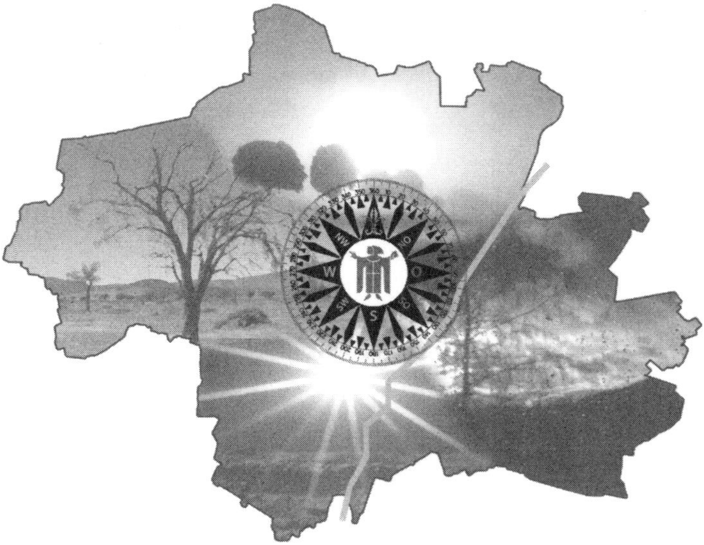

**Wetter in München ≠ Wetter in München.**

Eine Wetterstatistikauswertung hat ein Nord-Süd-Gefälle ergeben: Der Süden der Stadt hat die meisten Sonnenstunden, Münchens Norden hingegen mehr Nebel. Im Westen des Stadtgebiets regnet es weniger als im Osten. Die Gründe? Zum einen liegt es an den Höhenunterschieden innerhalb der Stadt, zum anderen an der Isar, die München in Ost und West trennt – so entstehen verschiedene Kleinklimagebiete.

## DIE HÖHENRETTER

Wenn herkömmliche Rettungsmittel wie Drehleiter o. ä. nicht mehr reichen, müssen viele Feuerwehren aufgeben. Nicht die Berufsfeuerwehr München, die seit 1996 auf der Feuerwache Föhring eine Höhenrettungsgruppe unterhält. Deutschlandweit einmalig ist die Zusammenarbeit zwischen dem Klinikum Bogenhausen und den Höhenrettern: Rund 50 Notärzte des Klinikums sind in Höhenrettung ausgebildet und können Patienten in exponierten Lagen direkt notärztlich versorgen, bevor diese durch technische Maßnahmen geborgen werden.

## DIE 1. BIERREVOLUTION

Wenns ums Bier geht, verstand der Münchner noch nie Spaß. Das musste auch König Ludwig I. erfahren. Er erhöhte aufgrund gestiegener Rohstoffpreise zum 1. März 1844 den staatlich festgesetzten Bierpreis um 1 Pfennig. Die unmittelbare Folge: Schon am Abend des 1. März begann die Münchner Bierrevolution. Rund 2.000 Menschen zogen randalierend durch die Innenstadt, stürmten Brauereien und zerstörten blindwütig alles.
Auch das herbeigerufene Militär änderte nichts – die Soldaten verweigerten alle Befehle. Am 5. März 1844 lenkte der König schließlich ein und nahm die Bierpreiserhöhung zurück. Im Oktober 1844 versuchte Ludwig I. sich beim einfachen Volk noch beliebter zu machen: »um dem Militär und der arbeitenden Klasse einen gesunden und wohlfeilen Trunk zu bieten«, senkte er im Münchner Hofbräuhaus den Bierpreis erneut.
Friedrich Engels schrieb im Mai 1844 im Northern Star (erschien in Leeds) unter dem Titel »Beer Riots in Bavaria«: »Wenn das Volk einmal gelernt hat, dass es der Regierung im Falle ihres Steuersystems Angst einjagen konnte, dann wird es schnell erkennen, dass es ebenso einfach ist, ihr auch bei wichtigeren Angelegenheiten das Fürchten zu lehren.«

## DIE 2. BIERREVOLUTION

Auf die »Erste Bierrevolution« folgte ein weiterer Aufstand. Die sogenannte Salvatorschlacht entzündete sich am 23. März 1888 auf dem Nockherberg beim Starkbieranstich an einer Bierpreiserhöhung. Der Krawall mit Massenschlägereien, Verletzten und sogar Toten konnte zuletzt nur durch eine Einheit Schwerer Reiter niedergeschlagen werden.

## BIERGARTENREVOLUTION

Das Urteil des Bayerischen Verwaltungsgerichtshofs, das die Waldwirtschaft in Pullach aus Lärmschutzgründen zu einer Sperrstunde um 21.30 Uhr verdonnerte, führte zur Münchner Biergartenrevolution. Am 12. Mai 1995 demonstrierten rund 25.000 Münchner für den Erhalt der Biergartenkultur. Schon eine Woche später erließ die Bayerische Staatsregierung die Bayerische Biergartenverordnung, in der die Sperrstunde auf 23 Uhr festgeschrieben ist. Für alle Biergärten im Münchner Stadtgebiet hatte die Biergartenrevolution jedoch keinerlei Auswirkung. Hier galt bereits vor der Biergartenrevolution die gesetzliche Sperrstunde von 1 Uhr.

## DIE BEVÖLKERUNGSENTWICKLUNG

1957 gelang München der Sprung über die 1.000.000-Einwohner-Grenze. Am 15. Dezember 1957 um 15.45 Uhr wurde dem Ehepaar Hubert und Brigitte Seehaus ein kleiner Bub geboren – offiziell der einmillionste Münchner. Weil Oberbürgermeister Thomas Wimmer den Taufpaten machte, wurde der Junge auf den Namen Thomas getauft. München ist neben Hamburg und Berlin die dritte deutsche Millionenstadt. Im Januar 2009 erreichte München seinen bisherigen Bevölkerungshöchststand von 1.368.840.

| | | | | | |
|---|---|---|---|---|---|
| **1369** | 11.237 | **1910** | 595.467 | **1987** | 1.185.421 |
| **1500** | 13.447 | **1925** | 680.704 | **1997** | 1.216.500 |
| **1600** | 18.000 | **1933** | 840.188 | **2002** | 1.234.692 |
| **1700** | 24.000 | **1939** | 840.586 | **2007** | 1.348.650 |
| **1801** | 48.705 | **1950** | 831.937 | **2009** | 1.364.194 |
| **1830** | 77.802 | **1961** | 1.084.500 | | |
| **1849** | 96.398 | **1970** | 1.293.590 | *Prognose der Stadt-* | |
| **1871** | 169.693 | **1975** | 1.317.700 | *verwaltung:* | |
| **1890** | 349.024 | **1980** | 1.298.900 | **2015** | 1.414.868 |
| **1900** | 499.959 | **1985** | 1.266.100 | **2020** | 1.431.144 |

## 2 SCHWULE PREMIEREN

1989 gründete sich in München die Rosa Liste, Deutschlands erste schwullesbische Partei und 1996 wurde Thomas Niederbühl von der Rosa Liste der europaweit erste Stadtrat einer schwul-lesbischen Wählervereinigung.

## 1. DREHBÜHNE DES OKZIDENT

Die Japaner hatten sie bereits im 18. Jh., für die Theater der westliche Hemisphäre war es aber eine technische Revolution: die Drehbühne für schnellere Szenenverwandlungen. Erstmals baulich umgesetzt wurde sie von dem Königlich Bayerischen Hoftheatermaschinisten Carl Lautenschläger im Alten Münchner Residenztheater (heute Cuvilliéstheater). Sie wurde elektrisch angetrieben und maß ursprünglich knapp 16 m im Durchmesser. Ihre Premiere feierte die 1. Drehbühne außerhalb Japans am 29. Mai 1896 anlässlich einer Wiederaufführung von Mozarts DON GIOVANNI.

## MÜNCHNER KONZERNE

Einige Weltkonzerne, die in München ihren Hauptsitz, ihre Europa- oder Deutschlandzentrale haben:

Allianz AG
Amazon.de GmbH
Apple GmbH
Augustiner Bräu Wagner KG
BMW AG
Burger King GmbH
EADS Dornier Raumfahrt Holding GmbH
EPCOS AG
Escada AG
GlaxoSmithKline GmbH & Co. KG
GMX Internet Services GmbH
HypoVereinsbank AG
IBM Deutschland GmbH
Infineon Technologies AG
IWL-Werkstätten für Behinderte GmbH
Knorr-Bremse AG
Krauss-Maffei Wegmann GmbH & Co. KG
Linde AG
MAN AG
McDonald's Deutschland Inc.
Microsoft Deutschland GmbH
MTU Aero Engines GmbH & Co. KG
Münchener Rückversicherungs AG
$O_2$ Germany GmbH & Co. OHG
ORACLE Deutschland GmbH
OSRAM GmbH
Paulaner Brauerei GmbH & Co KG
Philip Morris GmbH
Red Hat GmbH
Schörghuber Unternehmensgruppe
Siemens AG
TÜV SÜD
Versicherungskammer Bayern
Wacker Chemie AG
wissenmedia GmbH (Wissen.de)
Yahoo! Deutschland GmbH

*7 DAX-UNTERNEHMEN haben ihren Hauptsitz in München: Allianz, BMW, Linde, MAN, Infineon, Münchener Rück und Siemens. Damit hält München den deutschen Spitzenplatz vor Düsseldorf und Frankfurt am Main mit je 3 DAX-Unternehmen. Weltweit lag München 2009 auf Platz 8 der Städte mit Global-500-Unternehmen.*

*Im Münchner Umland finden sich außerdem u. a. diese bekannten Firmen: Campari Deutschland GmbH | Develey Senf & Feinkost GmbH | EADS Deutschland GmbH | ProSiebenSat1 GmbH | Wrigley GmbH …*

## DIE EINZIGEN 3-D-MORISKEN DER WELT

Nur in München kann man dreidimensionale, freistehende Moriskenfiguren bewundern. Der Bildhauer Erasmus Grasser schuf 1480 für den Tanzsaal des (alten) Münchner Rathauses 16 holzgeschnitzte Tänzer. Zehn der zwischen 61,5 und 81,5 cm hohen Figuren überlebten; sie wurden 1726 und 1887 restauriert, und schließlich 1928 durch Kopien ersetzt. Die Originale stehen seit März 1999 im Zeughaussaal des Münchner Stadtmuseums. Morisken (span. *morisco* = kleiner Maure) waren einst muslimische Mauren, die nach dem Sieg der Reconquista (Re-Christianisierung) Ende des 15. Jh. in Spanien blieben und schließlich nicht ganz freiwillig dem Christentum beitraten. Der Tanz der Morisken, die »Moriska« mit ihren vielen Kapriolen und bizarren Verrenkungen, bei denen »Arme und Beine aus den Gelenken geworfen werden«, wie es in einer zeitgenössischen Beschreibung heißt, verbreitete sich im 15. Jh. über ganz Europa. Akrobaten zogen mit ihrer Moriska über die Dörfer und fanden überall ein begeistertes Publikum. Auch Herzog Christoph der Starke ließ bei einem Bankett Moriskentänzer auftreten, die dann Erasmus Grasser zu seinen kleinen Meisterwerken inspirierten. 150 Gulden kassierte der Bildhauer – für damalige Verhältnisse ein Vermögen.

Die Münchner verpassten den Figuren gemäß ihrer Kostüme frei erfundene Namen: Bauer | Burgunder (Figur mit Kegelmütze) | Damenhut (Figur mit wagenradartiger Krempe) | Jüngling (Hochzeiter) | Mohr | Orientale (Figur mit kleinem Turban) | Prophet (Figur mit banddurchzogener Schildkappe) | Schneiderlein (Figur mit jagdhutähnlicher Kopfbedeckung) | Zaddelrock (Figur mit Hochmütze) | Zauberer (Figur mit löwenkopfbesetzter Mütze)

Wenn Sie heute lebendigen Morisken begegnen, dürfte es sich um Studenten der TU München handeln. Dozentin Dr. Gertrude Krombholz rief 1976 die »Münchner Moriskentänzer der Technischen Universität München« ins Leben. Die Tänzer werden nach der Ähnlichkeit mit den geschnitzten Figuren und ihrer tänzerisch-akrobatischen Fähigkeit ausgewählt. Bei Auftritten mit Livemusik sorgt meist die Capella Monacensis auf ihren Renaissance-Instrumenten für die passenden Klänge.

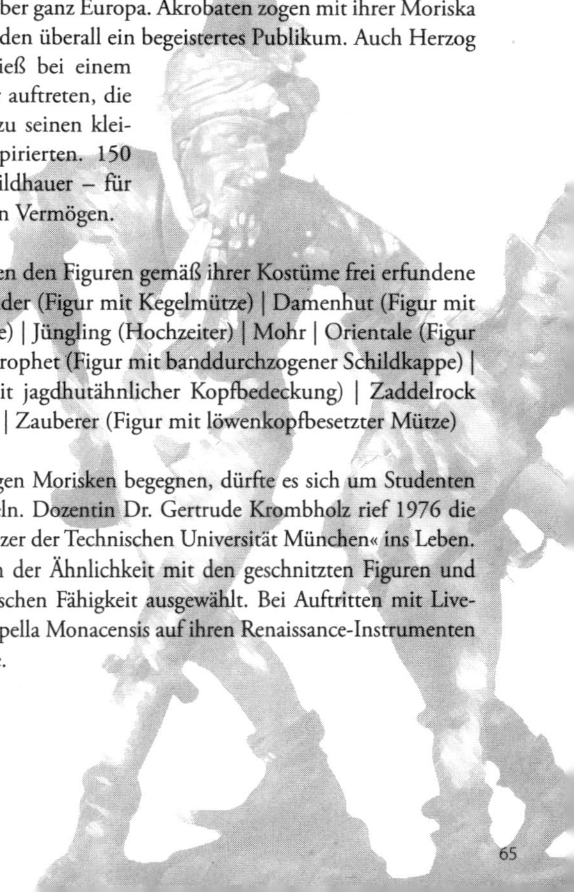

# BISCHÖFE VON MÜNCHEN (UND FREISING)

Die folgenden Herren waren Bischöfe, Fürstbischöfe und Erzbischöfe von Freising (und damit für München zuständig) bzw. München und Freising:

## Bischöfe von Freising

| | |
|---|---|
| *Hl. Korbinian* | *724–730* |
| ***Bistumorganisation in Baiern durch Bonifatius 739*** | |
| *Erembert* | *739–747/748* |
| *Joseph von Verona* | *747/748–764* |
| *Arbeo* | *764–783/784* |
| *Atto* | *783/784–810/811* |
| *Hitto* | *810/811–834/835* |
| *Erchanbert* | *835/836–854* |
| *Anno* | *854/855–875* |
| *Arnold* | *875–883* |
| *Waldo* | *883/884–903/906* |
| *Utto* | *904/906–907* |
| *Dracholf* | *907–926* |
| *Wolfram* | *926–937* |
| *Hl. Lantpert* | *937/938–957* |
| *Abraham* | *956/957–993/994* |
| *Gottschalk von Hagenau* | *994–1005* |
| *Egilbert von Moosburg* | *1005–1039* |
| *Nitker* | *1039–1052* |
| *Ellenhard* | *1052–1078* |
| *Meginward* | *1078–1098* |
| *Heinrich I. von Freising* | *1098–1137* |
| *Otto von Freising* | *1137–1158* |
| *Albert I. von Harthausen* | *1158–1184* |
| *Otto II. von Berg* | *1184–1220* |
| *Gerold von Waldeck* | *1220–1230* |
| *Konrad I. von Tölz und Hohenburg* | *1230–1258* |
| *Konrad II. Wildgraf von Dhaun* | *1258–1278/1279* |
| *Friedrich von Montalban* | *1279–1282* |

## Fürstbischöfe von Freising

| | |
|---|---|
| *Emicho Wildgraf von Wittelsbach* | *1282–1311* |
| *Gottfried von Hexenagger* | *1311–1314* |
| *Konrad III. der Sendlinger* | *1314–1322* |
| *Johannes I. Wulfing* | *1323–1324* |
| *Konrad IV. von Klingenberg* | *1324–1340* |
| *Johannes II. Hake* | *1340–1349* |
| *Albert II. von Hohenberg* | *1349–1359* |
| *Paul von Jägerndorf* | *1359–1377* |
| *Leopold von Sturmberg* | *1377–1381* |
| *Berthold von Wehingen* | *1381–1410* |
| *Konrad V. von Hebenstreit* | *1411–1412* |
| *Hermann von Cilli* | *1412–1421* |

| | |
|---|---|
| *Nikodemus della Scala* | *1421/1422–1443* |
| *Heinrich II. Schlick* | *1443–1448* |
| *Johannes III. Grünwalder* | *1448–1452* |
| *Johann IV. Tulbeck* | *1453–1473* |
| *Sixtus von Tannberg* | *1473–1495* |
| *Ruprecht von der Pfalz* | *1495–1498* |
| *Philipp von der Pfalz* | *1498–1541* |
| *Heinrich II. von der Pfalz* | *1541–1552* |
| *Leo Lösch von Hilkertshausen* | *1552–1559* |
| *Moritz von Sandizell* | *1559–1566* |
| *Ernst von Bayern* | *1566–1612* |
| *Stephan von Seiboldsdorf* | *1612–1618* |
| *Veit Adam von Gepeckh* | *1618–1651* |
| *Albrecht Sigismund von Bayern* | *1651/1652–1685* |
| *Joseph Clemens von Bayern* | *1685–1694* |
| *Johann Franz Eckher von Kapfing und Liechteneck* | *1694/1695–1727* |
| *Kardinal Johann Theodor von Bayern* | *1727–1763* |
| *Clemens Wenzeslaus von Sachsen* | *1763–1768* |
| *Ludwig Joseph Freiherr von Welden* | *1768–1788* |
| *Maximilian Prokop von Toerring-Jettenbach* | *1788–1789* |
| *Joseph Konrad Freiherr von Schroffenberg* | *1789–1803* |

***Sedisvakanz infolge der Säkularisation (1803–1821)***

**Erzbischöfe von München und Freising**

| | |
|---|---|
| Lothar Anselm Freiherr von Gebsattel | 1821–1846 |
| Karl August Graf von Reisach | 1846–1856 |
| Gregor von Scherr OSB | 1856–1877 |
| Anton von Steichele | 1878–1889 |
| Antonius von Thoma | 1889–1897 |
| Franz Joseph von Stein | 1898–1909 |
| Franziskus Kardinal von Bettinger | 1909–1917 |
| Michael Kardinal von Faulhaber | 1917–1952 |
| Joseph Kardinal Wendel | 1952–1960 |
| Julius Kardinal Döpfner | 1961–1976 |
| Joseph Kardinal Ratzinger | 1977–1982 |
| | *seit 19. April 2005 Papst Benedikt XVI., Bischof von Rom* |
| Friedrich Kardinal Wetter | 1982–2007 |
| | *2. Februar 2007 bis 2. Februar 2008 Apostolischer Administrator* |
| Reinhard Marx | seit 2008 |

## 1. CHRISTKINDLMARKT

1806 erlebt München seinen ersten Christkindlmarkt, der den bis dahin üblichen Nikolausmarkt verdrängt.

## DENN MAN TSCHÜSS!

Einen gebürtigen Münchner erkennt man an der Sprache: Er spricht meist ein Hochdeutsch, um das ihn selbst Hannoveraner beneiden würden – okay, das ist etwas überspitzt, trifft aber den Kern. Wer in München bayrisch redet, kommt aus der Provinz. Münchner reden nur Dialekt, wenn sie in einer tourismusrelevanten Branche oder in der Politik arbeiten. Dann sprechen sie, weils erwartet wird, ein weiches, bairisch angehauchtes Hochdeutsch, das zwar mit echtem Dialekt wenig zu tun hat, aber mittlerweile als »Münchnerisch« gilt. Kritiker bespötteln es als »Boutiquenbayrisch«.

Das echte Münchnerisch, der alte Münchner Dialekt stirbt aus. Die UNESCO sieht derzeit 13 deutsche Sprachen und Dialekte vom Aussterben bedroht. Darunter neben Nordfriesisch und Jiddisch auch Bairisch. Studien zufolge sprechen nur noch rund 20 % der Münchner und praktisch kein einziger der unter 35-Jährigen echten Dialekt. Im krassen Gegensatz dazu steht die öffentliche Wahrnehmung bzw. Darstellung: Entgegen der Realität ist praktisch jede TV-Serie, die in München spielt, bevölkert mit oft derb bayrisch sprechenden Menschen.

Münchnerisch hat sich in Form des Boutiquenbayrisch neue Nischen gesucht. Es verbreitete sich zunächst entlang der S-Bahn-Strecken ins Umland und verdrängte dort die alten Dialekte. Sprachforscher beklagen inzwischen die »Münchner Seuche«, die sich sogar in hochsprachenfernen Gebieten wie Garmisch breit macht.

Das ursprüngliche Münchnerisch ist ein mittelbairischer Dialekt. Mittelbairisch wird in Niederbayern, Oberbayern, im Süden der Oberpfalz, im Flachgau, in Oberösterreich, Niederösterreich und Wien gesprochen. Weil der sprachliche Unterschied zwischen Münchnerisch und Wienerisch derart massiv ist, unterscheidet man diese beiden Dialekte als Extrempole: Münchnerisch ist Westmittelbairisch (oder Altbairisch), Wienerisch ist Ostmittelbairisch.

Bevor wir »Sag zum Abschied leise Servus«, sagen, folgen noch ein paar Erinnerungen an das alte Münchnerische …

*Dieses Grabmal findet man auf dem Alten Südfriedhof, hier liegt in Wahrheit ein Hausmeister.*

## DIE MÜNCHNER WOCHE

| Deutsch | Bairisch | Erklärung |
|---|---|---|
| Montag | Månda | gleicher Wortstamm (Tag des Mondes) |
| Dienstag | Irda | Ertag, Erchtag (Tag des Ares \| Ares = griech. Gott des Gemetzels) |
| Mittwoch | Migga | zusammengeschliffene Form des hochdeutschen Wortes |
| Donnerstag | Pfinzda | Pfinztag (von griech. penté »fünf«, also der 5. Tag der Woche vom Sonntag ausgehend, vgl. Pfingsten) |
| Freitag | Freida | gleicher Wortstamm (Tag der germanischen Göttin Freyja) |
| Samstag | Såmsta | gleicher Wortstamm (von »sabbaton« = Tag des Saturn) |
| Sonntag | Sunda | gleicher Wortstamm (Tag der Sonne) |

## IDEAL FÜR MAULFAULE

Praktischer gehts kaum noch: Münchner kennen ein Wort, das man für zwei völlig gegensätzliche Aktionen verwenden kann, nämlich zur Begrüßung und zur Verabschiedung. Wozu sich also mit »Hallo«, »Guten Tag« und »Auf Wiedersehen« oder »Tschüss« aufhalten, wenns einfacher geht mit:

*Servus*

von lat. »Sklave, Diener«, bedeutet also »Ich bin dein/Ihr Diener« bzw. »Ich mache einen Diener (= Verbeugung)« oder »zu Diensten«.
Wird gerne lässig »Servas« ausgesprochen oder zu »Sers« verkürzt.

Alternativen:

*Griaßdi | Griaß eana*

*Pfiadi | Pfiad eana*

von »Grüß dich« bzw. gramatikalisch falsch »Grüße Ihnen« und »Behüte dich (Gott)« bzw. »Behüte Ihnen (Gott)«. Weit verbreitet ist die absolut total komplett falsche Schreibweise »Pfüati«. Umlaute, also Ü, Ä und Ö, kommen im Münchnerischen nicht vor.

## PARLEZ-VOUS MÜNCHNERISCH?

Münchner sind multilingual – auch wenn sie es selbst kaum wahrnehmen. Zahlreiche fremdsprachige, vor allem französische Ausdrücke gehören heute ganz selbstverständlich zum Münchnerischen. Das lässige »merssi« statt »danke« ist da nur das wohl geläufigste Beispiel. Französische Lehnworte, die auch im Rest Deutschlands selbstverständlich sind, von Adresse und Allee über Büro und Marmelade bis Omelett und Portemonnaie, beachten wir hier gar nicht.
Hier eine Auswahl an Münchnerischen Lehnwörtern aus dem Italienischen, Lateinischen und Französischen, von denen einige im Zuge des Dialektsterbens ebenfalls vom Aussterben bedroht sind:

| Münchnerisch | Italienisch | hochdeutsche Erklärung |
|---|---|---|
| Gschpusi | *sposo/sposa** | Verlobte/-r, Freund/-in |
| Gschtanzl | *stanza (= Strophe)* | Lied, Gesang, Ständchen |
| gustieren | *gustare* | genießen, kosten |
| Gusto | *gusto* | Geschmack, Neigung, Lust |
| Karfiol | *cavolo fiore* | Blumenkohl |
| Katzelmacher | *cazza (= Geschirr)* | ursp. für umherwandernde ital. Krämer und Kesselflicker, später generell für Italiener |
| Krempel | *comprare (= kaufen)* | wertloser Plunder |
| sekkieren | *seccare* | piesacken, quälen, ärgern |
| Scherzl | *scorza (= Rinde)* | Reststück des Brotlaibs |
| Schpagert | *spago* | Bindfaden, Schnur |
| Schtranitzl | *scarnuzzo (= Kosakenzelt)* | spitze Papiertüte |
| Tafern | *taverna* | Schenke, Trinkstube |
| Zamperl | *zampa (= Pfote)* | kleiner Hund |

| Münchnerisch | Lateinisch | hochdeutsche Erklärung |
|---|---|---|
| Brezn | *brachiolum (= Ärmchen)* | Brezel |
| Radi | *radix (= Wurzel)* | Rettich |
| Seidel | *situla (= Eimer)* | Bierkrug |
| Semmel | *simila (= feines Weizenmehl)* | ursp. jegliches Weißbrot, heute nur: Brötchen |
| Servus | *servus (= Sklave)* | Begrüßung, Verabschiedung |

**Wenn die hochdeutsche Erklärung der Bedeutung des ital./lat./franz. Wortes entspricht, folgt hier keine Übersetzung ins Deutsche.*

| Münchnerisch | Französisch | hochdeutsche Erklärung |
|---|---|---|
| adë | *adieu (= zu Gott)* | Abschiedsgruß |
| Apportl | *apporter* | herbeibringen, mitbringen, Aufforderung an einen Hund (»Suchs Apportl!«) |
| Badärr | *parterre* | Erdgeschoss |
| Bagàsch | *bagage (= Gepäck)* | Pack, Gesindel, aber auch scherzhaft: Gruppe von Menschen |
| Böfflamott | *boeuf à la mode* | Rindfleisch in saurer Sauce |
| Kanapee | *canapé* | Sofa |
| dischkriern | *discuter* | diskutieren, besprechen |
| Drodoà | *trottoir* | Bürgersteig |
| Etàsch | *étage* | Stockwerk |
| fåd | *fade* | reiz-, geschmacklos |
| Fohtei | *fauteuil* | Armstuhl (urspr. das deutsche »Faltstuhl«, erst französisiert, dann re-germansiert) |
| Haschee | *hachée* | Hackfleisch |
| kommod | *commode* | bequem, angenehm |
| leschär | *leger, legere* | locker, bequem |
| maròd | *marauder (= Essensbeschaffung durch Plünderung)* | ermüdet, schlecht, unpässlich, krank |
| merssi | *merci* | Danke |
| Paraplü | *parapluie* | Regenschirm |
| Parasol | *parasoleil* | Sonnenschirm |
| padòng | *pardon* | Verzeihung, Entschuldigung |
| Plafond | *plafond* | Zimmerdecke |
| Plümò | *plumeau* | Federbett, Zudecke |
| Potschamperl | *pot de chambre* | Nachttopf |
| pressiern | *presser* | drücken, es eilig haben |
| Sakradí (Sakra) | *sacre dieu* | verflixt, verdammt |
| Schandarm | *gendarme (= berittener Polizeisoldat)* | Polizist |
| Schanzerl | *chance (= Erfolg)* | zuschanzen, »ein Schanzerl geben« |
| schenant | *génant* | gehemmt, schüchtern |
| Schäßn | *chaise (= Stuhl)* | früher: Postkutsche, heute: abwertend für jegliche Art alter Fahrzeuge |
| Schillee | *gilet* | Weste |
| Suterreng | *souterrain* | Kellergeschoss/-wohnung |
| tuschur | *toujours* | stetig, ohne Unterbrechung |
| Wisàsch | *visage* | Gesicht |
| Wisawi | *vis-à-vis* | Gegenüber |

## ZÄHLHILFE AUF MÜNCHNERISCH

## TATORT MÜNCHEN

In der ARD-Krimireihe TATORT gehören die Münchner Ermittler seit langen zu den beliebtesten. Hier alle Münchner TATORT-Schnüffler:

| | |
|---|---|
| **1972–1981** 15 Folgen | Oberinspektor später Kriminalhauptkommissar Melchior Veigl (Gustl Bayrhammer) \| Kriminalhauptmeister Ludwig Lenz (Helmut Fischer) \| Kriminalobermeister Josef Brettschneider (Willy Harlander) |
| **1981–1987** 7 Folgen | Kriminalhauptkommissar Ludwig Lenz (Helmut Fischer) \| Kriminalobermeister Josef Brettschneider (Folge 1–5, Willy Harlander) \| Assistent Faltermayer (Henner Quest) |
| **1986** 1 Folge | Kriminalhauptkommissar Sigi Riedmüller (Günther Maria Halmer) \| Kriminalhauptmeister Wislitschek (Gustl Weishappel) \| Kriminalmeister Augenthaler (Michael Lerchenberg) \| Kriminalrat Schubert (Rolf Castell) |
| **1987** 1 Folge | Kriminalhauptkommissar Karl Scherrer (Hans Brenner) \| Kriminalhauptmeister Wislitschek (Gustl Weishappel) \| Kriminalmeister Augenthaler (Michael Lerchenberg) \| Kriminalrat Schubert (Rolf Castell) |
| **1988–1989** 2 Folgen | Kriminalhauptkommissar Otto Brandenburg (Horst Bollmann) \| Kriminalobermeister Luginger (Alexander Duda) \| Kriminalobermeister Santini (Michele Oliveri) |
| **seit 1991** über 55 Folgen | Kriminalhauptkommissar Ivo Batic (Miroslav Nemec) \| Kriminalhauptkommissar Franz Leitmayr (Udo Wachtveitl) \| Kriminaloberkommissar Carlo Menzinger (Folgen 4–47, Michael Fitz) \| Kriminaloberkommissarin Gabi Kunz (Folge 52, Sabine Timoteo) |

• Das Logo der Tatort-Reihe entwarf die Münchner Grafikerin Kristina Böttrich-Merdjanowa. Es ist seit Serienbeginn 1970 unverändert.

• Die markant-blauen Augen in jedem Tatort-Intro gehören Schauspieler Horst Lettenmayer (*1941), Absolvent der Münchner Otto-Falckenberg-Schule für darstellende Kunst.

## POLIZEIRUF 110 MÜNCHEN

Und hier alle Münchner POLIZEIRUF 110-Ermittler:

| | | |
|---|---|---|
| **1997–2000** | 6 Folgen | Dr. Silvia Jansen (Gaby Dohm) |
| **1998–2009** | 19 Folgen | KHK Jürgen Tauber (Edgar Selge) |
| **1998–2009** | 16 Folgen | KHK Jo Obermaier (Michaela May) |
| **2009** | 1 Folge | KHK Friedrich Papen (Jörg Hube) |
| **seit 2009** | | KHK Uli Steiger (Stefanie Stappenbeck) |
| **ab 2011** | | Matthias Brandt |

## SPEKTAKULÄRE VERBRECHEN

**1158** Herzog Heinrich der Löwe lässt die Zollbrücke des Bischofs von Freising bei Oberföhring zerstören, baut »bei den Mönchen« eine eigene Brücke und zwingt die Salzhändler, die neue Route zu nehmen

**12. Oktober 1285** Das erste Judenprogrom in München kostet (je nach Quelle) zwischen 67 und 180 Menschen das Leben; weitere Progrome vor 1933: 1346, 1349, 1442

**1435** Herzog Ernst von Bayern-München lässt Agnes Bernauer in Straubing ermorden; Agnes, eine Baderstochter aus Augsburg, war die Geliebte des Münchner Kronprinzen Albrecht

**1600** Herzog Maximilian I. möchte ein Exempel gegen Landfahrer statuieren und lässt die völlig unschuldige Familie Pämb aufs grausamste foltern, öffentlich demütigen und anschließend bei lebendigem Leib als Hexen verbrennen; Anna (59) und Paulus Pämb (57), ihre Söhne Gumpprecht (22), Michael (20) und Hans (11) sowie etliche »Komplizen« sterben

**1872** Die erfolglose Schauspielerin Adele Spitzeder baut die betrügerische »Dachauer Bank« auf und zockt Tausende vertrauensseliger Geldanleger ab, das »angelegte« Geld gibt sie selbst aus; Schaden: 8 Mio. Gulden

**1896** Der »Maxvorstadt-Würger« Johann Berchtold erdrosselt drei Frauen in der Karlstraße, zwei weitere Morde in der Au, die man ihm zur Last legt, können ihm nicht nachgewiesen werden

**1906** Ein Soldat und ein Angestellter rauben 130.030 Goldmark aus der kgl. Münze am Hofgraben, indem sie über das trockengelegte Bachbett in den ungeschützten Keller einsteigen

**21. Februar 1919** Um seine »rechte« Gesinnung zu beweisen, erschießt Anton Graf Arco auf Valley den bayr. Ministerpräsidenten und Gründer des Freistaats Bayern Kurt Eisner auf offener Straße

**17. August 1919** Der 17-jährige Josef Apfelböck wird verhaftet. Er erschoss seine Eltern, einfach weil sie ihm auf die Nerven gingen, und lebte wochenlang mit den verwesenden Leichen auf engstem Raum

**1924** Der Aubinger Alchemist Franz Tausend beginnt seine jahrelangen Betrügereien, indem er vorgaukelt, er könne aus Blei Gold gewinnen; die Millionen, die ihm Anleger nachschmeißen, verprasst er (wie Adele Spitzeder) für sich

**1939** Die »Bestie von Aubing« wird hingerichtet; dem 33-jährigen Johann Eichhorn (übrigens der Enkelsohn des »Maxvorstadt-Würgers«) konnten 90 Vergewaltigungen und 5 bestialische Sexualmorde nachgewiesen werden

**1951** Die »Pantherbande« kommt vor Gericht; sie bestand bei ihrer Gründung 1944 aus Jugendlichen, Chef war ein 13-Jähriger, und begann nach dem Krieg mit Morden und Überfällen nach Vorbild amerikanischer Verbrechersyndikate; sie galt als in der deutschen Kriminalgeschichte ohne Beispiel

**1960** Die attraktive Lebedame Vera Brühne wird verurteilt, gemeinsam mit ihrem Geliebten den Arzt Otto Praun sowie dessen Haushälterin aus Geldgier ermordet zu haben; einer der aufsehenerregendsten Prozesse der deutschen Nachkriegsgeschichte

**10. Februar 1970** Die erste Flugzeugentführung auf dem Flughafen Riem scheitert am heftigen Widerstand der Bordcrew einer El-Al-Maschine

**4. August 1971** Der erste Banküberfall mit Geiselnahme auf deutschem Boden endet in der Prinzregentenstraße blutig; einer der Täter, Hans Georg Rammelmayr, und eine weibliche Geisel sterben im Kugelhagel

**5. September 1972** Die Olympischen Spiele in München werden zu Spielen des Schreckens, als palästinensische Terroristen Mitglieder des israelischen Kaders als Geiseln nehmen; 11 Sportler, 5 Terroristen und 1 deutscher Polizist sterben

**14. Dezember 1976** Industriellensohn Richard Oetker wird entführt und kommt nach tagelangem Martyrium, das ihn zum schwer Körperbehinderten macht, für 21 Mio. DM (ca. 10,5 Mio. Euro) wieder frei

**1979** »Dr. Mord« kommt vor Gericht, er hat sich per Kontaktanzeige seine Opfer gesucht und mindestens 3 Frauen brutal ermordet

**26. September 1980** Neonazi Gundolf Köhler zündet eine selbstgebastelte Bombe am Haupteingang des Oktoberfests: 13 Tote und 211 Verletzte

**14. Juli 1990** Der beliebte Volksschauspieler Walter Sedlmayr wird von seinem Ziehsohn und dessen Halbbruder mit einem Hammer erschlagen

**14. Januar 2005** Münchens schillerndster Paradisvogel, der Boutiquenbetreiber Rudolph Moshammer, wird von dem irakischen Stricher Herish A. (25) im Streit um den Liebesdienstlohn erdrosselt

**22. Juni 2005** Marco Z. (22) ermordet seine Ex-Freundin und deren Bekannte; gemeinsam mit seinem Vater zerstückelt er die Leichen mit einem Samuraischwert und verteilt die Körperteile im Münchner Umland

**15. Mai 2006** Millionärin Charlotte Böhringer wird erschlagen im Penthouse ihres Parkhauses (Baaderstraße) aufgefunden, ihr Neffe Benedikt T. (32) als Täter im »Parkhausmord« verurteilt

**17. September 2009** Der 50-jährige Dominik Brunner wird an der S-Bahn-Station Solln am helllichten Tag von zwei Jugendlichen zu Tode geprügelt, weil er Kinder vor den aggressiven Jugendlichen schützen wollte

## EHERNBÜRGER DER STADT

Georg Friedrich von Zentner *Reichsrat, Staatsminister | Verleihung 1820*
Joseph von Fraunhofer *Professor und Konservator | Verleihung 1824*
Ludwig von Oettingen-Wallerstein *Staatsminister | Verleihung 1837*
Leo von Klenze *Baukünstler | Verleihung 1862*
Justus Freiherr von Liebig *Universitätsprofessor | Verleihung 1870*
Ludwig von der Tann-Rathsamhausen *General | Verleihung 1871*
Max von Pettenkofer *Hygieniker | Verleihung 1872*
Johann Nepomuk von Nussbaum *Mediziner | Verleihung 1880*
Adolf Graf von Schack *Schriftsteller | Verleihung 1881*
Franz Lachner *Generalmusikdirektor | Verleihung 1883*
Franz Xaver von Gietl *Mediziner | Verleihung 1883*
Carl Wilhelm von Gümbel *Oberbergdirektor | Verleihung 1889*
Hermann von Lingg *Schriftsteller | Verleihung 1890*
Helmuth von Moltke *Generalfeldmarschall | Verleihung 1890*
Sigmund Heinrich von Pfeufer *Regierungspräsident | Verleihung 1894*
Otto von Bismarck *Reichskanzler | Verleihung 1895*
Hugo von Ziemssen *Mediziner | Verleihung 1899*
Emil von Riedel *Staatsminister | Verleihung 1902*
Maximilian von Feilitzsch *Staatsminister | Verleihung 1903*
Franz von Defregger *Kunstmaler | Verleihung 1905*
Ferdinand von Zeppelin *General | Verleihung 1909*
Karl Theodor Herzog in Bayern *Mediziner | Verleihung 1909*
Paul von Heyse *Schriftsteller | Verleihung 1910*
Ferdinand von Miller *Akademiedirektor | Verleihung 1912*
Karl Theodor von Heigel *Präsident der Akademie der Wissenschaften | Verleihung 1912*
Gabriel von Seidl *Architekt | Verleihung 1913*
Wilhelm von Borscht *1. Bürgermeister | Verleihung 1919*
Georg von Hauberrisser *Architekt | Verleihung 1921*
Richard Strauss *Komponist | Verleihung 1924*
Friedrich von Müller *Mediziner | Verleihung 1927*
Oskar von Miller *Museumsgründer | Verleihung 1930*
Eduard Schmid *1. Bürgermeister | Verleihung 1931*
Michael von Faulhaber *Kardinal und Erzbischof | Verleihung 1949*
Thomas Wimmer *Oberbürgermeister | Verleihung 1957*
Wilhelm Hoegner *Bayerischer Ministerpräsident | Verleihung 1957*
Hans Ehard *Bayerischer Ministerpräsident | Verleihung 1957*
Hans Knappertsbusch *Generalmusikdirektor | Verleihung 1963*
Alfons Goppel *Bayerischer Ministerpräsident | Verleihung 1965*
Hans-Jochen Vogel *Altoberbürgermeister | Verleihung 1972*

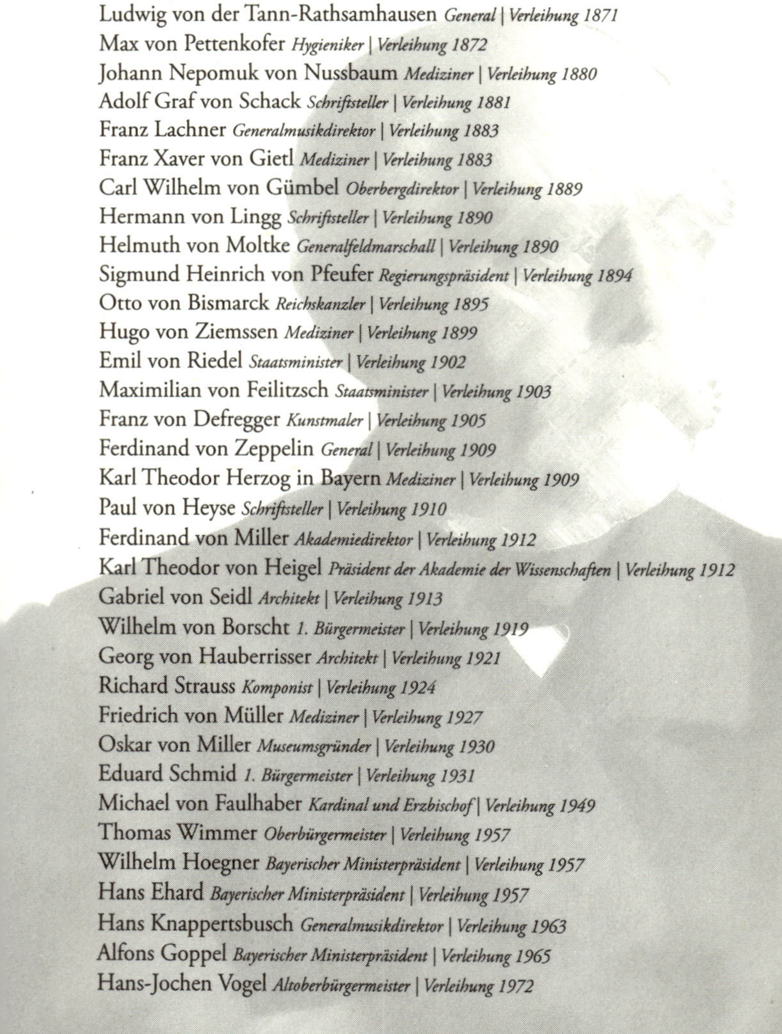

*Otto von Bismarck*

Carl Orff *Komponist | Verleihung 1975*
Werner Egk *Komponist | Verleihung 1981*
Franz-Josef Strauß *Bayerischer Ministerpräsident | Verleihung 1981*
Adolf Butenandt *Nobelpreisträger | Verleihung 1985*
Sergiu Celibidache *Generalmusikdirektor | Verleihung 1992*
Georg Kronawitter *Altoberbürgermeister | Verleihung 1993*
Hildegard Hamm-Brücher *Staatsministerin a.D. | Verleihung 1995*
Charlotte Knobloch *Präsidentin des Zentralrats der Juden | Verleihung 2005*
Otto Meitinger *Alterspräsident der Technischen Universität | Verleihung 2005*
Hans-Peter Dürr *alternat. Nobelpreis- + Friedensnobelpreisträger, Physiker | Verleihung 2008*

## KEINE EHRENBÜRGER MEHR

Paul von Hindenburg *Reichspräsident | Verleihung 1929 | aberkannt 1946*
Franz Ritter von Epp *Reichsstatthalter | Verleihung 1933 | aberkannt 1946*
Franz Xaver Schwarz *Reichsschatzmeister | Verleihung 1935 | aberkannt 1946*
Adolf Hitler *Diktator | Verleihung 1939 | aberkannt 1946*
Hermann Göring *Reichsmarschall | Verleihung 1943 | aberkannt 1946*

## TAGE, AN DENEN DIE ISAR KOMPLETT ZUGEFROREN WAR

❄ **4. Februar 1603** ❄
❄ **27. Dezember 1879** ❄

## MÜNCHNER DEUTSCHE MEISTER

**Deutscher Meister im Fußball der Herren:**

| | | | |
|---|---|---|---|
| **2009/2010** | FC Bayern München | **1988/1989** | FC Bayern München |
| **2007/2008** | FC Bayern München | **1986/1987** | FC Bayern München |
| **2005/2006** | FC Bayern München | **1985/1986** | FC Bayern München |
| **2004/2005** | FC Bayern München | **1984/1985** | FC Bayern München |
| **2002/2003** | FC Bayern München | **1980/1981** | FC Bayern München |
| **2000/2001** | FC Bayern München | **1979/1980** | FC Bayern München |
| **1999/2000** | FC Bayern München | **1973/1974** | FC Bayern München |
| **1998/1999** | FC Bayern München | **1972/1973** | FC Bayern München |
| **1996/1997** | FC Bayern München | **1971/1972** | FC Bayern München |
| **1993/1994** | FC Bayern München | **1968/1969** | FC Bayern München |
| **1989/1990** | FC Bayern München | 1965/1966 | **TSV 1860 München** |

Königsplatz
Karolinenplatz
Schwabinge
Bach
Haus de
Kunst
Palaisbächl
Hofgarten
Hofbrunn-
werkkanal
Köglmühlbach
Alter Botanischer
Garten
Odeonsplatz
Westlicher
Stadtgrabenbach
Apotheker-
bächl
Haupt-
bahnhof
Stachus
Karlstor
Hofgrabenbach
Frauenkirche
Färbergrabenbach
Marienplatz
Pfisterbach
Münzbächl
Kainzmühlbach
Kanalbächl
Hacklmühlbach
Hochbruck-
mühlbach
1
2
3
4
5
6
7
8
Großer Angerbach
Isartor
Katzen-
bach
Stadthammer-
schmiedbach
Kleiner
Angerbach
Großer Stadtgrabenbach
Krankenhausbächl
Lazarettbach
Heiliggeistmühlbach
Sendlinger
Tor
Westlicher
Stadtgrabenbach
Gärtner-
platz
Glockenbach
Westermühlbach
Kaiblmühlbach
Deutsches
Museum
Bleicherbach
Mahlmühlbach
Alter
Südfriedhof
Bleicherbächl
Pesenbach
Kegelhof-
bach
Unterer
Entenbach
Westermühlbach
F.-Auslaufkanal
Auermühlbach
Pesenbach
Unteres
Feuerbächl
Unterer
Entenbach
Strafhaus-
kanal
Zacherl-
kanal
Auerfehlbach
Falkenbächl
Isar
Dreimühlenbach
Freibadbächl
Oberer Entenbach
Ölfabrik-
kanal

# MÜNCHEN
## Venedig des Nordens?

Amsterdam, Hamburg, Stockholm – Städte, die allesamt gerne als Venedig des Nordens bezeichnet werden. Wobei der stolze Amsterdamer, Hamburger oder Stockholmer da höchstens tadelnd die Stirn runzelt und entgegnet: »Wie meinen? Da ist doch wohl eher Venedig das Amsterdam/Hamburg/Stockholm des Südens!«

Eine Stadt, die bis vor kurzem in diesem Konzert der Ersatz-Venedigs in der vordersten Reihe hätte mitspielen können, ist (man ahnt es) München. Zahllose Bäche – letztlich Nebenarme der Isar – durchzogen bis vor wenigen Jahrzehnten die Isarvorstadt, das Lehel, Untergiesing, die Au und die Altstadt. Aus! Vorbei! Erste Bachstilllegungen gab es schon Ende des 19. Jh. Doch erst im Zuge der auto- und ubahngerechten Stadt wurde den letzten Bächen zwischen 1965 und 1976 das Wasser abgedreht. Die Bachbetten wurden aufgeschüttet. Heute vermitteln nur noch der Westermühlbach (nein, es ist eben NICHT der Glockenbach, der offen durch das Glockenbachviertel fließt!), der Auermühlbach und der Eisbach einen Hauch von dem Flair, der dazu hätte führen können, dass man Venedig als das München des Südens bezeichnete …

**Legende:**

heute noch existierender Bachläufe

oberirdisch

unterirdisch

*ehemaliger, zugeschütteter Bach*

## DEUTSCHLANDS ERSTES FOTO

Das allererste Foto, das jemals in Deutschland gemacht wurde, zeigt die Münchner Frauenkirche. Der Optiker Carl August Steinheil hatte gemeinsam mit dem Schriftsteller Franz von Kobell ein Fotografieverfahren erfunden. Von einem Fensterbrett in der Alten Akademie aus nahmen sie im Herbst 1838 die Türme der Frauenkirche auf.

## WARUM BENNO DER PATRON MÜNCHENS WURDE

Dass ausgerechnet der vermutlich aus Goslar stammende Benno von Meißen (*um 1010–1106) der Schutzpatron Münchens ist, verdanken wir Martin Luther. Benno, einst Bischof im sächsischen Meißen, wurde 1523 heilig gesprochen, was Luther auf die Palme brachte. Der Reformator nahm den Fall Benno als Negativbeispiel des überzogenen Heiligenkults; die Amtskirche konterte, indem sie Benno als Paradebeispiel eines guten Katholiken anführte. 1539 schändeten Protestanten Bennos Grab in Meißen. Die Gebeine kamen nach München zu den Wittelsbachern, die sich als Verteidiger des wahren katholischen Glaubens mit allen Mitteln der Gegenreformation verpflichtet hatten. Die Gebeine ruhen seit 1580 in der Frauenkirche und Benno wurde zum Schutzpatron Münchens ernannt.

## DIE MUSEUMS-REVOLUTION

Die Alte Pinakothek war bei ihrer Eröffnung 1836 der weltgrößte Museumsbau. Und auch der modernste, denn Architekt Leo von Klenze wies der künftigen Museumsarchitektur den Weg und setzte zur natürlichen Beleuchtung der Kunstwerke erstmals Oberlichter ein.

## PROBLEMBÄR BRUNO UND SEINE BIENEN

Problembär JJ1 alias Bruno, der es als erster Braunbär seit 171 Jahren gewagt hatte, seine Tatzen nach Bayern zu setzen, wurde am 26. Juni 2006 in der Nähe der Rotwand im Spitzingseegebiet erschossen. Seit dem 26. März 2008 kann man Bruno beim Honigstehlen im Münchner Museum Mensch und Natur zugucken. Um die Situation möglichst echt darzustellen, wurden nicht nur der Bär, sondern auch rund 1.000 Bienen präpariert und zwischen Waben und Bienenkästen platziert.

**»König des Pop« vs. »Fürst der Musiker«.** Orlando Di Lasso, einer der bedeutendsten Komponisten der Hochrainessance, dient den trauernden Michael Jackson-Fans seit Juni 2009 in München als Memorial. Die 1848 von Max Widnmann geschaffene Statue am Promenadeplatz wird mit Devotionalien behängt, nur weil Michael Jackson mal im gegenüberliegenden Hotel Bayerischer Hof genächtigt hat.

## WER LIEGT WO?

### BOGENHAUSENER FRIEDHOF

† Rainer Werner Fassbinder (Regisseur) † Joachim Fernau (Schriftsteller, Journalist, Maler) † Helmut Fischer (Schauspieler) † Oskar Maria Graf (Schriftsteller) † Ernst Hürlimann (Karikaturist) † Erich Kästner (Schriftsteller) † Liesl Karlstadt (= Elisabeth Wellano, Schauspielerin, Komikerin) † Hans Knappertsbusch (Dirigent) † Annette Kolb (Schriftstellerin) † Werner Kreindl (Schauspieler) † Siegfried Lowitz (Schauspieler) † Monti Lüftner (Musikproduzent) † Josef Schörghuber (Unternehmer) † Walter Sedlmayr (Schauspieler) † Carl Wery (Schauspieler) †

### NEUER ISRAELITISCHER FRIEDHOF

† Lehmann Bernheimer (Unternehmer) † Kurt Eisner (bayr. Ministerpräsident) † Gustav Landauer (Schriftsteller, Theoretiker des Anarchismus) † Eugen Leviné (Revolutionär) †

### NORDFRIEDHOF

† Annette von Aretin (1. TV-Ansagerin des Bayerischen Rundfunks) † August Arnold (Filmproduzent, Regisseur) † Karl Arnold (Karikaturist) † Gert Bastian (Brigadegeneral, Symbolfigur der Friedensbewegung) † Franziska Bilek (Karikaturistin) † Beppo Brem (Volksschauspieler) † Franz von Defregger (Maler) † Sammy Drechsel (Sportreporter, Kabarettist) † Constanze Engelbrecht (Schauspielerin) † Leonhard Frank (Schriftsteller) † Hermann Frieb (Widerstandskämpfer) † Klaus Havenstein (Schauspieler) † Trude Hesterberg (Kabarettistin) † Peter Igelhoff (Musiker) † Kathi Kobus (Simplicissimus-Wirtin) † Wolfgang Koeppen (Schriftsteller) † Ernst Mach (Physiker, Philosoph, Namensgeber für die dreidimensionale Kennzahl der Geschwindigkeit) † Georg Marischka (Schauspieler, Regisseur) † Peter Pasetti (Schauspieler) † Ludwig Petuel sen. und jun. (Industrielle) † Toni Pfülf (SPD-Politikerin) † Bally Prell (Unterhaltungskünstlerin, »Schönheitskönigin von Schneitzelreuth«) † Mady Rahl (Schauspielerin) † Barbara Rudnik (Schauspielerin) † Carl-Heinz Schroth (Schauspieler) † Kurt Weinzierl (Schauspieler, Kabarettist, Regisseur) † Albert Weisgerber (Maler) † Annemarie Wendl (Schauspielerin, »Else Kling« aus der »Lindenstraße«) † Eduard Zimmermann (Journalist, Fernsehmoderator) †

## ALTER NORDFRIEDHOF

† Karl Maximilian von Bauernfeind (Ingenieur, Geodät) † Lucile Grahn-Young (Tänzerin) † Hermann Lingg (Schriftsteller) † Carl August Lebschée (Maler, Chronist des Münchner Stadtbilds) † Carl Maffei (Unternehmer) † Ludwig von der Tann-Rathsamhausen (General) † Carl von Thieme (Gründer Münchener Rück- und Allianzversicherung) † Moritz Wagner (Naturforscher) †

## FRIEDHOF NYMPHENBURG

† Paula Denk (Schauspielerin) † Jörg Hube (Schauspieler) † Eugen Roth (Schriftsteller) † Luggi Waldleitner (Filmproduzent) † Bernhard Wicki (Regisseur, Schauspieler) †

## OST-FRIEDHOF

† Carl Amery (Schriftsteller) † Toni Berger (Volksschauspieler) † Geza von Cziffra (Regisseur) † Jörg Fauser (Schriftsteller) † Rex Gildo (= Ludwig Hirtreiter, Schlagerstar) † Bernhard von Gudden (Mediziner, Psychiater) † Erich Hallhuber (Volksschauspieler) † Friedrich Holländer (Komponist) † Peter Kreuder (Komponist) † Klaus Löwitsch (Schauspieler) † Martha Mödl (Opernsängerin) † Rudolph Moshammer (Münchner Original, Modehändler) † Erni Singerl (Schauspielerin) † Hans Steyrer (Oktoberfest-Wirt, Kraftathlet) † Rupert Stöckl (Maler) † Barbara Valentin (= Uschi Ledersteger, Schauspielerin) † Thomas Wimmer (Münchner Oberbürgermeister) † Wastl Witt (Volksschauspieler) †

## FRIEDHOF AM PERLACHER FORST

† Wilhelm Hoegner (bayr. Ministerpräsident) † Astrid Varnay (Opernsängerin) † Hans Leipelt (Mitglied der Widerstandsgruppe Weiße Rose) † Christoph Probst (Mitglied der Widerstandsgruppe Weiße Rose) † Alexander Schmorell (Mitglied der Widerstandsgruppe Weiße Rose) † Hans Scholl (Mitglied der Widerstandsgruppe Weiße Rose) † Sophie Scholl (Mitglied der Widerstandsgruppe Weiße Rose) †

## NEUER SÜDFRIEDHOF

† Lou van Burg (Showmaster) † Margot Mahler (Schauspielerin) † Ute Mora-Lindert (Schauspielerin) † Adolf Sommerauer (TV-Pfarrer) †

## ALTER SÜDFRIEDHOF

† Max Emanuel Ainmiller (Maler) † Franz Xaver von Baader (Philosoph) † Friedrich Bürklein (Architekt) † Carl von Fischer (Architekt) † Josef von Fraunhofer (Optiker, Erfinder) † Franz Xaver Gabelsberger (Erfinder der Kurzschrift) † Friedrich von Gärtner (Baumeister) † Wilhelm von Kaulbach (Historienmaler) † Leo von Klenze (Baumeister) † Alexander von Kotzebue (Schlachtenmaler) † Justus von Liebig (Chemiker, Erfinder) † Jean Baptiste Métivier (Architekt) † Ferdinand von Miller (Erzgießer) † Georg Simon Ohm (Physiker) † Max von Pettenkofer (Begründer der modernen Hygiene) † Ludwig von der Pfordten (Ministerpräsident) † Georg Friedrich von Reichenbach (Erfinder, Ingenieur) † Josef Gabriel Rheinberger (Komponist) † Karl Rottmann (Landschaftsmaler) † Friedrich Ludwig von Sckell (Landschaftsgärtner, Gestalter des Englischen Gartens) † Ludwig Schwanthaler (Bildhauer) † Moritz von Schwind (Maler) † Alois Senefelder (Erfinder des Steindrucks) † Adele Spitzeder (Millionenbetrügerin) † Carl Spitzweg (Maler, Apotheker) † Friedrich Wilhelm von Thiersch (Architekt, Maler) † Arnold Zenetti (Architekt, Münchner Stadtbaumeister) † Klara Ziegler (Schauspielerin) †

## WALDFRIEDHOF SOLLN

† Werner Abrolat (Schauspieler) † Vera Brühne, (verurteilte, später begnadigte Doppelmörderin) † Hans Bund (Komponist) † Hans Cossy (Schauspieler, erster Ehemann von Vera Brühne) † Eva-Maria Görgen (Kammersängerin) † Hugo Junkers (Ingenieur, Flugzeugbauer) † Elvira Lange (Sängerin) † Franz Mixa (Komponist) † Weiß Ferdl (Volkssänger)

## WEST-FRIEDHOF

† Alexandra (= Doris Nefedov, Schlagersängerin) † Bernhard Borst (Gründer der Borstei) † Karl Borutta (Fußballspieler) † Maxl Graf (Volksschauspieler) † Ursula Herking (Schauspielerin, Kabarettistin) † Michael Hinz (Schauspieler) † Robert Lembke (Journalist, Quizmaster) † Franz von Lenbach (Malerfürst) † Karl Meitinger (Architekt) † Timofei Wassiljewitsch Prochorow (= Väterchen Timofei, Erbauer der Ost-West-Friedenskirche auf dem späteren Olympia-Gelände) † Hanns Seidel (bayr. Ministerpräsident) † Soraya Esfandiary Bakhtiari (ehemals iranische Kaiserin, Schauspielerin) † Eberhard Stanjek (Sportreporter) † Max Valier (Raketentüftler, Science-Fiction-Autor) † Karl Schmitt-Walter (Kammersänger) †

## WALDFRIEDHOF

† Pinkas Braun (Schauspieler) † Heidi Brühl (Schlagersängerin, Schauspielerin) † Lena Christ (Heimatschriftstellerin) † Hans Ehard (Ministerpräsident) † Michael Ende (Schriftsteller) † Hansjörg Felmy (Schauspieler) † Werner Finck (Schriftsteller, Kabarettist) † Heli Finkenzeller (Schauspielerin) † Theodor Fischer (Architekt, Stadtplaner) † Rupprecht Geiger (Maler) † Alfons Goppel (Ministerpräsident) † Werner Heisenberg (Physiker, Nobelpreisträger) † Paul Heyse (Schriftsteller, Nobelpreisträger) † Heinrich Hugendubel (Verleger) † Marietta Kirndörfer (= Marietta di Monaco, Kabarettistin, Diseuse) † Fritz Kortner (Schauspieler, Regisseur) † Carl Krone (Zirkusgründer) † Carl von Linde (Gründer der Linde AG) † Harry Piel (erster deutscher »Sensationsdarsteller«) † Rob Pilatus (Sänger des Popduos »Milli Vanilli«) † Max Reger (Komponist, Dirigent) † Heinrich Rehkemper (Bariton) † Hugo Reichenberger (Dirigent, Komponist) † Leni Riefenstahl (Regisseurin) † Joseph Rodenstock (Optikunternehmer) † Michael August Schichtl (Oktoberfestschausteller) † Karl Schönböck (Schauspieler) † Albert von Schrenck-Notzing (Mediziner, Parapsychologe) † Willy Schultes (Volksschauspieler) † Ida Schumacher (Komödiantin) † Carl Sembach (Raubtierdompteur) † Franz von Stuck (Malerfürst, Bildhauer) † Friedrich von Thiersch (Architekt) † Fritz von Uhde (Maler) † Paul Verhoeven (Regisseur, Theaterdirektor) † Elisabeth Volkmann (Schauspielerin, Komikerin) † Georg von Vollmar (erster Vorsitzender der bayerischen SPD) † Friedrich Wamsler (Küchenherdfabrikant) † Frank Wedekind (Schriftsteller) † Nils Wiberg (Chemiker) † Fritz Wunderlich (lyrischer Tenor) †

**FRIEDHOF HAIDHAUSEN** † Rudolf Fernau (Schauspieler) † Kurt Zips (Schauspieler) † **FRIEDHOF NEUHAUSEN** † Oskar von Miller (Gründer d. Deutschen Museums) † Sigi Sommer (Kolumnist) † **FRIEDHOF PERLACH** † Willy Harlander (Volksschauspieler) † **FRIEDHOF RIEM** † Gerhard Wendlandt (Schlagersänger) † IN DER UMGEBUNG: **PULLACH** † Michl Lang (Volksschauspieler) † **ROTT AM INN** † Franz Josef Strauß (bayr. Ministerpräsident) † **ROTTACH-EGERN** † Ludwig Ganghofer (Schriftsteller) † Leo Slezak (Tenor, Schauspieler) † Walter Slezak (Schauspieler) † Alexander Spoerl (Schriftsteller) † Heinrich Spoerl (Schriftsteller) † Ludwig Thoma (Schriftsteller) † **SCHLIERSEE** † Georg Jennerwein (Wildschütz) † **TEGERNSEE** † Hedwig Courths-Mahler (Schriftstellerin) † Winnie Markus (Schauspielerin) † **UNTERHACHING** † Amadeus August (Schauspieler) † **WILZHOFEN** † Brigitte Horney (Schauspielerin) †

## MÜNCHEN-FILME

Einige Filme mit »München« im Titel (dazu Entstehungsjahr und -land):

| | |
|---|---|
| 1927 | MÜNCHEN-BERLIN WANDERING (D) |
| 1940 | NIGHT TRAIN TO MUNICH (USA) |
| 1951 | IN MÜNCHEN STEHT EIN HOFBRÄUHAUS (D) |
| 1954 | MÜNCHEN – BILDER EINER STADT (D) |
| 1957 | ZWISCHEN MÜNCHEN UND ST. PAULI (D) |
| 1983 | HALO, MÜNCHEN (JUG) |
| 1972 | MÄDCHEN, DIE NACH MÜNCHEN KOMMEN – DAS GEHEIME SEXLEBEN DER OLYMPIASTADT (D) |
| 1975 | LH 615 – OPERATION MÜNCHEN (D) |
| 1976 | DIE 21 STUNDEN VON MÜNCHEN (»21 Hours at Munich« \| USA) |
| 1978 | ZWISCHEN STUTTGART UND MÜNCHEN (D) |
| 1982 | MÜNCHEN – GESCHICHTE EINER STADT (D) |
| 1983 | MÜNCHEN – ATEN (S) |
| 1997 | MÜNCHEN RUFT (D) |
| 1997 | PICASSO IN MÜNCHEN (D) |
| 1998 | NEUE FREIHEIT – KEINE JOBS – SCHÖNES MÜNCHEN – STILLSTAND (D) |
| 2000 | MÜNCHEN – GEHEIMNISSE EINER STADT (D) |
| 2001 | DOPPELTER EINSATZ MÜNCHEN – TRENNUNG IST DER TOD (D) |
| 2005 | MÜNCHEN (»Munich« \| USA) |
| 2006 | MOZART – ICH HÄTTE MÜNCHEN EHRE GEMACHT (D) |
| 2007 | PILOTSEYE.TV: MÜNCHEN – SAN FRANCISCO (D) |

## MÜNCHEN SPRICHWÖRTLICH

Es gibt genau ein deutsches Sprichwort zum Thema München:

»München soll mich nähren,
in Ingolstadt will ich mich wehren.«

Es soll zurückgehen auf die bairischen Kurfürsten im Dreißigjährigen Krieg. Sie bauten Ingolstadt zur Festung aus, um den anrückenden Schweden etwas entgegensetzen zu können. Tatsächlich scheiterten die Schweden an Ingolstadt – schlugen sich dafür aber am nahrhaften München die Bäuche voll. Nur auf den ersten Blick mit München zu tun hat dieses Sprichwort: »München un Beginge, de sin nicht, we se schinge.« In der Übersetzung: »Mönche und Beginen, die sind nicht, was sie scheinen.«

# AND THE OSCAR GOES TO MUNICH

Einige Studenten und Absolventen der Münchner Hochschule für Film und Fernsehen, die für den Academy Award (populär als »Oscar« bezeichnet) *nominiert* waren oder mit ihm **geehrt** wurden:

| Jahr | Filmtitel | Name<br>Kategorie |
|---|---|---|
| *1992* | *AUS GUTEM GRUND* | *Martin Enlen*<br>*Studenten-Oscar (nom.)* |
| **1994** | **ABGESCHMINKT!** | **Katja von Garnier**<br>**Studenten-Oscar** |
| *1997* | *JENSEITS DER STILLE* | *Caroline Link*<br>*Bester nicht-englischspr. Film (nom.)* |
| *2000* | *QUIERO SER – GESTOHLENE TRÄUME* | *Florian Gallenberger*<br>*Studenten-Oscar (nom.)* |
| **2001** | **QUIERO SER – GESTOHLENE TRÄUME** | **Florian Gallenberger**<br>**Bester Kurzfilm** |
| **2003** | **NIRGENDWO IN AFRIKA** | **Caroline Link**<br>**Bester nicht-englischspr. Film** |
| *2004* | *FRAGILE* | *Sikander Goldau*<br>*Studenten-Oscar (nom.)* |
| *2005* | *DIE GESCHICHTE VOM WEINENDEN KAMEL* | *Luigi Falorni &*<br>*Byambasuren Davaa*<br>*Bester Dokumentarfilm (nom.)* |
| *2007* | *FAIR TRADE* | *Michael Dreher*<br>*Studenten-Oscar (nom.)* |
| *2007* | *MILAN* | *Michaela Kezele*<br>*Studenten-Oscar (nom.)* |
| **2007** | **DAS LEBEN DER ANDEREN** | **Florian Henckel von Donnersmarck**<br>**Bester nicht-englischspr. Film** |

Auch diese Münchner sind Oscar-prämiert:

| Jahr | Filmtitel | Name<br>Kategorie |
|---|---|---|
| **1972** | **CABARET** | **Rolf Zehetbauer, Hans Jürgen Kiebach, Herbert Strabel**<br>**Beste Ausstattung** |

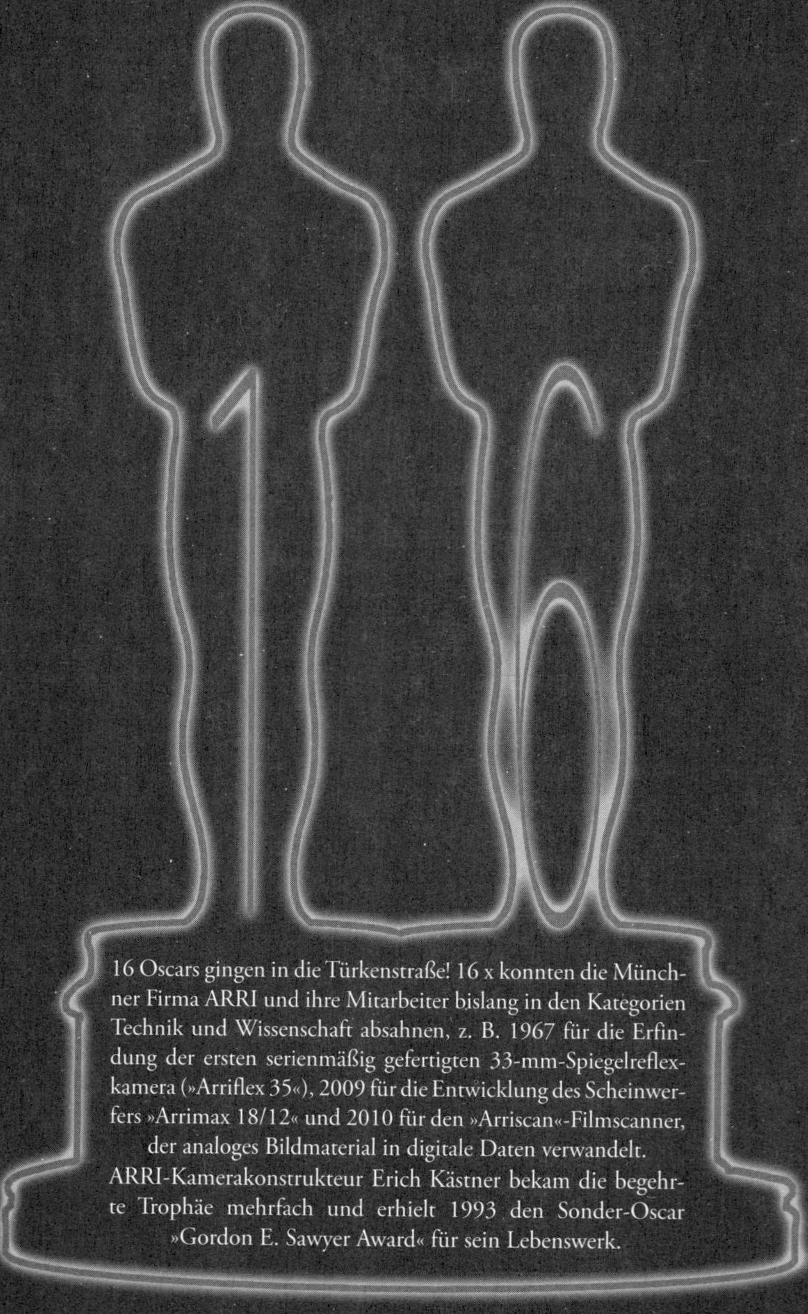

16 Oscars gingen in die Türkenstraße! 16 x konnten die Münchner Firma ARRI und ihre Mitarbeiter bislang in den Kategorien Technik und Wissenschaft absahnen, z. B. 1967 für die Erfindung der ersten serienmäßig gefertigten 33-mm-Spiegelreflexkamera (»Arriflex 35«), 2009 für die Entwicklung des Scheinwerfers »Arrimax 18/12« und 2010 für den »Arriscan«-Filmscanner, der analoges Bildmaterial in digitale Daten verwandelt. ARRI-Kamerakonstrukteur Erich Kästner bekam die begehrte Trophäe mehrfach und erhielt 1993 den Sonder-Oscar »Gordon E. Sawyer Award« für sein Lebenswerk.

## NUR IN MÜNCHEN: SCHWUHPLATTLER

Das gibt es nur in München: die Schwuhplattler, der Welt einzige schwule Schuhplattlergruppe. Seit 2001 pflegen die Schwuhplattler das alte Brauchtum des reinen Burschenplattlers. Um bei Paartänzen Verwirrung zu vermeiden, tanzen die Burschen mit dem Madl-Part übrigens ohne Hut.

## VERKEHRS-ZAHLEN

| | | | | |
|---|---|---|---|---|
| *10* | Linien | S-BAHN | Streckenlänge | *442 km* |
| *6* | Linien | U-BAHN | Streckenlänge | *93 km* |
| *10* | Linien | TRAM | Streckenlänge | *71 km* |
| *68* | Linien | OMNIBUS | Streckenlänge | *464 km* |
| *684.457* | | KFZ | Straßenlänge | *2.311 km* |
| *unzählige* | | FAHRRAD | Radweglänge | *936 km* |

*Zahlen von 2008*

## WIEGENDRUCK-WELTREKORD

Die Bayerische Staatsbibliothek München verfügt weltweit über den reichsten Bestand an Wiegendrucken (»Inkunabeln«), also Drucken aus der Frühzeit des Buchdrucks vor dem Jahr 1501. Etwa ein Drittel aller heute noch nachweisbaren Inkunabeln der Welt sind in München vorhanden – der Gesamtbestand beträgt über 19.900 Exemplare von etwa 9.680 Ausgaben, darunter die wohl berühmteste Inkunabel: eine Gutenberg-Bibel.

## EINSTEIN ERLEUCHTETE MÜNCHEN

München leuchtete – auch dank Albert Einstein, der von 1880 bis 1896 in der Isarvorstadt aufwuchs und auf das Luitpold Gymnasium in der Müllerstraße ging (1945 zerstört, heute steht hier das ehemalige Heizkraftwerk). Das junge Genie jobbte nebenbei für seinen Onkel, der die »Elektrotechnische Fabrik J. Einstein & Cie« in der Adlzreiterstraße 12 betrieb. Albert Einstein half dem Familienbetrieb dabei, das erste elektrische Licht auf dem Münchner Oktoberfest zu installieren. Später verkabelte Albert mit seinem Onkel Teile des Münchner Stadtteils Schwabing.

## DIE LOKAL-DERBYS

Das erste Spiel zwischen dem FC Bayern und dem TSV 1860 München fand 1902 statt. Der FC Bayern gewann mit 3:0. Hier die Nachkriegs-Spielergebnisse der Begegnungen der Bayern gegen die Löwen:

**DFB-Pokal**

| | | | | |
|---|---|---|---|---|
| 06.05.1967 | FC Bayern München | - | TSV 1860 München | 3:1 (0:0) |
| 27.02.2008 | FC Bayern München | - | TSV 1860 München | 1:0 n.V. |

**Bundesliga**

| | | | | |
|---|---|---|---|---|
| 14.08.1965 | TSV 1860 München | - | FC Bayern München | 1:0 (1:0) |
| 08.01.1966 | FC Bayern München | - | TSV 1860 München | 3:0 (0:0) |
| 15.10.1966 | FC Bayern München | - | TSV 1860 München | 3:0 (1:0) |
| 18.03.1967 | TSV 1860 München | - | FC Bayern München | 1:0 (1:0) |
| 28.10.1967 | FC Bayern München | - | TSV 1860 München | 2:2 (1:1) |
| 30.03.1968 | TSV 1860 München | - | FC Bayern München | 3:2 (2:0) |
| 24.08.1968 | TSV 1860 München | - | FC Bayern München | 0:3 (0:2) |
| 18.01.1969 | FC Bayern München | - | TSV 1860 München | 0:2 (0:0) |
| 15.10.1969 | FC Bayern München | - | TSV 1860 München | 2:0 (2:0) |
| 07.03.1970 | TSV 1860 München | - | FC Bayern München | 2:1 (2:0) |
| 12.11.1977 | FC Bayern München | - | TSV 1860 München | 1:3 (1:0) |
| 08.04.1978 | TSV 1860 München | - | FC Bayern München | 1:1 (0:0) |
| 17.11.1979 | TSV 1860 München | - | FC Bayern München | 1:2 (0:1) |
| 10.05.1980 | FC Bayern München | - | TSV 1860 München | 6:1 (4:1) |
| 14.10.1980 | TSV 1860 München | - | FC Bayern München | 1:3 (0:2) |
| 28.03.1981 | FC Bayern München | - | TSV 1860 München | 1:1 (0:0) |
| 21.09.1994 | TSV 1860 München | - | FC Bayern München | 1:3 (0:1) |
| 25.03.1995 | FC Bayern München | - | TSV 1860 München | 1:0 (1:0) |
| 02.09.1995 | TSV 1860 München | - | FC Bayern München | 0:2 (0:0) |
| 02.03.1996 | FC Bayern München | - | TSV 1860 München | 4:2 (4:1) |
| 01.11.1996 | FC Bayern München | - | TSV 1860 München | 1:1 (1:0) |
| 04.05.1997 | TSV 1860 München | - | FC Bayern München | 3:3 (2:1) |
| 01.11.1997 | TSV 1860 München | - | FC Bayern München | 2:2 (1:1) |
| 11.04.1998 | FC Bayern München | - | TSV 1860 München | 3:1 (2:0) |
| 07.11.1998 | FC Bayern München | - | TSV 1860 München | 3:1 (0:0) |
| 25.04.1999 | TSV 1860 München | - | FC Bayern München | 1:1 (0:0) |
| 27.11.1999 | TSV 1860 München | - | FC Bayern München | 1:0 (0:0) |
| 15.04.2000 | FC Bayern München | - | TSV 1860 München | 1:2 (1:2) |
| 21.10.2000 | FC Bayern München | - | TSV 1860 München | 3:1 (1:0) |
| 17.03.2001 | TSV 1860 München | - | FC Bayern München | 0:2 (0:0) |
| 13.10.2001 | TSV 1860 München | - | FC Bayern München | 1:5 (1:2) |
| 09.03.2002 | FC Bayern München | - | TSV 1860 München | 2:1 (0:0) |
| 10.09.2002 | FC Bayern München | - | TSV 1860 München | 3:1 (1:1) |
| 15.02.2003 | TSV 1860 München | - | FC Bayern München | 0:5 (0:0) |
| 22.11.2003 | TSV 1860 München | - | FC Bayern München | 0:1 (0:1) |
| 25.04.2004 | FC Bayern München | - | TSV 1860 München | 1:0 (0:0) |

**Oberliga Süd**

| | | | | |
|---|---|---|---|---|
| 18.09.1960 | TSV 1860 München | - | FC Bayern München | 0:0 (0:0) |
| 29.01.1961 | FC Bayern München | - | TSV 1860 München | 6:2 (2:1) |
| 10.09.1961 | FC Bayern München | - | TSV 1860 München | 0:4 (0:2) |
| 28.01.1962 | TSV 1860 München | - | FC Bayern München | 2:3 (1:2) |
| 23.09.1962 | FC Bayern München | - | TSV 1860 München | 3:1 (1:1) |
| 03.02.1963 | TSV 1860 München | - | FC Bayern München | 3:1 (1:1) |

## DIE LÄNGSTEN GEBÄUDE BAYERNS

Die drei längsten Gebäude Bayerns stehen in München:
**Platz 1:** Terminal 1 des Flughafens mit 1.081 m
**Platz 2:** Terminal 2 des Flughafens mit 980 m
**Platz 3:** ICE-Wartungshalle in der Landsberger Straße mit 435 m

## ÄLTESTE LEDERBAR DEUTSCHLANDS

1967 eröffnete die ehemalige Kellnerin Augusta Wirsing in der Müllerstraße die einstige Hurenbar »Ochsengarten« neu – als allererste Lederbar für schwule Fetischfans auf deutschem Boden. Und das zu einer Zeit, als Homosexualität noch unter Strafe stand. Der Ochsengarten wurde eine Institution. Stammgäste waren u. a.: Rainer Werner Fassbinder, Freddie Mercury, Francis Bacon, Leonard Bernstein …

## 1. GEO-ZOO DER WELT

Ein Tierpark mit naturnahen Lebensräumen, in denen Tiere ihrer geografischen Verbreitung entsprechend mit anderen Tieren gemeinsam leben, war 1928 völlig revolutionär. Der 1911 gegründete und nach dem Ersten Weltkrieg pleite gegangene Tierpark Hellabrunn eröffnete 1928 mit diesem Konzept neu. Hallabrunn ist demnach der erste Geo-Zoo der Welt.

## KÄLTESTER PUNKT EUROPAS

Wie war das noch mit der Klimaerwärmung? Nicht nur 2010 entpuppte sich als Rekordwinter. Besonders frostig aber war der 11. Februar 1956, als in der Innenstadt 25 Grad unter Null herrschten. Eine Nacht lang war der Stadtteil Nymphenburg der kälteste Punkt Europas: mit – 29 °C.

## GOETHE WAR NICHT HIER!

Ein gewisser »Johann Wolfgang von Goethe« weilte nie in München; der Dichterfürst bevorzugte, am 6. September 1786 als »Jean Philipp Möller« im Schwarzen Adler, Kaufingergasse, abzusteigen.

# Wiesn-Wissen

auf geht's

### Das 1. Bier

Entgegen der Legende, die Wiesen sei lange bierfrei gewesen, wird schon 1810 auf der 1. Wiesn in drei Partyzelten Bier ausgeschenkt.

### Einstein macht das Licht an

Albert Einstein jobbt bei seinem Onkel, der die »Elektrotechnische Fabrik J. Einstein & Cie« betreibt, und hilft 1880, das erste elektrische Licht auf dem Oktoberfest zu installieren.

### Wiesn-Ausfälle

Seit 1810 fiel die Wiesn genau 24 Mal aus. Das 1. Mal bereits 1813 (Krieg gegen Napoleon). Gründe: Cholera, Kriege und Hyperinflation.

### Wetterrekorde

- Wärmster Wiesntag:
  22. September 1993 mit 29,7 °C
- Kältester Wiesntag:
  29. September 1936 mit -2,5 °C
- Regen an jedem Wiesntag:
  1828 und 1927
- Kein einziger sonniger Wiesntag:
  1954
- Jeder Wiesntag nur Sonne:
  1986
- Schneegestöber zur Wiesn:
  1829, 1867, 1888, 1956 und 2002

### Daher der Name

Die Theresienwiese (Wiesn) ist benannt nach Prinzessin Therese von Sachsen-Hildburghausen, die am 12. Oktober 1810 den späteren König Ludwig I. von Bayern heiratet. Zu Ehren des Brautpaars steigt ein Pferderennen auf einer Wiese draußen vor der Stadt an der Straße nach Venedig ...

### Beduinen & Co.

Der Renner der Jahrhundertwende sind Variétés, Zaubertheater, Menagerien und Völkerschauen. 1901 präsentiert Carl Gabriel ein ganzes Beduinendorf – samt Bewohnern.

### 1. Besucherrekord

30.000 Münchner, immerhin 1/3 der Bevölkerung, kommen 1810 auf die Wiese, um das Pferderennen zu sehen.

### Wos? Izapft os?

OB Erich Kiesl leistet sich beim Anzapfen 1979 einen groben Schnitzer. Er schreit »Izapft os!« statt »Ozapft is!«.

### 1. Einzug eines Wiesnwirts

Den ersten Einzug eines Wiesnwirts stoppt 1887 die Polizei. Festwirt Hans Steyrer will von seinem Gasthaus in der Tegernseer Landstraße auf festlich geschmückten Pferdewagen zur Theresienwiese zu fahren. Verboten! Die Geldstrafe schreckt den Wirt nicht von der Wiederholung ab. Eine Tradition ist geboren … Erstmals sind 1935 alle Brauereien beim Einzug dabei.

### Abfall 2009

| | |
|---|---|
| Kehricht | ca. 243 t |
| Restmüll | ca. 744,94 t |
| Altpapier | ca. 48,01 t |
| Abfall z. energet. Verwertung | ca. 8 t |
| Speisereste/Knochen | ca. 326 t |

### Tracht ist keine Tradition

Von wegen Tradition: Dass man in der Lederhosn und frau im Dirndl auf die Wiesn geht, ist ein reiner Modetrend aus den späten 1990ern. Davor wählte man das fesche Sonntagsgewand.

### Kein »Ozapft is«

Das große »Ozapft is« fiel bisher nur einmal aus: 2001 wegen der Terroranschläge auf das World Trade Center am 11. September.

### Wiesn-Dinosaurier

- »Auf geht's beim Schichtl« seit 1869
- »Hexenschaukel« seit 1894
- »Toboggan« seit 1906
- »Teufelsrad« seit 1910
- Kettenflieger seit 1919
- »Krinoline« seit 1924

### Ein Franke bringt die Bierburg

Münchner hören das gar nicht gerne, aber ohne die Franken gäbs die Bierburgen nicht: Der Nürnberger »Krokodilwirt« Georg Lang baut 1898 das erste große Augustiner-Festzelt von heutigen Ausmaßen und engagiert als erster Festwirt eine Kapelle.

### Fundstücke 2010

Im Wiesn-Fundbüro landen 2010 ca. 4.500 Fundstücke: u. a. 770 Ausweise, 420 Geldbörsen, 320 Brillen – und 4 Paar Damenpumps, 1 Buddelschiff, 1 Mops, 1 Kaninchen, 1 Lederpeitsche, 1 Tuba, 1 Gebiss.

### 1. Wiesn-Plakat

Das 1. offizielle Plakat zur Wiesen im Jahr 1952 ziert ein zu einem Reiter stilisierter Maßkrug mit Steckerlfisch als Hand, Radi als Kopf und Wienherz um den Hals auf einem Karussellpferd.

### Ochsen

- 1881 rotiert der 1. Ochs am Spieß
- gebratene Ochsen 1921 — 13
  gebratene Ochsen 1990 — 50
  gebratene Ochsen 2010 — 117

### 1. Trachtenumzug

Eine Art Trachtenumzug zur Wiesn gibt es erstmals 1835. Jährliche Tradition wird er aber erst ab 1949.

### 1. Achterbahn der Welt

Wo, wenn nicht auf der Wiesn: 1884 wartet die 1. elektrische Berg- und Talbahn der Welt auf Wagemutige.

### Royaler Wiesn-Muffel

»Ich kann nicht! Es ist entsetzlich …«, lamentiert Märchenkönig Ludwig II. Er hasst die Wiesn, verabscheute Bier und besucht in seinen 22 Jahren Regentschaft das Königszelt auf dem Oktoberfest nur sechs Mal.

## Wiesn-Kopien in aller Welt

Ca. 3.000 Wiesn-Kopien gibt es in etwa 100 Staaten. Die größten Ersatz-Oktoberfeste (Besucherzahlen in Klammern):

- Hannover, Deutschland (1.000.000)
- Kitchener, Kanada (700.000)
- Blumenau, Brasilien (600.000)

## Keine Wiesn-Kopie

Keine Kopie ist das zweitgrößte Volksfest der Welt, die ebenfalls Ende September stattfindende Cannstatter Wasen in Stuttgart; die gibt es seit 1818.

## Groß + Klein

- größte Festhalle (inkl. Garten): Hofbräu mit 10.000 Sitzplätzen
- kleinster Gastro-Betrieb: Café Schiebl mit 60 Sitzplätzen

## 1. Alkoholfreies

1927 geht als Revolutionsjahr in die Annalen des Oktoberfests ein: Erstmals wagt man den Ausschank eines alkoholfreien Ersatzgetränks für Biermuffel. Wasser? Limo? Gar alkoholfreies Bier? Nein. Milch.

## Ab jetzt jährlich

1819 fällt der Beschluss, das Oktoberfest jährlich stattfinden zu lassen.

## Wiesnkonsum 2009

Ein paar Zahlen zum Konsum im Jahr 2009: 79.359 l Wein • 31.111 Flaschen Sekt • 210.585 Tassen Kaffee/Tee • 1.109.074 Flaschen (0,5 l) Erfrischungsgetränke • 626 Zentner Fisch • 51.468 Schweinshaxn • 111 Ochsen

## Wiesn-Angebot 1818

1 Karussell
2 Schaukeln
1 Taubenschießstand
div. »Traiteurs« (= Partygastronomen)

## Wiesn-Angebot 2008

305 Marktkaufleute
268 Schausteller
92 Gastronomiebetriebe: davon 34 mit Sitzplätzen, davon 14 Großzelte u. 20 gastronomische Mittelbetriebe

## Erlaubte Lautstärke

Die Musiklautstärke in den Zelten ist bis 18 Uhr auf 85 dB(A) SPL begrenzt.

## Besucherzahlen

Die Besucherzahlen liegen in den letzten 30 Jahren relativ konstant bei ± 6 Mio. Das absolute Rekordjahr war 1987: 7.100.000 Besucher!

## Einige Wiesnhits

- 1984: Fürstenfeld
- 1993: Sierra Madre del Sur
- 1994: Koa Hiatamadl
- 1997: We Are the Champions
- 1999: Mambo No. 5
- 2000: Hey Baby
- 2005: Viva Colonia
- 2006: 54, 74, 90, 2010
- 2009: Zehn Meter gehn

## Die stillen Örtchen

Alle Wiesn-Toiletten zusammen bieten 964 Sitzplätze und 878 m Stehplätze.

## Leergesoffen

Unglaublich, aber wahr: 1834 geht auf der Wiesn das Bier aus. Und 1983 saufen die Gäste die Biervorräte des Hofbräuzelts leer, die Nachbarwirte springen mit ihrem Gerstensaft ein.

### Glaskrüge

Seit 1892 wird das Bier in hygienischeren Glaskrügen, nicht mehr in Ton- oder Steinkrügen ausgeschenkt.

### Eine Maß kostet

| | |
|---|---|
| • 1810 | 3 Kreuzer + 3 Pfennig |
| • 1910 | 38 Pfennig |
| • 1925 | 1 RM |
| • 1949 | 1,70 DM |
| • 1969 | 2,40 DM |
| • 1990 | 7,55 DM |
| • 2002 | 6,80 € |
| • 2010 | 8,90 € |

### Größtest Blaskonzert der Welt

Das größte Blaskonzert der Welt findet jedes Jahr am zweiten Wiesnsonntag statt. Alle Kapellen aller Festzelte spielen gemeinsam vor der Bavaria auf.

### Relationen

2007 spenden die Wiesnwirte 30.000 € für Bedürftige = 2.307,69 € pro Wirt. Eine Nebukadnezar-Flasche Champagner (15 l) kostet auf der Wiesn 3.100 €.

### Stromverbrauch

3.068.000 kWh Strom verbrauchte das Oktoberfest 2010 = ca.14 % des Münchner Tagesbedarfs bzw. 1.200 Münchner Haushalte könnten ein Jahr mit Strom versorgt werden.

### Größtes Wiesnzelt

Größtes Wiesn-Bierzelt aller Zeiten war das Bräurosl-Zelt von 1913: 5.500 m$^2$ mit 12.000 Sitzplätzen.

### Vergleiche 1950 : 2009

| | |
|---|---|
| Liter Bier 1950 | 1.301.200 |
| Liter Bier 2009 | 6.643.600 |
| Brathendl 1950 | 88.294 |
| Brathendl 2009 | 488.137 |

### Feuerkatastrophe

Am 27. September 1887 bricht gegen 17.30 Uhr ein Feuer in der Pfälzischen Weinstube aus, insgesamt werden 18 Buden und fliegende Stände Raub der Flammen – und der Wirt der Weinstube, Julius Frey, stirbt bei dem Versuch, seine Tageskasse zu retten.

### Gut gebrüllt, Löwe

Der Münchner Bassist Max Baumeister (1889–1974) brüllte einst das »Löööwenbrooii«, das der Löwenbräu-Löwe bis heute von sich gibt.

## DIE SCHÖNSTEN DER SCHÖNEN

***»Er liebt die Kunst,***
***und die schönsten Fraun,***
***die lässt er porträtieren;***
***er geht in diesem gemalten Serail***
***als Kunsteunuch spazieren.«***

schrieb Heinrich Heine in den 1840er-Jahren in seinen »Lobgesängen auf König Ludwig« über Ludwig I. und dessen legendäre Schönheitengalerie. Nach dem Willen des Königs sollte die Galerie vor allem eine Sammlung von heimischen Beautys werden, in der jedoch auch eine Griechin, eine Britin, eine Schottin und eine Israelitin Einlass fanden. Fast alle Gemälde fertigte Hofmaler Josef Stieler. Heute zählt die Schönheitengalerie in Schloss Nymphenburg 37 Bilder, das der Luise von Neubeck ist seit 1936 verschollen. Die Porträtierten sind:

*Auguste Strobl (1807–1871)*
*Maximiliane Borzaga (1806–1837)*
*Isabella von Tauffkirchen-Engelberg (1808–1855)*
*Amalie von Lerchenfeld (1808–1888)*
*Cornelia Vetterlein (1811–1862)*
*Charlotte von Hagn (1809–1891)*
*Nanette Kaula (1812–1877)*
*Anna Hillmayer (1812–1847)*
*Regina Daxenberger (1811–1872)*
*Jane Elizabeth Digby (1807–1881)*
*Marianna Marquesa Florenzi (1802–1870)*
*Amalie von Schintling (1812–1831)*
*Helene Sedlmayr (1813–1898)*
*Crescentia Bourgin (1806–1853)*
*Irene von Pallavicini (1811–1877)*
*Caroline von Holnstein (1815–1859)*
*Jane Erskine (1818–1846)*
*Therese Spence (1815–?)*
*Mathilde von Jordan (1817–1856)*
*Wilhelmine Sulzer (1819–?)*
*Luise von Neubeck (1816–1872)*
*Antonie Wallinger (1823–1893)*
*Rosalie Julie von Bonar (1814–?)*
*Sophie Friederike von Bayern (1805–1872)*
*Katharina Botzaris (1820–1872)*
*Caroline Lizius (1825–1908)*
*Elise List (1822–1893)*
*Marie Friederike von Preußen (1825–1889)*
*Friederike von Gumppenberg (1823–1916)*
*Caroline von Oettingen-Wallerstein (1824–1889)*
*Emilie Milbanke (1822–1910)*
*Josepha Conti (1823–1881)*
*Alexandra Amalie von Bayern (1826–1875)*
*Auguste Ferdinande von Österreich (1825–1864)*
*Lola Montez (1821–1861)*
*Maria Dietsch (1835–1869)*
*Anna von Greiner (1836–?)*
*Carlotta von Breidbach-Bürresheim (1838–1920)*

Als Schönste der Schönen und Inbegriff der schönen Münchnerin gilt die Schusterstochter Helene Kreszenz Sedlmayr (1813–1898) aus Trostberg. Sie kam als Dienstmagd nach München, heiratete den Kammerdiener Miller, bekam zehn Kinder und liegt auf dem Alten Südfriedhof begraben.

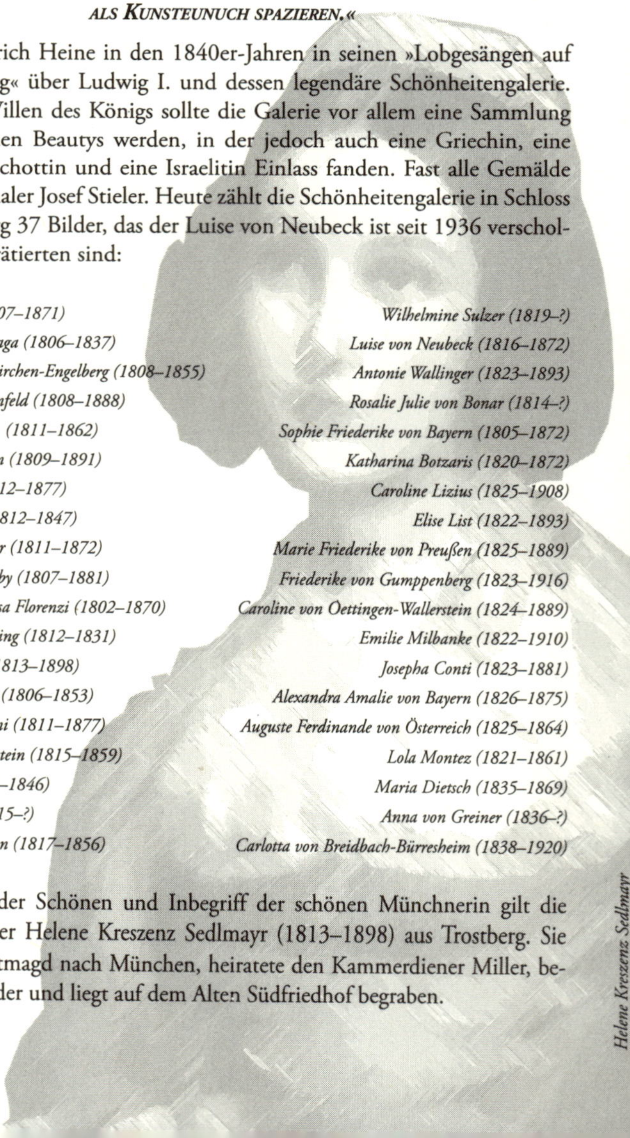

*Helene Kreszenz Sedlmayr*

## GRÖSSTER UMZUG SEIT DER VÖLKERWANDERUNG

Vom 16. auf den 17. Mai 1992 stemmen die Münchner ein logistisches Mammutwerk: Ohne Unterbrechung des Flugbetriebs zieht ein kompletter Großflughafen innerhalb von 16 Stunden in einer Nacht um. Von Riem ins Erdinger Moos. Damals der bis dato größte Umzug aller Zeiten. Die letzte Maschine, die Riem verlässt, ist die Boeing »Freising« Richtung Berlin. Um 23 Uhr 46 gehen die Lichter endgültig aus. Und um 4 Uhr flackern sie in München II auf. 672 Laster, Schwertransporte und Kleinfahrzeuge bringen in dieser Nacht das Equipment von Riem ins Erdinger Moos.
Zwar landeten schon den ganzen Vortag Maschinen auf dem neuen Airport, doch es gibt einen offiziellen Jubelflieger, der nach dem Ende von Riem die neue Ära einläuten soll. Die offizielle Lufthansamaschine, die um 5 Uhr landen soll, kommt zwar pünktlich – aber zu spät. Der Aero-Lloyd-Flug 8963 aus Izmir ist fünf Minuten eher da und weiht damit den Flughafen ein.
2006 toppen die Münchner dann ihren Rekord, als in ebenfalls nur einer Nacht ein noch größerer Flughafen umzieht: der Bangkok-Airport zieht von Don Muang nach Suvarnabhumi. An vorderster Front als Cheforganisatoren dabei: bis zu 20 Mann vom Münchner Flughafen, denn die gelten seit 1992 als weltweit gefragte Spezialisten in Sachen Flughafen-Umzug. Im Herbst 2011 werden die Münchner dann die Umzüge von Berlin Tegel und Berlin Schönefeld zum neuen Willy-Brandt-Airport in Berlin wuppen.

## DIE HERRIN DER LÜFTE

Die erste, kurze Ballonfahrt gelang in München bereits 1802, aber ein »luftschiffendes Frauenzimmer« sorgte auf dem Oktoberfest für eine Sensation: Luftfahrtpionierin Wilhelmine Reichardt erhob sich am 1. Oktober 1820 um 15.44 Uhr von der Theresienwiese mit einem Wasserstoffballon in die Lüfte, reiste in 1.600 m Höhe bis Zorneding und beendete mit der rund zweistündigen Luftfahrt gleichzeitig ihre erfolgreiche Karriere.

## UNRÜHMLICHE ARCHITEKTUR

Es gibt tatsächlich noch Häuser in München, die auf drastische Weise an die schlimmste Zeit der deutschen Geschichte erinnern: In der Donaustraße 25–31 und der Hanfstaenglstraße 16–20 stehen Häuser, die in den 1930er Jahren gebaut wurden und über einen hakenkreuzförmigen Grundriss verfügen. Erkennbar ist das allerdings nur aus der Luft.

## WER WOHNTE WO?

A Althaus, Peter Paul (Schriftsteller) *Kaiserstraße 54 | Königinstraße 24, 69 | Rambergstraße 3 | Tengstraße 26 | Trautenwolfstraße 8*
Andersch, Alfred (Schriftsteller) *Neustätterstraße 6 | Nibelungenstraße 15 | Olgastraße 5 | Schellingstraße*
Arnold, Karl (Zeichner) *Georgenstraße 80 | Theresienstraße 41*
Asam, Cosmas Damian (Maler, Architekt) *Maria-Einsiedel-Straße 45*
Asam, Egid Quirin (Maler, Architekt, Stuckateur) *Sendlinger Straße 61*
Augspurg, Anita (Frauenrechtlerin) *Kaulbachstraße 12*
Ažbe, Anton (Maler) *Türkenstraße 7*
B Baader, Franz Xaver von (Philosoph) *Leopoldstraße 82*
Bachmann, Ingeborg (Schriftstellerin) *Franz-Joseph-Straße 92*
Bahr, Hermann (Schriftsteller) *Barer Straße 50*
Balde, Jacob (Dichter) *Neuhauser Straße 52*
Ball, Hugo (Dadaist) *Belgradstraße 16 | Hohenzollernstraße 89 | Schellingstraße 64*
Becher, Johannes R. (Schriftsteller/DDR-Kultusminister) *Heßstraße 5, 9 | Trautenwolfstraße 6*
Behn, Fritz (Bildhauer) *Mandlstraße 9*
Ben-Chorin, Schalom (= Fritz Rosenthal, Schriftsteller) *Oettingenstraße 23*
Benedikt XVI. (= Josef Ratzinger, Papst) *Pelkovenstraße 60*
Bergengruen, Werner (Schriftsteller) *Hirschenstraße 36*
Bestelmeyer, German (Architekt) *Amalienstraße 30, 35 | Muffatstraße 4*
Bierbaum, Otto Julius (Schriftsteller) *Ainmillerstraße 24 | Gernerstraße 4 | Hermannstraße 13 (heute Wehnerstraße, Pasing) | Kaulbachstraße 41 | Veterinärstraße 5 | Wotanstraße 50*
Billinger, Richard (Schriftsteller) *Widenmayerstraße 39*
Blei, Franz (Schriftsteller) *Arcisstraße 19 | Gabelsbergerstraße 20a | Karl-Theodor-Straße 36 | Tengstraße 41*
Böhlau, Helene (Schriftstellerin) *Blütenstraße 19*
Böhm, Theobald (Flötist, Komponist) *Altheimer Eck 15*
Bonsels, Waldemar (Schriftsteller, Vater der »Biene Maja«) *Hohenzollernstraße 12 | Leopoldstraße 77 | Siegesstraße 4 | Theresienstraße 80*
Brecht, Berthold (Schriftsteller) *Adalbertstraße 12 | Akademiestraße 15 | Georgenstraße 24 (Rgb) | Kaulbachstraße 63a | Leopoldstraße 52a | Maximilianstraße 43 | Ohmstraße 3 | Paul-Heyse-Straße 9 | Pestalozzistraße 46*
Brentano, Bettine (später verh. von Arnim) *Rosenstraße 11*
Brentano, Clemens (Dichter) *Herzog-Wilhelm-Straße 11 (damals Glockenstraße) | Von-der-Tann-Straße 11*
Brentano, Lujo (Sozialreformer) *Mandlstraße 5*
Britting, Georg (Schriftsteller) *St.-Anna-Platz 10*
Bruckmann, Else und Hugo (Verleger) *Karolinenplatz 5*
Busch, Wilhelm (Maler, Cartoonist, »Max und Moritz«) *Dachauer Straße 3 | Schwanthalerstraße 28*
C Christ, Lena (Schriftstellerin) *Bauerstraße 20 | Düllstraße 5 | Floriansmühle | Hohenzollernstraße 24 | Pilarstraße 2 | Sandstraße 34*

Corinth, Lovis (Maler) *Gabelsbergerstraße 77 | Giselastraße 7*

Cuvilliés, François de (Architekt) *Burgstraße 8*

Dahn, Felix (Schriftsteller) *Königinstraße 19*

Dauthendey, Max (Schriftsteller) *Kaulbachstraße 35 | Schönfeldstraße 1*

Defregger, Franz von (Maler) *Königinstraße 31*

Delp, Alfred (Pfarrer, NS-Gegner) *Neuberghauser Straße 9*

Diefenbach, Karl (Maler, Naturapostel) *Gabelsbergerstraße 53*

Diesel, Rudolf (Ingenieur, Erfinder) *Giselastraße 14 | Schackstraße 2 | Höchlstraße 2 | Maria-Theresia-Straße 32*

Drygalski, Erich von (Polarforscher) *Gaußstraße 6*

Duchamp, Marcel (Künstler) *Barer Straße 65*

Dülfer, Martin (Architekt) *Schönfeldstraße 4*

Einstein, Albert (Genie) *Adlzreiterstraße 12*

Elser, Georg (Hitler-Attentäter) *Türkenstraße 94*

Elsner, Gisela (Autorin) *Elisabethstraße 8*

Ende, Michael (Schriftsteller) *Elektrastraße 24 | Kaulbachstraße 90 | Leopoldstraße 135a | Morsopstraße 19 | Sendlinger Straße 30*

Endell, August (Architekt) *Türkenstraße 52*

Falckenberg, Otto (Theaterregisseur) *Schleißheimer Straße 106 | Schnorrstraße 3 | Viktoriastraße 11*

Fassbinder, Rainer Werner (Regisseur) *Ainmillerstraße 5 | Clemensstraße 76 | Nördliche Auffahrtsallee 60 | Ottostraße 5 (Feldkirchen) | Possartstraße 7 | Reichenbachstraße 12 | Stollbergstraße 9*

Feuchtwanger, Lion (Schriftsteller) *Georgenstraße 24 | St.-Anna-Platz 2*

Fischer, Helmut (Schauspieler) *Donnersberger Straße 50a*

Fleißer, Marieluise (Dramatikerin) *Ainmillerstraße 7*

Frank, Leonhard (Schriftsteller) *Tengstraße 34*

Fried, Hermann (Widerstandskämpfer) *Schellingstraße 78*

Gabelsberger, Franz X. (Steno-Erfinder) *Gabelsbergerstraße 6*

Ganghofer, Ludwig (Schriftsteller) *Steinsdorfstraße 10*

George, Stefan (Schriftsteller) *Belgradstraße 57 | Heßstraße 9, 32 | Leopoldstraße 51, 87 | Pappenheimstraße 13 | Römerstraße 16*

Gerlich, Friedrich (Journalist, Widerstandskämpfer) *Richard-Wagner-Straße 27*

Goethe, Johann Wolfgang (Dichter) *Kaufingergasse (Pension »Schwarzer Adler«)*

Goll, Claire (Schriftstellerin) *Ainmillerstraße 34 | Leopoldstraße 42 | Moltkestraße 9*

Görres, Joseph (Publizist, Kulturpolitiker) *Brienner Straße 40 | Schönfeldstraße*

Graf, Oskar Maria (Schriftsteller) *Barer Straße 37, 47 | Hohenzollernstraße 23 | Schraudolphstraße 36*

Graf, Willi (Widerstandskämpfer) *Amalienstraße 95 | Georgenstraße 15*

Guardini, Romano (Theologe, Philosoph) *Kunigundenstraße 51*

Gulbransson, Olaf (Zeichner) *Barer Straße 40 | Mandlstraße 8*

Gumppenberg, Hans von (Schriftsteller) *Kaulbachstraße 8*

Günther, Ignaz (Bildhauer) *St.-Jakobs-Platz 15*

Habe, Hans (= János Békessy, Publizist) *Rabenkopfstraße 24*

Halbe, Max (Dichter) *Martiusstraße 6 | Theresienstraße 5 | Türkenstraße 49 | Wilhelmstraße 2*

Hauberrisser, Georg von (Architekt) *Schwanthalerstraße 106*

Hebbel, Friedrich (Dramatiker) *Luitpoldstraße 5 | Landwehrstraße 10*

Heine, Heinrich (Schrifsteller) *Hackenstraße 7*
Heine, Thomas Theodor (Zeichner) *Klugstraße 78 | Theresienstraße 148 (Rgb)*
Heisenberg, Werner (Physiker) *Hohenzollernstraße 110*
Heß, Anton von (Maler) *Luisenstraße 35*
Heuss, Theodor (Bundespräsident) *Theresienstraße 108*
Heyse, Paul (Schriftsteller, Nobelpreisträger) *Luisenstraße 22*
Hildebrand, Adolf von (Bildhauer) *Maria-Theresia-Straße 23*
Hildesheimer, Wolfgang (Schriftsteller, Maler) *Kufsteiner Platz 4*
Hitler, Adolf (Massenmörder) *Prinzregentenplatz 16 | Schleißheimer Straße 34 | Thierschstraße 41*
Hoegner, Wilhelm (Politiker) *Schellingstraße 26*
Horváth, Ödon von (Schriftsteller) *Martiusstraße 4 | Prinzregentenstraße 24 | Widenmayerstraße 43*
Huch, Friedrich (Schriftsteller) *Adalbertstraße 41, 47 | Keferstraße 9 | Türkenstraße 36*
Huch, Ricarda (Schriftstellerin) *Kaulbachstraße 22, 35*
Hüsgen, Wilhelm (Bildhauer) *Amalienstraße 14 | Schellingstraße 24*
Ibsen, Henrik (Schriftsteller) *Amalienstraße 50a, 53 | Maximilianstraße 32 | Schellingstraße 53 | Schönfeldstraße 17*
Jean Paul (= Johann Paul Friedrich Richter, Schriftsteller) *Rochusgässchen 1453 (heute Maxburgstraße)*
Kafka, Franz (Schriftsteller) *Promenadeplatz 2-6 (Hotel Bayerischer Hof)*
Kandinsky, Wassily (Maler) *Ainmillerstraße 36 | Georgenstraße 35, 62 | Friedrichstraße 1 | Schellingstraße 62, 75*
Kästner, Erich (Schriftsteller) *Flemingstraße 52 | Fuchsstraße 2*
Kaulbach, Friedrich August von (Maler) *Kaulbachstraße 15*
Keller, Gottfried (Schriftsteller, Maler) *Lerchenstraße 40 (heute Schwanthalerstraße) | Neuhauser Straße 22 | Schützenstraße 3*
Keyserling, Eduard von (Schriftsteller) *Ainmillerstraße 19 | Arcisstraße 44 | Rambergstraße 3 | Schellingstraße 3*
Klabund (= Alfred Henschke) (Dichter) *Kaulbachstraße 58*
Klee, Paul (Maler) *Ainmillerstraße 32 | Amalienstraße 2, 57 | Barer Straße 26, 47, 57 | Feilitzschstraße 3 | Georgenstraße 48 | Luisenstraße 39 | Werneckstraße 24*
Klenze, Leo von (Baumeister) *Wittelsbacherplatz 4*
Kobus, Kathi (Simplicissimus-Wirtin) *Türkenstraße 57*
Koeppen, Wolfgang (Schriftsteller) *Widenmayerstraße 47*
Kolb, Annette (Schriftstellerin) *Habsburgerplatz 3 | Händelstraße 1 | Sophienstraße 7*
Kolbenhoff, Walter (Schriftsteller) *Schellingstraße 48*
Körner, Hermine (Schauspielerin) *Akademiestraße 5*
Kortner, Fritz (Schauspieler, Regisseur) *St.-Anna-Platz 2 | Wurzerstraße 12*
Kubin, Alfred (Zeichner) *Mandlstraße 26 | Theresienstraße 13, 51, 108, 120*
Kuby, Erich (Schriftsteller) *Amalienstraße 11*
Lachner, Franz (Komponist) *Maximilianstraße 24*
Langen, Albert (Verleger) *Mandlstraße 8*
Lasso, Orlando di (Komponist) *Platzl 4*
Lenbach, Franz von (Maler) *Luisenstraße 33/35*
Lenin, Wladimir Iljitsch (Revolutionär) *Kaiserstraße 46 | Siegfriedstraße 14*

Lenz, Hermann (Schriftsteller) *Mannheimer Straße 5*
Littmann, Max (Architekt) *Höchlstraße 4*
Löfftz, Ludwig Ritter von (Maler) *Türkenstraße 103*
Lowitz, Siegfried (Schauspieler) *Possartstraße 14*
Maget, Franz (Politiker) *Theresienstraße 48*
Mann, Erika (Schauspielerin, Schriftstellerin) *Poschingerstraße 1*
Mann, Golo (Schriftsteller) *Poschingerstraße 1 (heute Thomas-Mann-Allee 10)*
Mann, Heinrich (Schriftsteller) *Herzogstraße 3 | Leopoldstraße 59 | Rambergstraße 2 | Theresienstraße 82 | Türkenstraße 35, 68a*
Mann, Klaus (Schriftsteller) *Poschingerstraße 1 (heute Thomas-Mann-Allee 10)*
Mann, Thomas (Schriftsteller) *Barer Straße 69 | Feilitzschstraße 32 | Franz-Joseph-Straße 2 | Giselastraße 15 | Herzogstraße 3 | Konradstraße 11 | Marktstraße 5 (heute Heimhauserstraße 6) | Mauerkirchner Straße 15 | Poschingerstraße 1 (heute Thomas-Mann-Allee 10) | Rambergstraße 2 | Theresienstraße 82*
Marc, Franz (Maler) *Friedrichstraße 4 | Kaulbachstraße 68 | Königinstraße 75 | Schellingstraße 33*
Mayer, Pater Rupert (Theologe, NS-Gegner) *Maxburgstraße 1*
Mercury, Freddie (Rockstar) *Hans-Sachs-Straße 22 | Stollbergstraße 2-4*
Meyrink, Gustav (Schriftsteller) *Beichstraße 9*
Montez, Lola (Tänzerin, Geliebte Ludwigs I.) *Barer Straße 19 | Theresienstraße 2a*
Morgenstern, Christian (Schriftsteller) *Gabelsbergerstraße 9 | Theresienstraße 23*
Mozart, Wolfgang Amadeus (Komponist) *Burgstraße 7 | Kaufingergasse (Pension »Schwarzer Adler«)*
Mühsam, Erich (Dichter, Anarchist) *Akademiestraße 9 | Barer Straße 37 | Georgenstraße 105*
Münter, Gabriele (Malerin) *Adalbertstraße 48 | Friedrichstraße 1 | Schackstraße 4 | Theresienstraße 30*
Nietzsche, Friedrich (Philosoph) *Heßstraße 5*
Obrist, Hermann (Jugendstil-Bildhauer) *Karl-Theodor-Straße 48*
Orff, Carl (Komponist) *Maillingerstraße 16*
Pettenkofer, Max von (Chemiker) *Apothekenhof der Residenz*
Pfülf, Toni (Politikerin) *Kaulbachstraße 12*
Pixis, Theodor (Maler) *Theresienstraße 39*
Pocci, Franz von (Hofmusikintendant) *Promenadeplatz 4 | Maximiliansplatz 5*
Pretorius, Emil (Grafiker) *Theresienstraße 45*
Prevot, René (Schriftsteller) *Amalienstraße 65*
Pschorr, Georg Theodor (Brauer) *Möhlstraße 23*
Queri, Georg (Schriftsteller) *Amalienstraße 42, Färbergraben 25*
Reger, Max (Komponist) *Viktor-Scheffel-Straße 10 | Wörthstraße 20*
Reventlow, Franziska zu (Schriftstellerin) *Georgenstraße 27, 29 | Helmtrudenstraße 5 | Heßstraße 46 | Kaulbachstraße 63 | Leopoldstraße 41 | Schellingstraße 92 | Theresienstraße 66 | Türkenstraße 81*
Reznicek, Ferdinand von (Zeichner) *Blütenstraße 3 | Franz-Joseph-Straße 18 | Heßstraße 23 | Schellingstraße 19, 111*
Rheinberger, Joseph von (Komponist) *Fürstenstraße 22*
Riemerschmid, Richard (Architekt) *Lützowstraße 11*
Rilke, Rainer Maria (Schriftsteller) *Ainmillerstraße 34 | Barer Straße 11 | Blütenstraße 8 | Brienner Straße 48 | Finkenstraße 2 | Keferstraße 2 | Ottostraße 6*

Ringelnatz, Joachim (Schriftsteller) *Arcisstraße 46 | Gabelsbergerstraße 4 | Hohenzollernstraße 31a | Schellingstraße 23 | Türkenstraße 57*
Röntgen, Wilhelm (Physiker) *Maria-Theresia-Straße 11 | Prinzregentenstraße 61*
Roth, Eugen (Schriftsteller) *Bäumlstraße 9 | Fuststraße 60 | Karlstraße 20*
Rupprecht, Tini (Malerin) *Kaulbachstraße 12*
Samberger, Leo (Maler) *Gabelsbergerstraße 27 | Kaulbachstraße 19, 29, 33 | Theresienstraße 148*
Scheffel, Viktor von (Dichter) *Ludwigstraße 18*
Schell, Maria (Schauspielerin) *Pienzenauerstraße 77*
Schelling, Friedrich Wilhelm Joseph (Philosoph) *Promenadestraße 10 (heute Kardinal-Faulhaber-Straße)*
Schlittgen, Hermann (Maler) *Georgenstraße 12 | Theresienstraße 75 | Gabelsbergerstraße 17 | Schönfeldstraße 28*
Schmeller, Johann Andreas (Germanist) *Theresienstraße 2, 7*
Scholl, Hans (Widerstandskämpfer) *Georgenstraße 15 | Franz-Joseph-Straße 13*
Scholl, Sophie (Widerstandskämpferin) *Franz-Joseph-Straße 13*
Sedlmayr, Walter (Schauspieler) *Elisabethstraße 5*
Seidl, Emanuel von (Architekt) *Bavariaring 10*
Seidl, Gabriel von (Architekt) *Marsstraße 28*
Sommer, Siegfried (Spaziergänger) *Kurfürstenstraße 51 | Wurzerstraße 17*
Spengler, Oswald (Philosoph) *Agnesstraße 54 | Widenmayerstraße 26*
Spitzeder, Adele (Millionenbetrügerin) *Schönfeldstraße 9*
Straub, Johann Baptist (Hofbildhauer) *Hackenstraße 10*
Strauß, Franz Josef (Politiker) *Schellingstraße 44, 49*
Stuck, Franz von (Maler) *Augustenstraße 77 | Gabelsbergerstraße 39 | Prinzregentenstraße 60 | Schellingstraße 5 | Schraudolphstraße 5 | Theresienstraße 148*
Thiersch, Friedrich von (Architekt) *Georgenstraße 15a, 16 | Theresienstraße 86*
Thoma, Ludwig (Schriftsteller) *Augustenstraße 19 | Barer Straße 38 | Franz-Joseph-Straße 9 | Jägerstraße 17 | Leopoldstraße 71 | Lerchenfeldstraße 5 | Schraudolphstraße 16 | Theresienstraße 58 | Türkenstraße 36*
Thöny, Eduard (Zeichner) *Franz-Joseph-Straße 18 | Theresienstraße 144*
Toller, Ernst (Dramatiker) *Akademiestraße 7, 11 | Ludwigstraße 4*
Uhde, Fritz von (Maler) *Barer Straße 37, 60 | Gabelsbergerstraße 20a, 51 | Theresienstraße 148*
Valentin, Karl (Komiker) *Ackermannstraße 1 | Georgenstraße 2 (Planegg) | Kanalstraße 8, 27 | Mariannenplatz 4 | Skellstraße 1 | Zeppelinstraße 41 (damals Entenbachstraße 64)*
Wackerle, Josef (Bildhauer) *Gabelsbergerstraße 43 | Königinstraße 29 | Theresienstraße 160*
Wagner, Richard (Komponist) *Brienner Straße 22*
Walser, Robert (Schriftsteller) *Amalienstraße 48 | Schellingstraße 43*
Wedekind, Frank (Schriftsteller) *Adalbertstraße 34, 41 | Akademiestraße 21 | Amalienstraße 16 | Franz-Joseph-Straße 42 | Prinzregentenstraße 50 | Schellingstraße 27 | Türkenstraße 30, 69*
Wolfskehl, Karl (Schriftsteller) *Gabelsbergerstraße 49 | Leopoldstraße 51, 87 | Römerstraße 16*
Wrba, Georg (Bildhauer) *Zieblandstraße 14*
Ziegler, Klara (Schauspielerin) *Königinstraße 12, 25*

## 1. TRIBÜNE AUF EINEM FUSSBALLPLATZ

1907 zog der FC Bayern von seiner alten Sportanlage an der Karl-Theodor-Straße um zum Sportplatz an der Leopoldstraße. Beim Eröffnungsspiel gegen Wacker München, das die Bayern mit 8:1 gewannen, wurde auch die allererste Tribüne auf einem Münchner Fußballplatz eingeweiht.

## DAS ÄLTESTE KAFFEEHAUS

Das Café ist älter als das Gebäude: Am 24. März 1774 erhielt der Venezianer Giovanni Pietro Sarti die Genehmigung, in einer Boutique unter den Arkaden des Hofgartens bei der Hofreitschule »coffee, chocolats, lemonats« und andere »refraichissements« auszuschenken. 1778 durfte Sarti ein Kaffeehaus erbauen. Am 30. Oktober 1810 pachtete Luigi Tambosi das kleine Café. Zwölf Jahre später ließ Baumeister Leo von Klenze die Hofreitschule samt Café abreißen und zog das heute noch existierende Bazargebäude hoch. 1827 eröffnete Luigi Tambosi sein italienisches Caffè am Odeonsplatz neu und machte es zum Treffpunkt des mondänen Münchens. 1920 übernahm Gustl Anast aus Salzburg das Café und brachte Wiener Kaffeehaustradition mit literarischem Kabarett nach München. Nachdem die Anasts den Betrieb 1965 an den Hendlkönig Friedrich Jahn (Wienerwald) verkaufte, folgten mehrere Besitzerwechsel, Gastraumverkleinerungen und beinahe eine Komplettschließung, die nur Bürgerproteste verhinderten. Das Café hieß lange noch Anast. Erst seit 1997 trägt Münchens ältestes, durchgehend betriebenes Café wieder den Namen Tambosi.

## MÜNCHENS FILMGELÄNDE

Die Bavaria Filmstudios existieren seit Juni 1919. Produzent Peter Ostermayrs Firma Emelka (Münchner Lichtspielkunst KG M. L. K.) kaufte damals ein großes Gelände in Geiselgasteig und baute seine Studios.

## DER ÄLTESTE FUSSBALLCLUB

Münchens erster Fußballverein hieß »Terra Pila« (lat. für Erdkugel bzw. Erdball = Ball, mit dem man auf der Erde spielt) und wurde 1896 von Gymnasiasten gegründet. Als nächstes kam 1900 der FC Bayern-München und 1902 legte sich der TSV 1860 dann eine Fußballmannschaft zu.

## ÄLTESTES KINO DER WELT

Das älteste, ununterbrochen bespielte Kino der Welt steht in München: das NEUE GABRIEL, Dachauer Straße 16. Wiesn-Schausteller Carl Gabriel eröffnete hier 1906 sein Kino mit dem Namen »Theater lebender Bilder« und dem modisch-englischen Untertitel »The American Bio.-Cie«. Das Alter sieht man dem komplett umgebauten Haus längst nicht mehr an. Dass das Kino nicht im Guiness Buch der Rekorde steht, ist den heutigen Betreibern egal. Daher gilt für alle Uneingeweihten das PIONIER im polnischen Szczecin (Stettin) offiziell als ältestes Kino der Welt. Das PIONIER wurde aber erst 1909 unter dem Namen »Helios« eröffnet. Kritisch für das GABRIEL kann auch das EDEN THEATRE im südfranzösischen La Ciutat nicht werden: Es existiert zwar seit 1896 und ist damit zweifelsohne das älteste Kinogebäude der Welt – es wird allerdings seit Jahren nicht mehr bespielt und ist bis 2013 wegen aufwändiger Renovierungsarbeiten, die das Kino wieder in seine ursprüngliche Pracht versetzen sollen, geschlossen. Übrigens ist das Gabriel erst seit 1999 Welt-Kino-Methusalem: Damals schloss das 1900 in Wien eröffnete ERIKA KINO seine Pforten, es dient heute als Theater.
P.S. München zweitältestes, ununterbrochen bespieltes Kino sind die Museum Lichtspiele, die seit 1910 existieren.

## WIE DAS BOCKBIER DIE WEINSTADT EROBERTE

Bierbrauen in Bayern? Daran dachte im 13. Jh. kaum einer. Es gab ein paar Brauereien, sicher, aber wer ein ordentliches Bier haben wollte, importierte den Gerstensaft teuer aus dem Norden! Die Münchner Brauer wollten sich 1347 zu einer Zunft zusammenschließen, aber der bayerische Herzog winkte ab: Lohnt sich nicht! Münchner tranken traditionell Wein. Herzog Stephan II. und seine Nachfolger bezogen ihren Biervorrat aus der Hansestadt Einbeck nahe Hannover – mit über 100 Brauereien quasi ein Bierzentrum Europas. Ab 1550 importierten die bayrischen Fürsten über Nürnberger Handelshäuser regelmäßig das »Einbeckbier«. Weils so köstlich schmeckte, beschloss man, den Preißn ihren besten Braumeister abzuwerben. So kam der Einbecker Elias Pichler in herzoglich-bayerische Dienste und braute ab 1614 im Hofbräuhaus Bier nach »Einbecker Art«. Maulfaulheit und Sprachabschleifung machten daraus nach und nach das »Ainpockbier«, dann »Oanbock« – und schließlich den »Bock«. So kam das Bockbier nach München und verdrängte langsam den Wein aus den Wirtsstuben.
Ein Ziegenbock macht sich zwar recht dekorativ auf vielen Flaschenetiketten, hat aber mit dem Bockbier nichts weiter zu tun.

TEUERSTER
H A G E L
S T U R M
DER DEUTSCHEN
W E T T E R
G E S C H I C H T E :
HAGELWALZE
AM 12. JULI 1984
ÜBER MÜNCHEN
SCHADEN
ca. 3 Mrd. DM
= ca. 1,5 Mrd. €

## MÜNCHENS SCHWARZE TAGE

**13. Februar 1327** Eine Feuersbrunst zerstört 1/3 Münchens (weitere große Feuer: 1221, 1310, 1410, 1418, 1434, 1460, 1592, 1607, 1618, 1674, 1750, 1775 ...)

**1348** ca. 15.000 Münchner sterben während der 1. großen Pestepidemie, das sind 1/3 der Stadtbevölkerung (weitere große Pestepidemien: 1433, 1463, 1483, 1515, 1572, 1634; bis 1680 sucht die Pest München insgesamt 25 mal heim)

**1343, 1361, 1362, 1367, 1371, 1427, 1428, 1429, 1439, 1475, 1483 ...** Wahrscheinlich stürzte sie schon zig Mal vor 1343 ein, doch da hat noch keiner mitgeschrieben; wie oft die hölzerne Isarbrücke (heute: Ludwigsbrücke), der München seine Existenz verdankt, in ihren frühen Jahren wegen Hochwasser oder Kriegshandlungen eingestürzt ist, lässt sich kaum zählen

**7. Oktober 1488** Ein Orkan zerstört 200 Häuser; besonders schwere, zerstörerische Stürme mit bis zu 150 Stundenkilometern in jüngerer Zeit: 24. Juli & 19. Dezember 1988, 26. Februar 1990

**24. Dezember 1705** Bei der »Sendlinger Mordweihnacht« metzeln kaiserlich-habsburgische Truppen 1.031 Bauern (von 2.769) aus dem Oberland nieder, die München aus der Hand der Österreicher befreien wollen

**13. September 1813 & 13. September 1899** Die (nun steinerne) Isarbrücke wird wieder von Jahrhunderthochwasser zerstört und reißt 107 Menschen (1813) in den Tod

**16. Mai 1835** Der 23-jährige Oberkanonier Stanislaus Schmitt begeht aus Protest gegen die schikanösen Bedingungen beim Militär Selbstmord, nimmt dabei neun Menschen mit in den Tod und zerstört die halbe Maxvorstadt – denn er jagt sich mit dem Pulverturm auf dem Oberwiesenfeld in die Luft; Trümmer fliegen bis Föhring, Ismaning und Harlaching

**1836** Die erste große Choleraepidemie rafft 918 Münchner dahin – prominentestes Opfer ist Königinmutter Therese; weitere Choleraepidemien: 1854 mit 2.884 Toten und 1873 mit 362 Opfern

**18. Februar 1881** Bei einer Faschingsfeier der Kunstakademie in Deutschlands größtem Varietétheater Kils Kolosseum (an der heutigen Kolosseumstraße, Isarvorstadt) verbrennen neun als Eskimos verkleidete Studenten der Bildhauerklasse Widnmann, als ihre Kostüme Feuer fangen

**1.–6. Mai 1919** Die grausame Niederschlagung der erst drei Wochen alten »Räterepublik Baiern« macht München zu einem Schlachtfeld: 719 Tote und 303 Schwerverletzte

**ab 1920** Was mit einem von der konservativen High-Society gehätschelten österreichischen Hobbymaler in München seinen Anfang nimmt, wird zum Alptraum für die ganze Welt: ca. 55 Millionen Menschenleben gehen auf das Gewissen der Münchner, die Adolf H. in die Salons einführten

**6. Juni 1931** Der 1854 erbaute Glaspalast im alten Botanischen Garten (Sophienstraße) brennt während einer bedeutenden Ausstellung deutscher Romantiker komplett nieder; 110 Meisterwerke (u. a. von Caspar David Friedrich) verbrennen

**17./18. Dezember 1944** Die schlimmste Bombennacht des Zweiten Weltkriegs fordert 562 Menschenleben, 49.000 werden obdachlos.

**April 1945** Münchner, die in den Bombennächten sterben: 6.632 | Münchner jüdischen Glaubens, die bei Einmarsch der Amerikaner noch in der Stadt leben: 84 (von 10.373 im Jahr 1933) | Gesamt fallen während des Krieges auf München rund: 500 Minenbomben, 61.000 Sprengbomben, 145.000 Phosphor- und Flüssigkeitsbomben, 3.350.000 Stab-Brandbomben | Gebäude in München: 12.500 total zerstört, 10.610 schwer beschädigt, 13.240 mittel beschädigt

**6. Februar 1958** Fußball-England unter Schock: Die halbe Mannschaft von Manchester United kommt bei einem misslungenen Startversuch ihres Flugzeugs in Riem ums Leben; es sterben 23 der 43 Flugzeuginsassen

**17. Dezember 1960** Eine amerikanische Militärmaschine streift die Turmspitze von St. Paul und stürzt auf eine Straßenbahn an der Kreuzung Bayer-/Martin-Greif-Straße; 52 Menschen sterben

**13. Februar 1970** Sieben betagte Bewohner des jüdischen Altenheims in der Reichenbachstraße 27 sterben bei einem Brandanschlag, dessen Urheber nie gefunden werden

**1973/1986/1987** Der Löwenbräukeller am Stiglmaierplatz erlebt 1973 und 1986 zwei Brandkatastrophen; bei der ersten werden zwei Teenager zu Tode getrampelt, die zweite geht glimpflich aus; 1987 brennt der Hofbräukeller in Haidhausen nieder

**7. März 1975** Ein städtischer Omnibus wird in Allach an einem Bahnübergang von einem Zug erfasst; 12 Businsassen sterben

**12. Juli 1984** Ab ca. 20 Uhr walzt der schwerste Hagelsturm der deutschen Wettergeschichte über München, dessen Hagelkörner bis zu 14 cm Durchmesser und 800 g Gewicht haben; es gibt 400 Verletzte; frühere Hagelkatastrophen: 15. Juni 1761 und 31. September 1936

**4. März 2006** Ab 9 Uhr 20 beginnt es zu schneien und hört erst wieder auf, als München komplett im Schnee versunken ist: 50 cm Neuschnee an einem Tag sorgen für die »Schneekatastrophe«, die 28,9 Mio. Euro kostet

## MÜNCHEN IM FILM

Ein paar Film-Klassiker, die ganz oder teilweise an deutlich identifizierbaren Drehorten in München spielen – auch wenn bei manchen München eigentlich nicht der Handlungsort ist:

ABGESCHMINKT | 1993 | Katja von Garniers Überraschungshit um eine Cartoonistin (Katja Riemann) in Lebens- und Liebesnöten

ANATOMIE | 2000 | Medizin-Schocker mit Franka Potente als angehende Pathologin

ANGST (»La Paura«) | 1954 | Roberto Rosselini inszenierte die Novelle von Stefan Zweig mit seiner Frau Ingrid Bergman in der Titelrolle

ARABISCHE NÄCHTE | 1979 | Typische München-Komödie von Klaus Lemke mit Cleo Kretschmer und Wolfgang Fierek

BERUF: REPORTER (»Professione: Reporter«) | 1973 | Jack Nicholson als Reporter, der die Identität eines Waffenhändlers annimmt; gedreht u. a. in St. Georg, Bogenhausen

ENTSCHEIDUNG VOR MORGENGRAUEN (»Decision Before Dawn«) | 1950 | Beklemmender Spionagefilm mit Oskar Werner und Hildegard Knef

GESPRENGTE KETTEN (»The Great Escape«) | 1962 | Massenausbruch aus einem deutschen Kriegsgefangenenlager während des Zweiten Weltkriegs mit Steve McQueen, Charles Bronson, James Garner, James Coburn

GO, TRABI, GO | 1991 | Amüsanter Roadmovie einer Ossi-Familie, die mit dem Trabi die Etappen von Goethes Italienreise nachreist; gedreht u. a. am Flaucher

HURRA, DIE SCHULE BRENNT | 1969 | Pauker-Klamauk in bewährter Manier mit Peter Alexander, Heintje Simons, Theo Lingen

KEHRAUS | 1983 | Die Faschingsfeier eines Versicherungskonzern als bissige Satire auf die Gesellschaft mit Gerhard Polt und Gisela Schneeberger

KLEINE HAIE | 1991 | Die drei »Kleinen Haie« schlagen sich in München mit Jobs durch, Ziel ist aber die Aufnahmeprüfung an der Schauspielschule

LAUSBUBENGESCHICHTEN | 1964 | Lausbub Hansi Kraus hält mit wilden Streichen seine Umgebung auf Trab

LETZTES JAHR IN MARIENBAD (»L'Année dernière à Marienbad«) | 1961 | Ein dekandentes Paar trifft sich im Luxushotel – Münchens Schlösser dienen als Kulisse

LOLA MONTEZ | 1955 | Max Ophüls verfilmte das Leben der Tänzerin und Mätresse Ludwigs I. mit Martine Carol, Adolf Wohlbrück und Peter Ustinov

LUDWIG II. | 1972 | Opulente Biografie von Luchino Visconti mit Helmut Berger, Trevor Howard, Silvana Mangano und Romy Schneider letztmalig als Sisi

DIE LÜMMEL VON DER ERSTEN BANK | 1968 | Schülerstreiche mit Hans Kraus und Theo Lingen, gedreht am Maximiliansgymnasium

LUTHER | 2003 | Luther-Biografie mit Joseph Fiennes, Peter Ustinov, Bruno Ganz; gedreht u. a. im Antiquarium der Residenz

DER MANN AUF DEM DRAHTSEIL (»Man On a Tightrope«) | 1953 | Elia Kazan drehte die dramatische Flucht einer tschechischen Zirkusfamilie in München

MÄNNER | 1985 | Doris Dörries freche Komödie über den ewigen Kampf der Geschlechter, die Heiner Lauterbach und Uwe Ochsenknecht zu Stars machte

DAS MERKWÜRDIGE VERHALTEN GESCHLECHTSREIFER GROSSSTÄDTER ZUR PAARUNGSZEIT | 1998 | Witziger Liebesreigen mit Cosma Shiva Hagen, Bernd Tauber und Christoph Waltz

NACH FÜNF IM URWALD | 1995 | Das 17-jährige Landei Anna (Franka Potente) erlebt im Münchner Nachtleben die Abenteuer des Großstadtdschungels

PORNORAMA – ODER DIE BEKENNTNISSE DER MANNSTOLLEN NÄHERIN RITA BRAUCHTS | 2007 | Mit einem dilettantischen Hobbysexfilm wollen zwei Brüder in den 1970ern groß rauskommen – und erobern die Feuilletons

ROLLERBALL | 1974 | In einer von Konzernen beherrschten Zukunft ist das brutale Rollerball die einzig erlaubte Sportart und gleichzeitig Kriegsersatz; gedreht in der damals futuristisch anmutenden Kulisse des Olympiaparks

ROSSINI – ODER DIE MÖRDERISCHE FRAGE, WER MIT WEM SCHLIEF | 1997 | Helmut Dietls Gesellschaftssatire mit Starbesetzung, darunter Götz George, Mario Adorf, Heiner Lauterbach, Gurdun Landgrebe

SHOPPEN | 2006 | 18 Singles versuchen verzweifelt mit allen Mitteln, in München den/die Partner/in fürs Leben zu finden – wohl einer der besten Filme der letzten Jahre über die Single-Metropole München

SOPHIE SCHOLL – DIE LETZTEN TAGE | 2005 | Preisgekrönte Verfilmung der letzten Tage von Widerstandskämpferin Sophie Scholl (Julia Jentsch)

STELLUNGSWECHSEL | 2007 | Eine Gruppe perspektivloser männlicher Singles versucht, als Gigolos endlich ein wenig Erfolg bei Frauen und im Leben zu haben

SWEETHEARTS | 1977 | Klaus Lemke schickte Cleo Kretschmer immer wieder quer durchs Münchner Nachtleben

DIE UNBERÜHRBARE | 1999 | Oskar Roehlers Film über das Leben seiner Mutter, der Schriftstellerin Gisela Elsner (Hannelore Elsner)

WER FRÜHER STIRBT, IST LÄNGER TOT | 2006 | Überraschungs-Blockbuster um den kleinen Sebastian, der sich für schuldig am Tod seiner Mutter hält, und dem Papa (Fritz Karl) eine neue Frau suchen will

WIR WUNDERKINDER | 1958 | Ironische Aufarbeitung der Nazi- und Nachkriegszeit mit Hansjörg Felmy, Robert Graf, Johanna von Koczian

ZUCKERBABY | 1985 | Mollige Bestatterin (Marianne Sägebrecht) verliebt sich in knackigen U-Bahn-Fahrer (Eisi Gulp)

ZUR SACHE, SCHÄTZCHEN | 1967 | Schwabinger dolce far niente am Vorabend der 68-Unruhen mit Uschi Glas und Werner Enke

ZWISCHEN GESTERN UND MORGEN | 1947 | Kriegsheimkehrerdrama mit Hildegard Knef, Willy Birgel, Winnie Markus; der 1. Film, der nach Kriegsende in der US-Zone gedreht wurde

… und außerdem auch Filme wie:

GRAF PORNO UND DIE LIEBESDURSTIGEN TÖCHTER | 1969

HAUSFRAUEN-REPORT | 1971

SCHULMÄDCHEN-REPORT | 1970

## IN MÜNCHEN GEDREHT

Einige Blockbuster und Kino-Klassiker, die ganz oder teilweise in München bzw. in den Bavaria Filmstudios gedreht wurden:

ASTERIX UND OBELIX GEGEN CAESAR | 1998 | R: Claude Zidi | D: Gérard Depardieu, Christian Clavier, Gottfried John, Laetitia Casta, Marianne Sägebrecht

DER BERGADLER (»The Mountain Eagle«) | 1926 | R: Alfred Hitchcock

DAS BOOT | 1981 | R: Wolfgang Petersen | D: Jürgen Prochnow, Heinz Hoenig, Uwe Ochsenknecht, Martin Semmelrogge, Klaus Wennemann, Herbert Grönemeyer

CABARET | 1976 | R: Bob Fosse | D: Liza Minelli, Helmut Griem, Fritz Wepper

COMEDIAN HARMONISTS | 1997 | R: Joseph Vilsmaier | D: Ben Becker, Heino Ferch, Ulrich Noethen

CRAZY | 2000 | R: Hans-Christian Schmid | D: Robert Stadlober

ENEMY MINE – GELIEBTER FEIND | 1985 | R: Wolfgang Petersen | D: Dennis Quaid, Louis Gossett Jr.

ERKAN & STEFAN | 2000 | R: Michael Herbig | D: John Friedmann, Florian Simbeck

FEDORA | 1978 | R: Billy Wilder | D: Hildegard Knef, William Holden, Marthe Keller

FRÄULEIN SMILLAS GESPÜR FÜR SCHNEE (»Smilla's Sense Of Snow«) | 1996 | R: Bille August | D: Ona Fletcher, Julia Ormond, Gabriel Byrne, Jürgen Vogel

LETZTE AUSFAHRT BROOKLYN (»Last Exit To Brooklyn«) | 1989 | R: Uli Edel | D: Stephen Lang, Jennifer Jason Leigh, Burt Young

LILI MARLEEN | 1981 | R: Rainer Werner Fassbinder | D: Hanna Schygulla, Giancarlo Giannini, Mel Ferrer

NACKT | 2002 | R: Doris Dörrie | D: Jürgen Vogel, Heike Makatsch

ÖDIPUSSI | 1988 | R: Vicco von Bülow | D: Vicco von Bülow, Evelyn Hamann

DAS PARFUM – DIE GESCHICHTE EINES MÖRDERS | 2006 | R: Tom Tykwer | D: Ben Whishaw, Dustin Hofman, Alan Rickman, Corinna Harfouch

DAS SCHLANGENEI (»Ormens ägg«) | 1976 | R: Ingmar Bergman | D: Liv Ullmann, Gert Fröbe

SCHTONK | 1991 | R: Helmut Dietl | D: Götz George, Uwe Ochsenknecht

SEINE SCHEIDUNG – IHRE SCHEIDUNG (»Divorce His – Divorce Hers«) | 1973 | R: Warris Husein | D: Elizabeth Taylor, Richard Burton

(T)RAUMSCHIFF SURPRISE – PERIODE 1 | 2004 | R: Michael Herbig | D: Michael Herbig, Rick Kavanian, Christian Tramitz, Anja Kling

DIE UNENDLICHE GESCHICHTE | 1984 | R: Wolfgang Petersen | D: Barret Oliver, Deep Roy, Thomas Hill, Noah Hathaway

DER UNTERGANG | 2004 | R: Oliver Hirschbiegel | D: Bruno Ganz, Corinna Harfouch

WICKIE UND DIE STARKEN MÄNNER | 2009 | R: Michael Herbig | D: Jonas Hämmerle, Waldemar Kobus, Christian A. Koch

DIE WIKINGER (»The Vikings«) | 1958 | R: Richard Fleischer | D: Kirk Douglas, Tony Curtis, Janet Leigh

## MÜNCHENS CHEFS

### EINIGE BÜRGERMEISTER VOR 1818

| | |
|---|---|
| Jörg Kazmair | 1397–1417 |
| Christoph von Schrenk-Notzing | 1595 |
| Franz Paul von Mittermayr | 1804–1810 |

### ERSTER BÜRGERMEISTER (1818-1945)

| | |
|---|---|
| Franz Paul von Mittermayr | Mai 1818 – 6. Juli 1836 |
| Josef von Teng | 7. Juli 1836 – 7. Dezember 1837 |
| Jakob Bauer | 22. Januar 1838 – 4. August 1854 |
| Kaspar von Steinsdorf | 25. Oktober 1854 – Mai 1870 |
| Alois von Erhardt | 4. Juni 1870 – 27. Dezember 1887 |
| Johannes von Widenmayer | 16. Februar 1888 – 30. April 1893 |
| Wilhelm Ritter von Borscht | 1. Mai 1893 – 15. Juni 1919 |
| *(ab 1907 Titel: Oberbürgermeister)* | |
| Eduard Schmid (SPD) | 26. Juni 1919 – 31. Dezember 1924 |
| Karl Scharnagl (BVP) | 1. Januar 1925 – 31. März 1933 |
| *(ab 1926 Titel: Oberbürgermeister)* | |
| Karl Fiehler (NSDAP) | 20. März 1933 – 30. April 1945 |
| *(ab 1935 Titel: Oberbürgermeister)* | |

### OBERBÜRGERMEISTER (SEIT 1945)

| | |
|---|---|
| Karl Scharnagl (CSU) | 4. Mai 1945 – 30. Juni 1948* |
| Thomas Wimmer (SPD) | 1. Juli 1948 – 26. März 1960** |
| Hans Jochen Vogel (SPD) | 27. März 1960 – 10. Juni 1972 |
| Georg Kronawitter (SPD) | 11. Juni 1972 – 4. März 1978 |
| Erich Kiesl (CSU) | 5. März 1978 – 17. März 1984 |
| Georg Kronawitter (SPD) | 18. März 1984 – 30. Juni 1993 |
| Christian Ude (SPD) | seit 12. September 1993 (gewählt bis 2014) |

**eingesetzt von der US-Verwaltung*
***erster frei gewählter Bürgermeister der Nachkriegszeit*

## 2 FAKTEN ZUM OLYMPIATURM

**1)** Der Münchner Olympiaturm ist mit seinen 291 m Deutschlands zweithöchstes Nutzgebäude nach dem Berliner Fernsehturm.

**2)** Die zwei Besucherfahrstühle, die zur Plattform hinauffahren, rasen mit 7 m/s! Damit waren sie bei der Erbauung die schnellsten Fahrstühle der Welt (heute Platz 4 der Weltrangliste).

## MÜNCHENS 1. ZEITUNG

Die älteste Münchner Zeitung, die Wöchentliche Ordinari Zeitung, stammt vom 13. November 1627.

## 1. SIEG DES FC BAYERN

Der 1900 gegründete Fußballclub Bayern München gewann im März desselben Jahres sein erstes Spiel mit 5:2 gegen den 1. Münchner FC (und nicht wie immer wieder falsch überliefert gegen den MTV München, von dem sich der FC Bayern abgespaltet hatte).

## DAHER DIE STADTFARBEN SCHWARZ + GOLD

München ist nach wie vor die heimliche Hauptstadt Deutschlands. München war aber wirklich mal echte deutsche Hauptstadt! Denn München war Kaiserstadt, weil Ludwig der Bayer, 1328 zum Kaiser gekrönt, an der Isar residierte. Daher stammen auch die Stadtfarben Gold und Schwarz – es waren die Farben des Kaisers.

## 2 DEUTSCHLANDPREMIEREN ZUM THEMA AIDS

1. 1984 gründeten der VSG (Verein für sexuelle Gleichberechtigung), HuK (Homosexuelle und Kirche) und der MLC (Münchner Löwenclub) die Münchner Aids-Hilfe = die erste regionale Einrichtung dieser Art in Deutschland.
2. 2002 errichtete München das deutschlandweit erste Aids-Memorial am Sendlinger Tor. Künstler Wolfgang Tillmans entwarf die Stele, deren blaue Kacheln die Säulen der U-Bahn-Station Sendlinger Tor aufgreifen.

## GRÖSSTES GEMÄLDE BAYERNS

Carl von Pilotys Monumentalgemälde »Allegorie Monachia« von 1879 ist nach Jahrzehnten im Depot seit dem 20. September 2004 wieder im Großen Rathaussaal des Münchner Rathauses zu bewundern. Es misst 15,30 x 4,60 m und gilt als Bayerns größtes Gemälde. Es zeigt 128 Personen der Münchner Stadtgeschichte, unter deutlicher Vernachlässigung der Wittelsbacher.

## WAGNER IN MÜNCHEN

Richard Wagner lebte 1864/65 auf Einladung Ludwigs II. in München. Hier Wagneropern, die im Königlichen Hof- und Nationaltheater München uraufgeführt wurden:

| | |
|---|---|
| 10. Juni 1865 | **»Tristan und Isolde«** |
| 21. Juni 1868 | **»Meistersinger von Nürnberg«** |
| 22. September 1869 | **»Das Rheingold«** |
| 26. Juni 1870 | **»Die Walküre«** |
| 29. Juni 1888 | **»Die Feen«** |

## KNEIPENDICHTE NACH STADTBEZIRKEN

Welcher Stadtteil hat die meisten Lokale? Zwar kann sich die genaue Zahl täglich ändern, doch die Grundtendenz bleibt gleich. So sah es 2010 aus:

| **Stadtbezirk** | **Anzahl Lokale** |
|---|---|
| Ludwigsvorstadt-Isarvorstadt | 683 |
| Altstadt-Lehel | 570 |
| Maxvorstadt | 512 |
| Schwabing-Freimann | 383 |
| Haidhausen-Au | 299 |
| Neuhausen-Nymphenburg | 263 |
| Milbertshofen-Am Hart | 192 |
| Schwabing-West | 186 |
| Bogenhausen | 184 |
| Thalkirchen-Obersendling-Forstenried-Fürstenried-Solln | 180 |
| Trudering-Riem | 179 |
| Ramersdorf-Perlach | 166 |
| Schwanthalerhöhe | 150 |
| Pasing-Obermenzing | 149 |
| Sendling \| Berg am Laim | je 133 |
| Moosach | 120 |
| Untergiesing-Harlaching \| Obergiesing | je 112 |
| Sendling-Westpark | 109 |
| Laim | 97 |
| Feldmoching-Hasenbergl | 89 |
| Aubing-Lochhausen-Langwied | 59 |
| Hadern | 50 |
| Allach-Untermenzing | 49 |

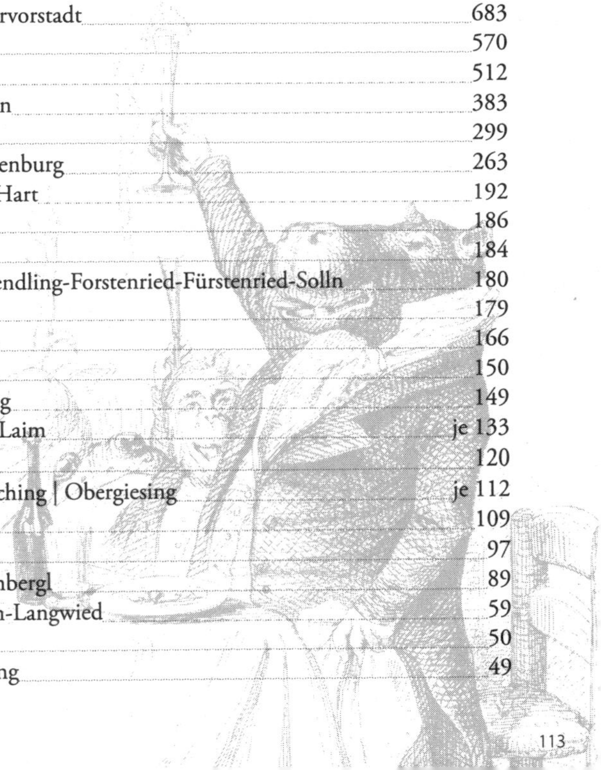

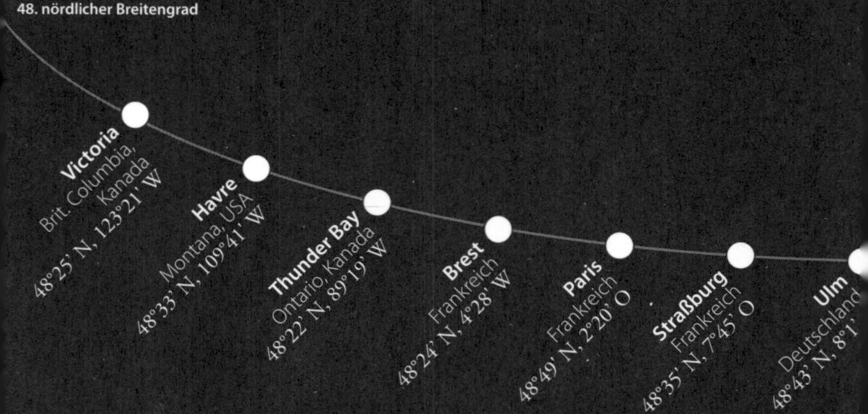


Länge

Städte, die mit München π · auf einem ähnlichen Längen- oder Breitengrad liegen

Breite

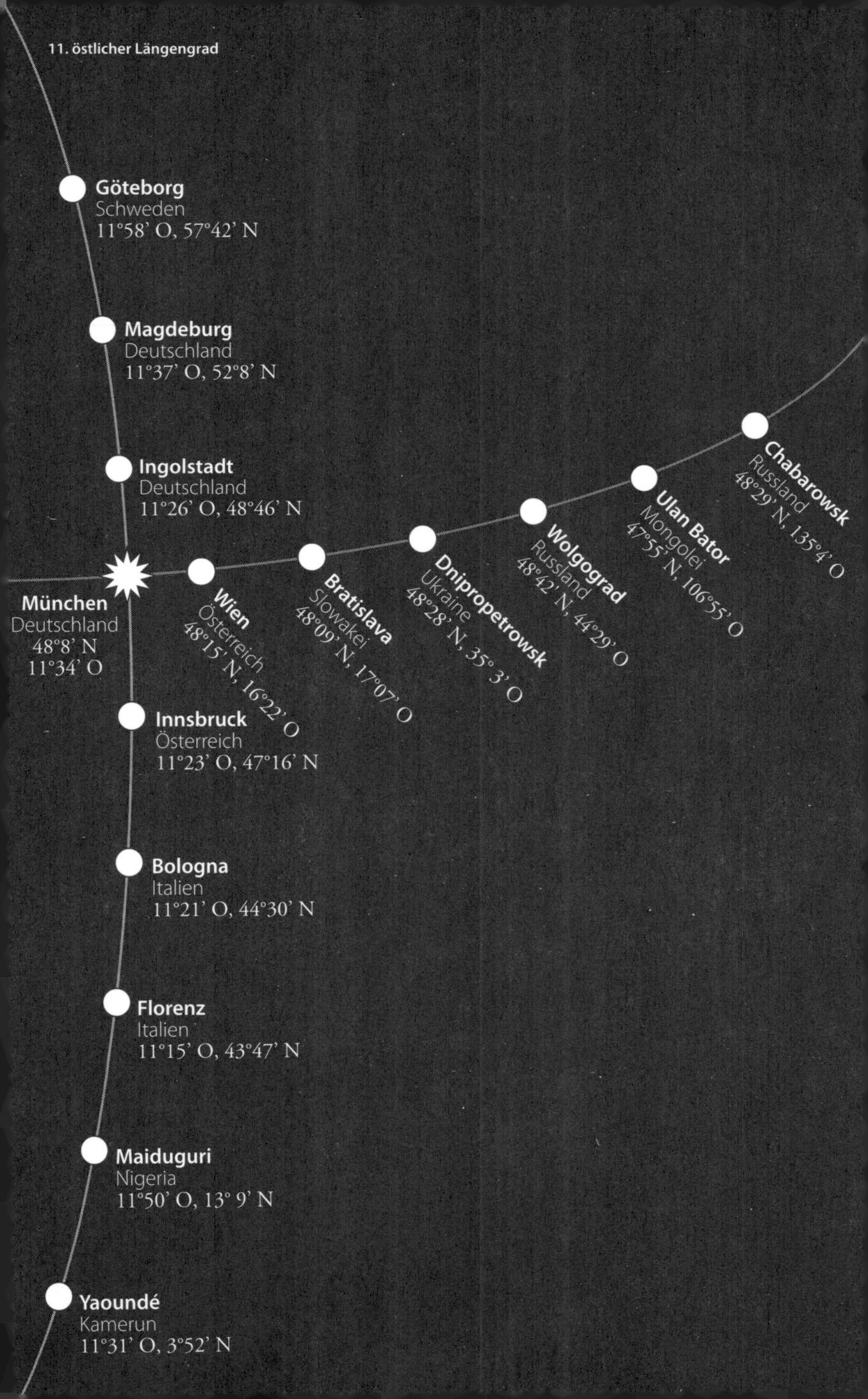
11. östlicher Längengrad
Göteborg
Schweden
11°58' O, 57°42' N
Magdeburg
Deutschland
11°37' O, 52°8' N
Ingolstadt
Deutschland
11°26' O, 48°46' N
München
Deutschland
48°8' N
11°34' O
Wien
Österreich
48°15' N, 16°22' O
Bratislava
Slowakei
48°09' N, 17°07' O
Dnipropetrowsk
Ukraine
48°28' N, 35° 3' O
Wolgograd
Russland
48°42' N, 44°29' O
Ulan Bator
Mongolei
47°55' N, 106°55' O
Chabarowsk
Russland
48°29' N, 135°4' O
Innsbruck
Österreich
11°23' O, 47°16' N
Bologna
Italien
11°21' O, 44°30' N
Florenz
Italien
11°15' O, 43°47' N
Maiduguri
Nigeria
11°50' O, 13° 9' N
Yaoundé
Kamerun
11°31' O, 3°52' N

## GRÖSSTES KUNSTAREAL DER WELT

Wenns in Deutschland um die bedeutendsten Sammlungen in Sachen Kunst und Kultur geballt auf engstem Raum geht, hat Berlin mit seiner Museumsinsel klar die Nase vorn! Äh … na ja … sagen wir mal fast. Denn Berlin hat zwar insgesamt rund viermal so viele Museen wie München (195 zu 52), aber Münchens Kunstareal in der Maxvorstadt beherbergt nicht nur international herausragende Sammlungen, es ist auch das größte Kunstballungszentrum der Welt. Das Maxvorstädter Kunstareal bietet:

- Alte Pinakothek (europ. Malerei vom 13. bis zum 18. Jh.)
- Neue Pinakothek (europ. Malerei und Skulptur vom 18. bis zum 19. Jh.)
- Pinakothek der Moderne (allein hier sind vier Museen in einem Gebäude: Sammlung Moderne Kunst + Neue Sammlung + Architekturmuseum der TU München + Staatliche Graphische Sammlung)
- Palais Pinakothek im Palais Dürckheim (Zentrum für Kunstvermittlung)
- Türkentor (Ausstellungsplattform für Kunst)
- Museum Brandhorst (zeitgenössische Kunst)
- Glyptothek München (altgriechische, römische und etruskische Skulpturen)
- Staatliche Antikensammlungen (altgriechische, römische und etruskische Vasen, Goldschmiedearbeiten und Kleinkunst)
- Städtische Galerie im Lenbachhaus (altmünchner Malerei, Blauer Reiter, Neue Sachlichkeit, Internationale Kunst des 20. und 21. Jh.)
- Museum für Abgüsse klassischer Bildwerke
- Ägyptische Staatssammlung
- Auch einige naturwissenschaftliche Museen befinden sich in unmittelbarer Nähe: Paläontologisches Museum, Museum Reich der Kristalle und Geologische Staatssammlung

## FREDDIE MERCURYS »MUTTER ALLER PARTIES«

Freddie Mercury (1946–1991), Leadsänger der Gruppe »Queen« und erfolgreicher Solokünstler, gilt nicht nur als einer der größten Rockstars aller Zeiten, er war auch einer der schillerndsten Gast-Münchner aller Zeiten. Ab 1983 lebte er längere Zeitabschnitte in München, erst in der Sollberg-, dann in der Hans-Sachs-Straße, und tauchte tief in die Münchner Schwulenszene ein. Damals zählte München neben San Francisco, New York und Amsterdam zu den vier Top-Gay-Cities der Welt.
Unvergesslich bleibt Mercurys 40. Geburtstag 1986; den feierte er im Gayclub Mrs. Henderson, Müllerstraße (heute: Paradiso). Mit dabei: die skandalerprobten Jungs der Gruppe »Frankie Goes To Hollywood« sowie zahlreiche Freunde. Alle Männer mussten geschminkt und am besten im Fummel erscheinen. Dom Perignon Rosé, die Flasche zu 600 DM (ca. 300 €), floss in Strömen, Kaviar aus der 1,8-Kilo-Dose fand esslöffelweise Absatz – und die Kamera lief! Denn Freddie nutzte die wilde Party, um das Video zu seinem Hit »Living On My Own« zu drehen. Freddie im Kreis aufgetakelter Münchner Transen und halbnackter Lederkerle war dann dem britischen TV zu viel: Die BBC bezeichnete die Münchner Sause zwar bewundernd als »Mutter aller Parties«, weigerte sich aber jahrelang, das Video auszustrahlen!

## 1. NORDSEE-FILIALE DEUTSCHLANDS

1898, zwei Jahre, nachdem die Firma Nordsee am Bahnhof Bremen-Neustadt die erste Verkaufsstelle eröffnete, expandierte man und eröffnete die Filiale am Viktualienmarkt in München – »Achtung, die Preußen kommen!«, warnte damals eine Tageszeitung. Die älteste deutsche Filiale ist heute umsatzstärkster Nordsee-Standort.

## 2 x McDONALD'S UND MÜNCHEN

- McDonald's eröffnete am 4. Dezember 1971 sein 1. deutsches Restaurant in der Martin-Luther-Straße, München-Obergiesing.

- Die Filiale am Stachus ist seit langen Jahren die umsatzstärkste Filiale Deutschlands, ist Dauergast in den Top-Ten der weltweit umsatzstärksten McDonald's Restaurant und führte im Jahr 2006 sogar diese Liste an.

## NOBELPREISTRÄGER AN DER UNI

Zahlreiche Nobelpreisträger studier(t)en an einer der Münchner Universitäten oder lehr(t)en hier:

Adolf von Baeyer (1835–1917)
Nobelpreis für Chemie 1905 | Professor (1875–1915)

Hans Bethe (1906–2005)
Nobelpreis für Physik 1967 | Student der Physik; Privatdozent (1930–1932)

Gerd Binnig (* 1947)
Nobelpreis für Physik 1986 | Honorarprofessor (1987)

Günter Blobel (* 1936)
Nobelpreis für Medizin oder Physiologie 1999 | Student der Medizin

Konrad Emil Bloch (1912–2000)
Nobelpreis für Medizin oder Physiologie 1964 | Student der Chemie

Eduard Buchner (1860–1917)
Nobelpreis für Chemie 1907 | Student der Chemie

Peter Debye (1884–1966)
Nobelpreis für Chemie 1936 | Student der Theoretischen Physik

Gerhard Ertl (* 1936)
Nobelpreis für Chemie 2007 | Student der Physik, Professor für Physikalische Chemie

Ernst Otto Fischer (1918–2007)
Nobelpreis für Chemie 1973 | Student der Chemie; Professor (1957–1964)

Hans Fischer (1881–1945)
Nobelpreis für Chemie 1930 | Student der Chemie und Medizin, Professor (1915–1916)

Hermann Emil Fischer (1852–1919)
Nobelpreis für Chemie 1902 | Student der Chemie; Professor für Analytische Chemie (1879)

Karl von Frisch (1886–1982)
Nobelpreis für Medizin oder Physiologie 1973 | Professor (1925–1946, 1950–1958)

Otto Hahn (1879–1968)
Nobelpreis für Chemie 1951 | Student der Chemie

Theodor W. Hänsch (* 1941)
Nobelpreis für Physik 2005 | Professor

Werner Heisenberg (1901–1976)
Nobelpreis für Physik 1932 | Student der mathematischen Physik, Mathematik und Astronomie

Gustav Hertz (1887–1975)
Nobelpreis für Physik 1926 | Student der Physik

Paul Heyse (1830–1914)
Nobelpreis für Literatur 1910 | Professor für Romanische Philologie (las jedoch niemals)

Wolfgang Ketterle (* 1957)
Nobelpreis für Physik 2001 | Student der Physik

Hans Adolf Krebs (1900–1981)
Nobelpreis für Medizin oder Physiologie 1953 | Student der Medizin

Richard Kuhn (1900–1967)
Nobelpreis für Chemie 1938 | Student der Chemie

Max von Laue (1879–1960)
Nobelpreis für Physik 1914 | Privatdozent (1909–1919)

Otto Loewi (1873–1961)
Nobelpreis für Medizin oder Physiologie 1936 | Student der Medizin

Feodor Lynen (1911–1979)
Nobelpreis für Medizin oder Physiologie 1964 | Student der Chemie; Professor (1947–1979)

Hartmut Michel (* 1948)
Nobelpreis für Chemie 1988 | Habilitand

Wolfgang Pauli (1900–1958)
Nobelpreis für Physik 1945 | Student der Physik

Max Planck (1858–1947)
Nobelpreis für Physik 1918 | Student der Physik, Privatdozent

Wilhelm Conrad Röntgen (1845–1923)
Nobelpreis für Physik 1901 | Student der Physik, Professor (1900–1920)

Bert Sakmann (* 1942)
Nobelpreis für Medizin oder Physiologie 1991 | Student der Medizin, wissenschaftl. Assistent

Johannes Stark (1874–1957)
Nobelpreis für Physik 1919 | Student der Physik, Mathematik, Chemie und Kristallographie

Hermann Staudinger (1881–1965)
Nobelpreis für Chemie 1953 | Student der Chemie

Heinrich Wieland (1877–1957)
Nobelpreis für Chemie 1927 | Professor (1909–1917)

Wilhelm Wien (1864–1928)
Nobelpreis für Physik 1911 | Professor

Richard Willstätter (1872–1942)
Nobelpreis für Chemie 1915 | Student der Chemie, Professor (1902–1905)

*Alfred Nobel*

## ALLERERSTE LIGA

Vereine aus München und Umgebung, die 2009/2010 in einer Bundesliga vertreten waren:

| Verein | Sportart | Liga | Damen/ Herren |
|---|---|---|---|
| **AFC Munich Cowboys** | American Football | 1. Bundesliga Süd | D |
| | American Footbal | 1. GFL | H |
| **BC Bajuwaren München** | Bowling | 2. Bundesliga | D |
| **BC Civis München** | Bowling | 2. Bundesliga | D |
| **BC Karo München** | Snooker | 1. Bundesliga | H |
| **BC Münchner Kindl** | Bowling | 2. Bundesliga | D |
| **Billard-Sportverein München** | Karambol-Billard | 1. Bundesliga | H |
| | Karambol-Billard | 2. Bundesliga | H |
| **Delphin München** | Bowling | 1. Bundesliga | H |
| **Disciples München-Haar** | Baseball | 1. Bundesliga | H |
| **EHC München** | Eishockey | 2. Bundesliga | H |
| **EMSC München** | Schwimmen | 1. Bundesliga | H |
| **ESV Sportfreunde München-Neuaubing** | Gewichtheben | 2. Bundesliga Süd | H |
| **FC Bayern München e. V.** | Basketball | 2. Bundesliga Pro A | H |
| | Kunstturnen | 1. Bundesliga | H |
| | Schach | 1. Bundesliga | H |
| | Schach | 2. Bundesliga | D |
| **FC Bayern München AG** | Fußball | 1. Bundesliga | D + H |
| | Fußball | 2. Bundesliga | D |
| **FFC Wacker München 99** | Fußball | 2. Bundesliga Süd | D |
| **Freier Wassersportverein** | Schwimmen | 2. Bundesliga | D + H |
| **Gauting Indians** | Baseball | 1. Bundesliga | H |
| **Generali Haching** | Volleyball | 1. Bundesliga | H |
| **HC Wacker München** | Hallenhockey | 2. Bundesliga Süd | D |
| | Feldhockey | 2. Bundesliga Süd | D |
| **Kgl. priv. FSG »Der Bund«** | Sportschießen/ Luftgewehr | 1. Bundesliga Süd | D + H |
| **Kgl. priv. HSG 1406** | Sportschießen/ Luftgewehr/Luftpistole | 2. Bundesliga Süd | D + H |
| **MSK Olching** | Minigolf | 1. Bundesliga | D |
| **München Basket** | Basketball | 1. Bundesliga | D |
| **Münchener Golfclub** | Golf | 2. Bundesliga | D + H |
| **Münchner Keglerverein** | Bowling | 2. Bundesliga Süd | D |
| | Bowling | 1. Bundesliga | H |
| | Kegeln | 2. Bundesliga Ost | H |
| | Kegeln | 2. Bundesliga Süd | D |

| | | | |
|---|---|---|---|
| **Münchener RC 1880** | Rudern | 2. Bundesliga | H |
| **Münchner Sportclub** | Feldhockey<br>Hallenhockey<br>Feldhockey | 1. Bundesliga<br>1. Bundesliga<br>2. Bundesliga | D + H<br>D + H<br>H |
| **München-Rugby Football-Club** | Rugby<br>Rugby | 2. Bundesliga Süd<br>1. Bundesliga | H<br>D |
| **Munich Kangaroos** | Australian Football | 1. Bundesliga | H |
| **Quattro Bavaria München** | Skat | 1. Bundesliga | D |
| **Rot-Weiß München 1932** | Hallenhockey<br>Feldhockey | 1. Bundesliga Süd<br>2. Bundesliga Süd | H<br>H |
| **SC Arcadia Messestadt München** | Trampolin | 2. Bundesliga | D + H |
| **Schachklub Tarrasch 1945 München** | Schach | 2. Bundesliga Süd | D + H |
| **SC München-Solln** | Squash | 1. Bundesliga | H |
| **SG Stadtwerke München** | Schwimmen | 2. Bundesliga | H |
| **Skatclub München Süd** | Skat | 1. Bundesliga | H |
| **SLIC München** | Short-Track | 1. Bundesliga | D + H |
| **Sportfreunde Harteck** | Judo | 2. Bundesliga | H |
| **Squash-Insel Taufkirchen** | Squash | 1. Bundesliga | D + H |
| **Süddeutscher Tauchclub** | Unterwasserrugby<br>Unterwasserrugby<br>Unterwasserrugby | 1. Bundesliga Süd<br>2. Bundesliga Süd<br>Bundesliga | H<br>H<br>D |
| **SV Helios-Daglfing** | Stockschießen/ Eisstocksport | 2. Bundesliga | H |
| **SV Lohhof** | Volleyball | 1. Bundesliga | D |
| **SV Studentenstadt Freimann e.V.** | Rugby | 2. Bundesliga Süd | H |
| **TC GW Luitpoldpark** | Tennis | 2. Bundesliga | D |
| **Telemotive München** | Basketball | 2. Bundesliga Pro B | H |
| **TSV Forstenried** | Elektrorollstuhl-Hockey | 1. Bundesliga | D + H |
| **TSV Großhadern** | Judo | 1. Bundesliga | D + H |
| **TSV Milbertshofen** | Rollstuhl-Rugby | 1. Bundesliga<br>2. Bundesliga | H<br>H |
| **TSV München von 1860** | Fußball | 2. Bundesliga | H |
| **TSV Neuhausen-Nymphenburg** | Badminton | 2. Bundesliga Süd | D + H |
| **USC Rollstuhlsport** | Rollstuhlbasketball | 1. Bundesliga | D + H |
| **Werfer-Club 95** | Rasenkraftsport | 1. Bundesliga | H |
| **Wanderers Germering** | Inline-Hockey | 1. Bundesliga | H |
| **Young Rollers Germering** | Inline-Hockey | 1. Bundesliga | H |

*Anm.: Quelle sind das Sportamt der Stadt München und eigene Recherchen. Einige Vereine, die das Sportamt in einer Bundesliga führt, konnten wir bei unseren Recherchen nicht in der entsprechenden Liga finden. Andere Vereine hingegen fehlten.*

## TV-STANDORT

München ist einer der wichtigsten Medienstandorte Deutschlands. Viele große (und viele kleine) TV-Sender sind entweder in der Stadt selbst oder in Nachbargemeinden wie Unterföhring (im Münchner Norden) oder Geiselgasteig, einem Ortsteil von Grünwald (im Münchner Süden), angesiedelt. Hier finden sich u. a.:

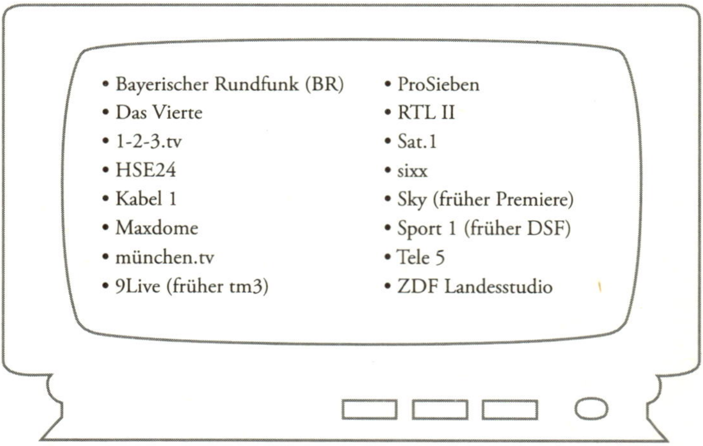


## VERLAGS-STANDORT

München ist einer der wichtigsten Medienstandorte Deutschlands – und Europas führende Verlagsmetropole, zumindest was Buchverlage angeht. Die Zahlen sind zwar je nach Quelle völlig unterschiedlich, aber das ändert nichts an den Fakten.

Die *Gelben Seiten* bieten zum Stichwort »Verlag« 647 Treffer für München (Hamburg: 603, Berlin: 235). Zum Plural »Verlage« gibt es für München 654 Treffer (Hamburg: 545, Berlin: 395). *Das Örtliche* bietet 767 Verlage in München (Hamburg: 608, Berlin: unglaubliche 1.097)

Laut offizieller Website der Stadt (muenchen.de) gibt es allerdings nur 180 Verlage in München, womit München, so muenchen.de, aber dennoch Europas größte Verlagsstadt ist. Selbst die IHK Berlin-Brandenburg gesteht auf ihrer Netzseite, dass München Deutschlands Verlagsstadt Nummer 1 ist (allerdings ohne Zahlen zu nennen).

Weltweit muss sich München nur von New York geschlagen geben.

## DENKMALSCHUTZ I: DER FRISEUR

Geschichtsrächtiger Friseurbesuch gefällig? In der Maxvorstadt möglich: Angelockt von der über 100 Jahre alten Schrift am Schaufenster betritt man den Laden, schreitet über 70 Jahre altes Buchenparkett, nimmt in Originalfrisiersesseln aus den 1930ern Platz, lässt sich eine aktuelle Frisur schneiden, die unter einer beigen Trockenhaube aus den 1950ern trocknet, und zahlt dann an der Kasse aus dem Jahr 1880. Wegen der »historischen Ausstattung von ca. 1910 bis ca. 1960« steht der »Salon Charlotte« in der Theresienstraße 158 seit 2007 unter Denkmalschutz. Der 1904 eröffnete Friseursalon ist übrigens genauso alt wie Hamburgs ältester Friseursalon, der allerdings nicht unter Denkmalschutz steht.

## DENKMALSCHUTZ II: 2 TOILETTEN

Ja, es gibt wirklich ein Pissoir unter Denkmalschutz: Die ehemals öffentliche Bedürfnisanstalt am Holzplatz in der Isarvorstadt genießt diese Ehre. Der achteckige Bau stammt aus dem Jahr 1900 und ist seit etlichen Jahren nicht mehr in Betrieb.
Ebenfalls unter Denkmalschutz steht das Klohäuschen an der Großmarkthalle, Thalkirchner Straße, das nur noch für Kunstaktionen geöffnet wird.

## DER BIEROCHSE

Der Bierochse gehörte früher zum Münchner Bierkeller dazu wie die Maß Bier. Er drehte, eingeschirrt in ein Joch, in den Tiefkellern der Wirtschaften seine Runden und beförderte mittels Muskelkraft die Bierfässer über ein Windensystem nach oben zur Schanktheke – das dauerte freilich mitunter, denn Ochsen ziehen gemächlich ihre Kreise. Der letzte Münchner Bierochse wurde 1891 in Rente geschickt.

## MÜNCHNER STRASSENMÖBEL IN ALLER WELT

Die Königliche Erzgießerei in der Maxvorstadt (Erzgießereistraße), die von 1822 bis 1931 bestand, vollbrachte nicht nur das Wunderwerk der kolossalen Bavaria-Statue, sondern goss Straßenmöbel für alle Welt. Hier eine kleine Auswahl der bronzenen Highlights und wo sie zu bewundern sind:

Portal an der Ostseite des Kapitols | Washington D. C.
Wolfgang Amadeus Mozart | Mozartplatz, Salzburg
Tore der Walhalla | Donaustauf
Johann Wolfgang von Goethe | Goetheplatz, Frankfurt am Main
Abraham Lincoln | Lincoln Memorial, Washington D. C.
Karl XIV. Johann von Schweden | Norrköping, Oslo
William Huskisson | Princess Avenue, Liverpool
Gustav II. Adolf von Schweden | Domsheide, Bremen
Christoph Kolumbus | St. Louis
Jöns Jakob Berzelius | Stockholm
Ludwig van Beethoven | Athenäum, Boston
George Washington | Richmond, Virginia
Thomas Jefferson, George Mason, George Marshall | Richmond, Virginia
Goethe- und Schiller-Denkmal | Theaterplatz, Weimar
Simón Bolívar (Reiterstandbild) | Lima
Joseph Anton Johann von Österreich | Budapest
Michail Semjonowitsch Woronzow | Odessa
Friedrich Schiller | Frankfurt am Main
Henrik Gabriel Porthan | Turku
Thomas Hart Benton | St. Louis
Madonna | Turm des Aachener Domes
Kriegerdenkmal The Sentinel | Spring Grove Cemetery, Cincinnati
Alexander von Humboldt | Tower Grove Park, St. Louis
Edward Everett | Boston
Thomas Church Brownell | Hartford, Connecticut
Bethesda Fountain | Central Park, New York City
Tyler Davidson Fountain | Cincinnati
Abraham Lincoln | Union Square, New York City
Abdülaziz (Reiterstandbild) | Beylerbeyi-Palast, Istanbul
Kriegerdenkmal | Worcester, Massachusetts
Simón Bolívar (Reiterstandbild) | Caracas
Bachus und Ariadne mit Panthergespann | Semperoper, Dresden
William Shakespeare | Tower Grove Park, St. Louis
Abraham Lincoln | Boston
Mihailo Obrenovic | Belgrad
Kriegerdenkmal | Charleston, South Carolina
Johann Gottfried Herder | St. Louis
Roger B. Taney | Mount Vernon Place, Baltimore

## WELTSENSATION BAVARIA

Das hatte die Welt noch nicht gesehen: Die Bavaria am Rande der Hangkante oberhalb der Theresienwiese war die erste Kolossalstatue seit der Antike, die ganz aus gegossener Bronze bestand. Sie war und ist bis heute eine technische Meisterleistung, gegossen in der Königlichen Erzgießerei, Erzgießereistraße, Maxvorstadt.

| | |
|---|---|
| **Geburtsjahr(e)** | 1843–1850 |
| **Größe** | 18,52 m hoch |
| **Gewicht** | 1560 bayr. Zentner (ca. 87,36 t) |
| **4 Teilgüsse** | Kopf \| Brust \| Hüfte \| untere Hälfte mit Löwe + diverse Kleinteile |
| **Höhe Steinsockel** | 8,92 m |

**Die Bavaria besteht aus:**

92 % Kupfer

5 % Zink

2 % Zinn

1 % Blei

## DIE WICHTIGSTEN PSEUDONYME DES SIMPLICISSIMUS

Die prominentesten Autoren der legendären Münchner Satirezeitschrift »Simplicissimus« verwendeten folgende Pseudonyme:

*Cri-Cri* = Edgar Steiger
*Dr. Owlglass* = Hans Erich Blaich
*Emanuel* = Peter Scher
*Hase* = Korfiz Holm
*Hieronymus Jobs* = Frank Wedekind
*Mikado* = Karl Edler von Planitz
*Pan* = Willy Ganske
*Ratatöskr* = Hans Erich Blaich
*Peter Schlamminger* = Ludwig Thoma
*Peter Schlemihl* = Ludwig Thoma
*Tarub* = Edgar Steiger
*Theobald Tiger* = Kurt Tucholsky
*Wespe* = Edgar Steiger
*Zwickauer* = Edgar Steiger

## EINZIGER ANTIKER OBELISK DEUTSCHLANDS

Vor dem Eingang des Ägyptischen Museums am Festsaalbau der Residenz stand lange der einzige antike freistehende Obelisk Deutschlands: der 5,80 m hohe Obelisk des Titus Sextius Africanus. Das Mittelteil stammt aus dem Jahre 50. Da er unter der Witterung litt, wird er künftig im Inneren des Neubaus des Museums seinen Platz finden.

## 1860 ALS MEISTER

Die Fußballer des TSV 1860 München gewannen folgende Meisterschaften:

**Südbayerischer Meister:** 1922, 1943
**Bayerischer Meister:** 1941, 1984, 1991, 1993, 1997 (U23), 2004 (U23)
**Süddeutscher Meister:** 1963, 1979
**DFB-Pokalsieger:** 1942, 1964
**Deutscher Meister:** 1966
**DFB-Hallen-Pokal:** 1996
**B-Junioren-Meister:** 2006
**DFB-Junioren-Vereinspokal:** 2007

## GEDREHT IN MÜNCHEN –ZENSIERT IN MÜNCHEN

DIE KONSEQUENZ (1977) löste einen Skandal aus. Wolfgang Petersens Verfilmung des autobiografischen Romans von Alexander Ziegler um einen homosexuellen Schauspieler (Jürgen Prochnow), der sich im Gefängnis in den minderjährigen Sohn (Ernst Hannawald) eines Gefängnisaufsehers verliebt, brachte die BR-Verantwortlichen auf die Barrikaden. Bei der ARD-Erstausstrahlung am 8. November 1977 schaltete der BR einfach ab und sendete ein Ersatzprogramm.

## SPIELT IN MÜNCHEN – ZENSIERT IN MÜNCHEN

Die in München spielende LINDENSTRASSE zeigte als erste deutsche Fernsehserie einen gleichgeschlechtlichen Kuss (1987). Da schritt der BR noch nicht ein. Erst bei einer weiteren Folge mit schwuler Kuss-Szene 1990 verweigerte der BR die Ausstrahlung. Die beiden Schauspieler Martin Armknecht und Georg Uecker erhielten übrigens anonyme Morddrohungen.

## LICHT AUF DEN STRASSEN

Im Jahr **1452** ward in München endlich Licht: Erstmals wird eine öffentliche Beleuchtung für Münchens Straßen schriftlich erwähnt. »Unschitt« (= Hautfett von Rindern und Schafen) wird zu Talg verarbeitet, das man in gusseisernen Körben zum Erleuchten bringt.

**1729** wird die allgemeine Straßenbeleuchtung eingeführt

**1850** wird die Gasbeleuchtung eingeführt, 1.148 Gaslaternen gehen in Betrieb

**1889** erhält Schwabing, damals noch eine eigenständige Stadt, elektrische Straßenlaternen

**1893** ist München die bestbeleuchtete Stadt Europas

**1966** wird die letzte Gaslaterne abgebaut, heute erleuchten über 110.000 Lampen Münchens Straßen

## HOCHSCHULEN IN MÜNCHEN

**öffentliche Träger**

Ludwig-Maximilians-Universität (LMU) gegründet 1472 in Ingolstadt, 1802 nach Landshut und 1826 nach München verlegt; eine der neun deutschen Eliteuniversitäten

Technische Universität München (TUM); gegründet 1868 als Polytechnische Schule; eine der neun deutschen Eliteuniversitäten

Universität der Bundeswehr gegründet 1973, hat ihren Sitz in Neubiberg.

Hochschule für angewandte Wissenschaften – FH München/Munich University of Applied Sciences gegründet 1971, ist die größte Fachhochschule Bayerns und die zweitgrößte Deutschlands (nach der FH Köln)

Hochschule für Politik gegründet 1950

Akademie der Bildenden Künste gegründet 1808 als Königliche Akademie der Bildenden Künste

Hochschule für Musik und Theater gegründet 1830 als Singschule

Fachhochschule für öffentliche Verwaltung und Rechtspflege in Bayern gegründet 1974/75

Hochschule für Fernsehen und Film gegründet 1966

Deutsche Meisterschule für Mode gegründet 1966

Zentralinstitut für Kunstgeschichte gegründet 1946

**private/kirchliche Träger**

AKAD-Privathochschule private, staatlich anerkannte Hochschule

Fachhochschule für Oekonomie & Management private, staatlich anerkannte Fachhochschule mit bundesweiten Studienzentren

Historisches Kolleg gegründet 1980

Hochschule für Philosophie gegründet 1925 in Pullach, Träger ist der Jesuitenorden

Katholische Stiftungsfachhochschule gegründet 1971 aus vier höheren Fachschulen für Sozialarbeit und Sozialpädagogik

Macromedia Hochschule für Medien und Kommunikation (MHMK) private, staatlich anerkannte Hochschule.

Mediadesign Hochschule (MDH) private, staatlich anerkannte Hochschule

Munich Business School (MBS) private, staatlich anerkannte Hochschule

Ukrainische Freie Universität (UFU) private Exil-Universität

## AB GEHT DIE POST …

**1664** München erhält im Februar sein erstes Postamt

**1842** Die Residenzpost erhält einen Mauerschlitz für den Briefeinwurf

**1845** Vor der Residenzpost steht Münchens erster öffentlicher Briefkasten

## DIE LETZTEN ÖFFENTLICHEN HINRICHTUNGEN

Der letzte am Galgenberg 1804 Gehenkte war **ein 17jähriger Dienstbursche** des Sendlinger Pfarrers, er hatte 9 Gulden gestohlen.

Der letzte am Galgenberg 1805 Geräderte war der junge **Ferdinand Bündel**, Sohn eines Apothekers, der den »Lottocollecteur« in der Vorstadt Au ermordet hatte.

Der letzte mit dem freien Schwert auf der Hauptstatt am Marsfeld Geköpfte war **Christian Hußendörfer** aus Sieburg (Landkreis Greding). Der 19jährige Sattlergeselle Hußendörfer hatte seinen Meister ermordet und 13 Gulden und 10 Kreuzer geraubt. Sieben Schwerthiebe benötigte der Henker am 12. Mai 1854, um Hußendörfer zu töten. Wegen des unschönen Gemetzels, das beim geifernden Publikum für erhebliche Übelkeit und für solchen Unmut sorgte, dass der Henker beinahe gelyncht worden wäre, führte die Stadt München noch im selben Jahr am 3. August das Fallbeil ein.

Die letzte öffentliche Hinrichtung fand dann am 9. November 1861 auf dem Marsfeld statt. Dienstknecht **Franz Klaushammer** kam wegen Raubmordes an einem Bauern unter die Guillotine.

## DIE SIEBEN ÜBERLEBENDEN

Das »Kunstverständnis« Hitlers und seiner Schergen überlebten in den öffentlichen Sammlungen Münchens nur folgende 7 Werke »entarteter Künstler«:

Stillleben mit Geranien *Henri Matisse*
Rote Rehe *Franz Marc*
Venedig *Oskar Kokoschka*
Rittersporn *Lovis Corinth*
Walchensee mit Bergkette und Uferhang *Lovis Corinth*
*ein* Selbstbildnis *von Max Beckmann*
*sowie eine* Skulptur *von Henri Matisse*

Mit diesem äußerst bescheidenen, wenngleich kunstgeschichtlich äußerst bedeutenden Grundstock begann die Staatsgalerie Moderner Kunst im Jahre 1950 ihre Arbeit – und ist heute eine der wichtigsten Sammlungen Moderner Kunst der Welt.

## MÜNCHNER KRIMIS

München – Deutschlands sicherste Großstadt ist ein Zentrum des Verbrechens, wenn es nach den TV-Verantwortlichen geht. Bis zur Einführung des Privatfernsehens spielte praktisch jede Krimiserie in München. Hier eine Auswahl der wichtigsten Krimiserien aus Bayerns Hauptstadt:

DER ALTE (ZDF) seit 1977 | Erfolgsserie (weltweit sogar erfolgreicher als DERRICK) mit wechselnden Hauptdarstellern. Sie startete mit Siegfried Lowitz, dann kam Rolf Schimpf, aktuell (seit 2008) ermittelt Walter Kreye

DIE CLEVEREN (RTL) 1998–2004 | Profiler Dr. Dominik Dorn (Hans-Werner Meyer, für die Rolle mehrfach ausgezeichnet) und seine Spezialeinheit ermittelten in 48 Folgen und einem Pilotfilm von München aus bundesweit nach Serientätern

DERRICK (ZDF) 1974–1999 | Autor Hubert Reinecker schrieb alle 281 Episoden für die Serie mit Horst Tappert und Fritz Wepper, die in über 100 Länder weltweit verkauft wurde

FUNKSTREIFE ISAR 12 (WDR) 1960–1963 | 35 Folgen lang gingen die Polizisten Huber und Dambrowski mit ihrem Streifenwagen, dem legendären »Barockengel« BMW 501, auf Verbrecherjagd

GRAF YOSTER GIBT SICH DIE EHRE (SWF) 1967–1976 | mit Lukas Ammann als distinguierter Krimiautor und Gentleman-Detektiv und Wolfgang Völz als dessen prolliger, aber warmherziger Chauffeur

K11 – KOMMISSARE IM EINSATZ (Sat.1) seit 2003 | Pseudo-Doku bzw. gescriptete Real-Life-Serie mit echten Polizisten als Laienarstellern. Das Kommissariat befindet sich in einem Bürogebäude in der Landshuter Allee 8

DER KOMMISSAR (ZDF) 1968-1976 | 97 Mal ermittelte Erik Ode trinkfest und kettenrauchend in München und Umgebung

KOMMISSAR FREYTAG (HR) 1963–1965 | Kriminaler Werner Freytag (Konrad Georg) jagte 39 Mal Münchner Kriminelle

MIT HERZ UND HANDSCHELLEN (Sat.1) 2002–2010 | München machts möglich: Deutschlands erster offen schwuler TV-Kommissar Leo Kraft (Henning Baum) ging 22 quotenstarke Folgen und einen Pilotfilm lang auf Mördersuche

MÜNCHEN 7 (BR) 2003–2006 | preisgekrönte, humorige, 13-teilige Serie mit viel Lokalkolorit um den »Sheriff vom Marienplatz« Xaver Bartl (Andreas Griebel)

*DER ALTE*
*333 Folgen lang sitzt das Team des ALTEN im selben Büro. Dann zieht es um: In das ummöblierte Büro von SISKA, weil die Serie eingestellt wurde und man dem ALTEN ein moderneres Büro gönnen wollte.*

*FUNKSTREIFE ISAR 12*
*Die allererste Serie im Bayrischen Fernsehen überhaupt.*

*KOMMISSAR FREYTAG*
*Sie war die allererste deutsche Krimiserie mit einem Kommissar, der in jeder Folge auftrat.*

*DERRICK*
*Stefan Derrick ist »Inspektor« – und das, obwohl die Serie erst ab 1974 ausgestrahlt wurde. Da gab es diese Amtsbezeichnung nicht mehr, sie wurde 1972 abgeschafft.*

*Derrick wurde in der letzten Episode zu Europol befördert. Bei der Abschiedsfeier gratulierten die Kollegen Leo Kress, Gerd Heymann, Axel Richter und Werner Riedmann aus DER ALTE sowie Batic und Leitmayr vom Münchner TATORT.*

DER NACHTKURIER MELDET … (SDR) 1964–1966 | Lokalreporter Günther Wieland (Gig Malzacher) vom Münchner Nachtkurier recherchierte und klärte 42 Folgen lang jede Menge Verbrechen

OKAY S.I.R. (SDR) 1973–1974 | Supersexy – supertaff: Anita Kupsch und Monika Peitsch ermittelten topgestylt 32 Folgen lang als in München stationierte Europol-Agentinnen

POLIZEIINSPEKTION 1 (BR) 1977–1988 | 93 Folgen lang spielte Walter Sedlmayr den gemütlichen Schandi Franz Josef Schöninger

DIE SELTSAMEN METHODEN DES FRANZ JOSEF WANNINGER (WWF) 1965–1970 | Beppo Brem (Wanninger) gab sich betont tumb und derb-münchnerisch, wiegte so seine Verdächtigen in Sicherheit und löste natürlich jeden seiner 52 Fälle

SINAN TOPRAK IST DER UNBESTECHLICHE (RTL) 1999–2001 | Ex-Model Erol Sander spielte den Münchner Ermittler mit Migrationshintergrund nur 16 Folgen und einen Pilotfilm lang

SISKA (ZDF) 1998–2008, der Nachfolger von DERRICK beim ZDF | 91 Folgen lang, mit Peter Siska (Peter Kremer), dessen Job nach Peters Serientod Bruder Viktor Siska (Wolfgang Maria Bauer) übernahm

SOKO 5113 (ZDF) seit 1978 | die Urmutter aller anderen SOKO-Serien startete einst mit Werner Kreindl als Kriminalhauptkommissar Karl Göttmann

SOLO FÜR SUDMANN (ZDF) 1997 | hier schnüffelte Ex-SOKO-5113-Hauptkommissar Sudmann (Heinz Baumann) nach seiner Pensionierung als Privatdetektiv weiter

DIE UNSTERBLICHEN METHODEN DES FRANZ JOSEF WANNINGER (WWF) 1978–1982 | Beppo Brem (Wanninger), nun pensioniert, klärte aber mit seiner bewährten Art 60 Folgen lang weiter Verbrechen auf

UNTER VERDACHT (ZDF, arte) seit 2002 | Kriminalrätin Prohacek (Senta Berger) ermittelt mit ihrem Team erfolgreich (u. a. Grimme-Preis) in den eigenen Reihen

DIE VERBRECHEN DES PROFESSOR CAPELLARI (ZDF) 1998–2004 | Professor Capellari (Friedrich von Thun), Dozent für Kriminologie an der Münchner Uni, löste in 17 Episoden knifflige Kriminalfälle rund um den Starnberger See

ZWEI BRÜDER (ZDF) 1994–2000 | Die Brüder Elmar und Fritz Wepper spielten 17 Episoden lang die Brüder Peter und Christoph Thaler, die als Oberstaatsanwalt und Kripobeamter auf Mörderjagd gingen

*DER KOMMISSAR*
*Ja, sie sinds: 1973 treten in Folge 60 während der Ermittlungen die Les Humphries Singers auf und singen u. a. MEXICO und MAMA LOO.*

*Folge 82 sollte nie wiederholt werden. Grund: In einer Szene sagt ein Weinhändler, dass der Rotkreuzplatz kein guter Platz für ein französisches Restaurant sei. Ein dort ansässiger französischer Gastronom behauptete, dieser Dialog sei schuld an dramatischem Gästeschwund und klagte. Das ZDF wiederholte die Folge erst, als das Restaurant nicht mehr existierte.*

*OKAY S.I.R.*
*S. I. R., Chef des Ermittlerduos, war eine Frau, gespielt von Ufa-Star Anneliese Uhlig. Der spätere US-Abklatsch DREI ENGEL FÜR CHARLIE war deutlich braver und weniger emanzipiert – dafür aber weitaus erfolgreicher …*

*KRIMI-REKORD*
*Michael Ande alias Kriminalassistent Gerd Heymann in DER ALTE ist der dienstälteste Ermittler nicht nur im deutschen Fernsehen (Drehstart: 1976) sondern weltweit. Ande ist außerdem wohl der einzige Schauspieler der Welt, der über 30 Jahre lang ein und dieselbe Serienfigur verkörpert. Sein Kollege Wilfried Klaus spielte von der ersten Folge an den Kriminalhauptkommissar Horst Schickl in SOKO 5113. Der Drehstart war ebenfalls 1976. Klaus stieg jedoch nach 33 Jahren 2009 aus der Serie aus.*

## MÜNCHNER LIEDGUT TEIL 1

Einige Lieder von Jazz über Pop und Dance bis Marsch mit München im Titel:

| **Titel** | **Interpreten** |
|---|---|
| 11:18:24, 2000, Lok, München | Russell Haswell |
| 23:11 München Hbf. | Esclà |
| Absinthe In Munich | Slunt |
| Alt-München | Willi Huber |
| Bayern München | Olli Banjo |
| Before Munich | Electrix |
| Concert For Munich | Steve Hackett |
| Der Herrgott in München | H. Herrmann & Münchner Stadtmusikanten |
| Die Stenz'n von München | Münchner Zwietracht |
| Doch in München bin i dahoam | Isarflimmern |
| Don't Munchen It | The Pirates |
| Ein Hotel bei München | Bernhard Brink |
| Fahrt nach München | Alpenoberkrainer |
| Fed-Ex to Munich | Radioactive Man |
| Festtag in München | Original Kreuzfidele Weststeirer |
| Frankie Goes To Munich | Déjà Vu |
| From Munich With Love | Richard Bartz |
| Geliebtes München | Keferloher Blasmusik |
| Gruß aus München | Karl Edelmann |
| Grüß mir mein München | div. Interpreten |
| Hoch München | Zithermusi Horsteiner |
| I mag München | Münchner Zwietracht |
| Ich hab mich in München verliebt | Claudia & Alexx |
| Ich habe einen Freund in München | France Gall |
| Im kurfürstlichen Palais zu München | Volker Lechtenbrink |
| In München steht ein Hofbräuhaus | zahllose Interpreten |
| Inside Munich | DJ Linus |
| Laßt's mia mei München | Marianne & Michael |
| Live At Loft Munich | G. Pechet Reber Trio |
| Live aus München | Main Concept |
| Marching to Munich | Karl & The Heidelbergers |
| Mein München | Keferloher Blasmusik |
| Midnight In Munich | Max Greger und sein Orchester |
| München 58 | Main Concept |
| München Anthem | T-Delight, King Jay & Pablo S. Cobar |
| München bleibt München | Walter Schacht Blasorchester |
| Munchen Gretchen | Cheater Slicks |
| München ist 'ne schöne Stadt | Hardy Kingston |
| München ist groß | Hape Kerkeling |
| München ist M | Willy Astor |
| München lässt grüßen | Jö und die Party Singers |
| München leuchtet | Angela Wiedl |
| München meine Märchenstadt | Maria & Margot Hellwig |
| Munchen Theme from Grutzy Elxis | James Chance & Phill Factory |
| München, bist a oide Schnoin | Konstantin Wecker |

everybody's talking about pop muzik*

| | |
|---|---|
| München, das heißt | Roberto Blanco |
| München, du bist mei Leb'n | Stefan Moll |
| München, i mag di | Hugo Strasser |
| München, Stadt der Brunnen | Weiß Ferdl |
| München – Wien | Almrausch |
| Munich Air Desaster | Morrissey |
| Munich Apartement | King Midas |
| Munich Apocalypse | Dip |
| Munich City | Big Bertha |
| Munich City Girl | Spider Murphy Gang |
| Munich Clubbing Supreme | Luetzenkirchen |
| Munich Dance Machine | King of Japan |
| Munich Drinking Song | Stan Wolowic & The Polka Chips |
| Munich East | Samuel Hopf |
| Munich Emotions | Elitechnique |
| Munich Eunich | Thin White Rope |
| Munich Girls | Falco |
| Munich In My Eye And Detroit In My Mind | Dirk Lamprecht |
| Munich, June 2, 1981 – pt. IV | Keith Jarrett |
| Munich Kitchen Rocket | Das Wheet Experience |
| Munich Loves You | Marsmobil |
| Munich Mania | Kamerakino |
| Munich Night | Albert West |
| Munich On My Mind | Volker Kriegel & Mild Maniac Orchestra |
| Munich Rasta | Rainer Fabich |
| Munich Robots | Empire State Human |
| Munich Schmankerl | Bavarian Oktoberfest Orchestra |
| Munich Sian's Bavarian Wasteland Mix | Dirk Lamprecht |
| Munich To Berlin | BnB Fame Brothers |
| Night Train To Munich | Al Stewart |
| No Raggae In Munich | Spider Murphy Gang |
| Noche Blanca en Munich | Miguel Bosé |
| O München, mein München | The Oktoberfest Players |
| Ob in Hamburg, München, Wien | Marc Pircher |
| Off to Munich | Alvin Ashley & More |
| Palais Munich | Two Lone Swordsmen |
| Paris – München | DJ Milan |
| Parties in München | Superpunk |
| Road to Munich | Chris Barber's Jazz Band |
| Rome Munich Rome | Robbie Williams |
| Saludos Amigos! Tango For The Munich Society | Rainer Fabich |
| Servus München, i bin wieder hier | Florian Fesl |
| Shortcut Through Munich | Kaya Dienst |
| Tales Of Munich | Hamburg Radio Orchestra |
| The Hound Of Munich | The Jukebox Romantics |
| The Train From Vienna To Munich | John Catney |
| To Munich | Nicky Davis |
| Two Lightboxes: Munich Lightbox | Lonberg-Holm & Lightbox-Orchestra |
| Welcome To Munich | eXSess |
| Wenn in München schon Sommer ist | Willy Astor |
| Zu hässlich für München | Barbara Schöneberger |

*Refrain des Liedes »Pop Muzik« der Gruppe M aus dem Album »New York, Paris, London, Munich«. 1979 Nr. 1 in den deutschen, britischen, amerikanischen und zahllosen anderen Charts.

## MÜNCHNER LIEDGUT TEIL 2

Lieder nur mit dem Stadtnamen als Titel – **MÜNCHEN** – gibt es u. a. von: Dead Man Ray, Jakob Pilger, Matthias Schriefl, Merzbow, Peter O'Malley, Spider Murphy Gang, The Kilimanjaro Darkjazz Ensemble, ZFP Quartett

Lieder nur mit dem englischen Stadtnamen als Titel – **MUNICH** – gibt es u. a. von: 33 Years, Warren Benbow, Cooper, Data MC, Dema, The Editors, Die Goldenen Zitronen, John Huhn, Kaufmann und Ferdinand, Lugosi, Major Matt Manson USA, Memorial, Nate Currin, Scope

… dann gibt es noch einen Punk-Sampler mit dem (absolut zutreffenden) Titel: **»MÜNCHEN IST DIE BESTE STADT DER WELT«** von Lorenz Lorenz aus dem Jahr 1982 mit: Zusatzzahl, Fruchtstäbchen, Das Publikum, Gorilla Aktiv, Der Kohlenklau, Bimbobein, Mauvais Temps, Ski und der Rest, Discowitz

… und dann gibt es noch ein klassisches Werk:
**SOUVENIRS DE MUNICH**
**Quadrille über Themen aus Tristan und Isolde für Klavier vierhändig**
von Emmanuel Chabrier aus dem Jahr 1885/86

## VERKEHRSANBINDUNG NACH STOIBER

»Wenn Sie vom Hauptbahnhof in München mit zehn Minuten, ohne dass Sie am Flughafen noch einchecken müssen, dann starten Sie im Grunde genommen am Flughafen … am … am Hauptbahnhof in München starten Sie Ihren Flug … zehn Minuten … Schauen Sie sich mal die großen Flughäfen an, wenn Sie in Heathrow in London oder sonstwo meine s…Charles de Gaulle in … äh, Frankreich oder in äh in … äh in Rom, wenn Sie sich mal die Entfernungen ansehen, wenn Sie Frankfurt sich ansehen, dann werden Sie feststellen, dass zehn Minuten … Sie jederzeit locker in Frankfurt brauchen, um Ihr Gate zu finden … Wenn Sie vom Flug… äh vom Hauptbahnhof starten, Sie steigen in den Hauptbahnhof ein, Sie fahren mit dem Transrapid in zehn Minuten an den Flughafen … in an den Flughafen Franz-Josef Strauß, dann starten Sie praktisch hier am Hauptbahnhof in München … Das bedeutet natürlich, dass der Hauptbahnhof im Grunde genommen näher an Bayern, an die bayerischen Städte heranwächst, weil das ja klar ist, weil aus dem Hauptbahnhof viele Linien aus Bayern zusammenlaufen«, sagte der damalige bayerische Ministerpräsident Edmund Stoiber wortwörtlich im Jahr 2006 zum Thema München und der Transrapid.

## DER DADAISMUS STAMMT AUS ZÜRICH? VON WEGEN!

Es braucht schon ein echtes Münchner Gwachs, um eine neue Kunstrichtung aus der Taufe zu heben: Maria Kirndörfer (1893–1981) war Kabarettistin, Lyrikerin, Diseuse, Tänzerin und Dichtermuse, außerdem stand sie Modell für Maler, natürlich selten bekleidet. Weil sie Münchnerin war, nannte sie sich Marietta di Monaco. Sie verkehrte wie alle Künstler der Zeit im Lokal »Simplicissimus« in der Türkenstraße. Dort soll sie im Jahre 1914 das erste Mal in der Literaturgeschichte ein von Hugo Ball und Klabund gemeinsam geschriebenes Gedicht öffentlich vorgetragen haben, in dem »DADA« gestammelt wurde. Erst zwei Jahre später, 1916, eröffneten Hugo Ball und Emmy Hennings in Zürich das »Cabret Voltaire« und gründeten offiziell mit Tristan Tzara, Richard Huelsenbeck, Marcel Janco und Hans Arp die Künstlerbewegung »Dada«. Also, liebe Schweizer: Wer hats erfunden?

## DER LETZTE HOFNARR

Der letzte Hofnarr an der Münchner Residenz war Georg Prangerl (1745–1820), der für Bayerns ersten König Max I. Joseph juxte.

## HALL OF FAME DER UNI

Ein Auszug aus der inoffiziellen »Hall of Fame« der Münchner Ludwig Maximilians Universität. Hier studierten u. a.:

| Name | Position | Studienfach |
|---|---|---|
| Valdas Adamkus | litauischer Staatspräsident | Naturwissenschaften |
| Konrad Adenauer | dt. Bundeskanzler | Jura und Volkswirtschaft |
| Bartholomäus I. | Patriarch von Konstantinopel | Orthodoxe Theologie |
| Günther Beckstein | bayr. Ministerpräsident | Jura |
| Kurt Biedenkopf | sächs. Ministerpräsident | Jura und Volkswirtschaft |
| Alfred Biolek | Fernsehmoderator | Jura |
| Ernst Bloch | Philosoph | Philosophie, Physik, Musik |
| Bertolt Brecht | Schriftsteller | Medizin |
| Karl Carstens | dt. Bundespräsident | Jura und Politikwissenschaft |
| Konstantinos Demertzis | griech. Ministerpräsident | Jura und Staatswissenschaft |
| Hans Ehard | bayr. Ministerpräsident | Jura |
| Lion Feuchtwanger | Schriftsteller | Philologie und Philosophie |
| Ottfried Fischer | Schauspieler | Jura |
| Ian Fleming | Schriftsteller (»James Bond«) | Sprachen |
| Franz von Bayern | Chef des Hauses Wittelsbach | Betriebswirtschaft |
| Heiner Geißler | CDU-Generalsekretär | Jura und Philosophie |
| Alfons Goppel | bayr. Ministerpräsident | Jura |
| Thomas Gottschalk | Fernsehmoderator | Germanistik und Geschichte |
| Tita von Hardenberg | Fernsehmoderatorin | u. a. Geschichte |
| Gustav Heinemann | dt. Bundespräsident | u. a. Jura |
| Roman Herzog | dt. Bundespräsident | Jura |
| Theodor Heuss | dt. Bundespräsident | u. a. Staatswissenschaft |
| Dieter Hildebrandt | Kabarettist | u. a. Literaturwissenschaft |
| Karl Jaspers | Philosoph | Rechtswissenschaft |
| Günther Jauch | Fernsehmoderator | u. a. Politikwissenschaft |
| Bruno Jonas | Kabarettist | Germanistik u. v. a. m. |
| Sebastian Kneipp | Begründer der Kneipp-Medizin | kath. Theologie |
| Giovanni di Lorenzo | Journalist | u. a. Politikwissenschaft |
| Ludwig I. von Bayern | bayr. König | Theologie |
| Ludwig III. von Bayern | bayr. König | u. a. Philosophie, Jura |
| Golo Mann | Schriftsteller, Philosoph | Philosophie, Geschichte |
| Mariele Millowitsch | Schauspielerin | Tiermedizin |
| Bernhard Minetti | Schauspieler | Theaterwissenschaft |
| Michael Mittermeier | Kabarettist | Amerikanistik |
| Walter Momper | Reg. Bürgermeister von Berlin | u. a. Politikwissenschaft |
| Sten Nadolny | Schriftsteller | Geschichte |

| | | |
|---|---|---|
| Henri Nannen | Verleger, Gründer des Stern | Kunstgeschichte |
| Kay Nehm | Generalbundesanwalt | Rechtswissenschaft |
| Gerhard Polt | Kabarettist | Politikwissenschaft |
| Joseph Ratzinger | Papst Benedikt XVI. | Philosophie, kath. Theologie |
| Ernst Reuter | Reg. Bürgermeister von Berlin | u. a. Germanistik |
| Rainer Maria Rilke | Lyriker | u. a. Literatur |
| Maximilian Schell | Schauspieler, Oscarpreisträger | u. a. Germanistik |
| Otto Schily | dt. Bundesinnenminister | Jura |
| Friedrich v. d. Schulenburg | Diplomat, NS-Gegner | Jura, Staatswissenschaft |
| Peter Sloterdijk | Kulturphilosoph | u. a. Philosophie |
| Carl Spitzweg | Maler | Pharmazie |
| Edmund Stoiber | bayr. Ministerpräsident | Jura |
| Franz Josef Strauß | bayr. Ministerpräsident | u. a. Altphilologie |
| Richard Strauss | Komponist | Philosophie, Ästhetik |
| Patrick Süskind | Schriftsteller | Geschichte |
| Edward Teller | Physiker, »Vater der Wasserstoffbombe« | Physik, Chemie |
| Ludwig Thoma | Schriftsteller | Jura |
| Ernst Toller | Schriftsteller und Revolutionär | Jura |
| Bernhard Vogel | Ministerpräsident von Rheinland-Pfalz und Thüringen | u. a. Politikwissenschaft |
| Hans-Jochen Vogel | Altoberbürgermeister | Jura |
| Theodor Waigel | dt. Bundesfinanzminister | Jura, Staatswissenschaft |
| Manfred Wörner | NATO-Generalsekretär | Jura |

## HALL OF FAME DER HFF

Ein Auszug aus der offiziellen »Hall of Fame« der Münchner Hochschule für Fernsehen und Film:

| | |
|---|---|
| Franz Xaver Bogner | Nico Hofmann |
| Doris Dörrie | Rainer Kaufmann |
| Uli Edel | Mika Kaurismäki |
| Bernd Eichinger | Caroline Link |
| Roland Emmerich | Vivian Naefe |
| Max Färberböck | Marcus H. Rosenmüller |
| Florian Gallenberger | Michael Schanze |
| Katja von Garnier | Hans-Christian Schmid |
| Dominik Graf | Wim Wenders |
| Florian Henckel von Donnersmarck | Sönke Wortmann |

# 01.07.1982

Der Stadtratsbeschluss setzt die Nackbadeverordnung in Kraft: Ab sofort darf man legal in zwei großen Arealen des Englischen Gartens komplett hüllenfrei liegen, sitzen, herumtollen.
Schon seit Ende der 1970er Jahre hatten die Nackerten vom Englischen Garten für Aufsehen gesorgt. Halbherzigen Versuchen von Stadtverwaltung und Polizei, den spontanen Naturismus zu unterbinden, folgte schnell die offizielle Erlaubnis. Der Englische Garten wurde somit zum ersten frei zugänglichen und nicht durch Sichtschutz abgegrenzten innerstädtischen Nacktbadegebiet der Welt.
Längst stört man sich mehr an den Spannern und schockiert tuenden Touristen als an den Nackerten. Verboten ist allerdings weiterhin die beliebte Praxis, sich im Eisbach einmal halb durch den Englischen Garten treiben zu lassen, und dann mit der Straßenbahn (mitunter nackt) einige Stationen zurückzufahren.

Die NacktbadeVO 361 vom 1. Juli 1982 erlaubt textilfreies Sonnen-, Luft- und Wasserbaden an folgenden Stellen:
Südliche Isar, westliches Isarhochwasserbett ab ca. 200 m südlich der Marienklause bis Südende Hinterbrühler See • Südliche Isar, Hochwasserbett Ostseite, 50 m südlich der Braunauer Eisenbahnbrücke und 100 m vor der Brudermühlbrücke • Isarinsel Oberföhring, Ostufer der Isar, südlich begrenzt durch die Mittlere-Isar-Straße und 100 m vor der Fußgängerbrücke zum Englischen Garten, im Norden durch die Stadtgrenze • Erholungsgelände Feldmochinger See, Badeplatz am See-Südwestende • Die Fläche innerhalb des Ovals der Reitbahn hinter dem Haus der Kunst auf der Schönfeldwiese, deutlich begrenzt durch die Reitspur • Die Fläche der großen Bucht in der sogenannten Schwabinger Bucht im Norden des Englischen Gartens, südlich begrenzt durch die Sulzbrücke, nördlich durch den Alte-Heide-Steg, östlich und westlich durch den umlaufenden Gehweg.

## HALL OF FAME DES FC BAYERN

In der offiziellen »Hall of Fame« des FC Bayern München sind:

| Name | Zeit beim FC Bayern | Position |
|---|---|---|
| Franz Beckenbauer | 1964–1977 | Libero |
| Gerd Müller | 1964–1979 | Sturm |
| Sepp Maier | 1962–1979 | Torwart |
| Uli Hoeneß | 1970–1978 | Sturm |
| Karl-Heinz Rummenigge | 1974–1984 | Sturm |
| Lothar Matthäus | 1984–1988, 1992–2000 | Mittelfeld, Abwehr |
| Stefan Effenberg | 1990–1992, 1998–2002 | Mittelfeld |
| Giovane Élber | 1997–2003 | Sturm |
| Roland Wohlfarth | 1984–1993 | Sturm |
| Klaus Augenthaler | 1976–1991 | Libero |
| Dieter Hoeneß | 1979–1987 | Sturm |
| Paul Breitner | 1970–1974, 1978–1983 | Verteidigung, Mittelfeld |
| »Katsche« Schwarzenbeck | 1966–1981 | Verteidigung |
| Bixente Lizarazu | 1997–2004, 2005–2006 | Verteidigung |
| Mehmet Scholl | 1992–2007 | Mittelfeld |

## GRÖSSTE BOULDERHALLE DER WELT

Bouldern? Kennen Sie nicht? Dabei steht seit Juli 2010 die weltgrößte Boulderhalle mit 13.000 m² Kletterfläche am Münchner Ostbahnhof. Übrigens: Bouldern (von engl. »boulder« für Felswand) ist klettern ohne Seil.

## REIN IN DIE TÜTE

**350** Hundekot-Tütenspender gibts in München.

## BAYERNS EINZIGE GALOPPRENNBAHN

Die Rennbahn Riem ist die bayernweit einzige Galopprennbahn und ist Heimat des deutschlandweit zweitgrößten Trainingsquartiers.

## DIE ÄLTESTE (KATHOLISCHE) KIRCHE 1

St. Martin in Moosach gebührt dieser Titel (finden die Moosacher): Ein hölzerner Kirchenbau wird bereits 815 als Eigenkirche des Grafen Cundhart urkundlich erwähnt. Der heutige Bau stammt aus dem 12./13. Jh. und wurde im 15. Jh. erweitert. Somit könnte sie die älteste, noch bestehende Kirche im Stadtgebiet Münchens sein, gäbe es da nicht:

## DIE ÄLTESTE (KATHOLISCHE) KIRCHE 2

Der Heilig-Kreuz-Kirche in Fröttmaning gebührt dieser Titel (finden die Fröttmaninger). Die Kirche wurde über einer keltischen Opferstätte errichtet und wird wie St. Martin bereits 815 urkundlich erwähnt, als ein gewisser Situli eine hölzerne Kirche Bischof Hitto von Freising schenkt. Teile der heutigen Kirche stammen aus der Zeit vor 815, die meisten jedoch aus dem 13. Jh. Die Kirche sollte beim Ausbau des Münchner Autobahnrings abgerissen werden, dann 1984 vom Müllberg verschlungen werden und schließlich der Rettungsstraße der neuen Allianz Arena weichen. Immer wurde sie von Bürgerinitiativen gerettet und könnte somit die älteste, noch bestehende Kirche im Stadtgebiet München sein, gäbe es da nicht … (s. o.) Zusammenfassend kann man aber sagen: Die älteste erhaltene Kirche im Stadtgebiet München wurde 815 erstmals urkundlich erwähnt.

## DIE ÄLTESTE EVANGELISCHE KIRCHE

Man sieht es ihr nicht an, aber St. Matthäus am Sendlinger Tor ist tatsächlich die älteste evangelische Kirche Münchens. Früher stand sie allerdings von 1833–1938 nahe dem Stachus inmitten der heutigen Sonnenstraße. Hitler ließ das Gebäude abreißen, um die Sonnenstraße auf »Berliner Maße« zu verbreitern. 1953–1957 wurde die heutige St. Matthäuskirche in der Nußbaumstraße errichtet.

## NAMENSPATRONE EVANGELISCHER KIRCHEN

Namenspatrone der ersten vier lutherischen Stadtpfarrkirchen Münchens waren die Evangelisten, und zwar in der Reihenfolge des Neuen Testaments: St. Matthäus (eingeweiht 1833), St. Markus (1877), St. Lukas (1896) und St. Johannes Evangelist (1916) in Haidhausen.

## RECORDED AT MUSICLAND STUDIO, MUNICH

Das Who's who der internationalen Musikszene gab sich hier die Klinke in die Hand: im Musicland Studio, Anfang der 1970er Jahre von Produzent Giorgio Moroder gegründet. Das Studio lag im Untergeschoss des Arabella-Hauses (heute: Sheraton München Arabellapark Hotel) in Bogenhausen. Nachdem Giorgio Moroder Mitte der 80er nach Los Angeles umzog, lief das Studio unter der Leitung von Reinhold Mack weiter. Als man aber die U-Bahn Anfang der 1990er zum Arabellapark baute, verhinderten die Vibrationen hochwertige Tonaufnahmen. Das Musicland Studio musste dicht machen.

Einige bekannte Alben, die im Musicland Studio eingespielt wurden:

| | |
|---|---|
| BAP | *Ahl Männer, aalglatt* (1986) |
| Deep Purple | *Stormbringer* (1974) \| *Come Taste the Band* (1975) |
| ELO | *Face the Music* (1975) \| *A New World Record* (1976) \| *Out of the Blue* (1977) \| *Discovery* (1979) \| *Time* (1981) |
| Extrabreit | *Rückkehr der phantastischen Fünf* (1982) |
| Falco | *Junge Roemer* (1984) |
| Rory Gallagher | *Calling Card* (1976) |
| Iron Maiden | *Seventh Son of a Seventh Son* (1988) |
| Udo Jürgens | *Silberstreifen* (1984) |
| Amanda Lear | *Never Trust a Pretty Face* (1978) |
| Led Zeppelin | *Presence* (1976) |
| Limahl | *Colour All My Days* (1986) \| *The Never Ending Story* (1984) |
| Freddie Mercury | *Mr. Bad Guy* (1985) |
| Marius Müller-Westernhagen | *Mit Pfefferminz bin ich dein Prinz* (1978) |
| Iggy Pop | *The Idiot* (1977) |
| Queen | *The Game* (1980) \| *Hot Space* (1982) \| *The Works* (1984) \| *A Kind of Magic* (1986) |
| The Rolling Stones | *It's Only Rock 'n' Roll* (1974) \| *Black and Blue* (1976) |
| Scorpions | *Fly to the Rainbow* (1974) |
| Spandau Ballet | *Parade* (1984) |
| Sparks | *Whomp That Sucker* (1981) |
| Donna Summer | *Lady of the Night* (1974) \| *Love to Love You, Baby* (1975) \| *Love Trilogy* (1976) \| *I Remember Yesterday* (1977) |
| Sweet | *Give Us a Wink!* (1976) |
| Roger Taylor | *Strange Frontier* (1984) |
| Uriah Heep | *Wonderworld* (1974) |
| Whitesnake | *Whitesnake* (1976) \| *Slide It In* (1984) |

## EIN PAAR WORTE ZU ELEFANTEN …

- Riesenfreude im Tierpark Hellabrunn am 21. Dezember 2009: Elefantenkuh Panang bringt nach 656 Tagen Tragzeit Elefantenbaby Jamuna Toni zur Welt. Es ist die erste Elefantengeburt in München seit über 60 Jahren. Dann die Riesentrauer: Am 14. Juni 2010 schläfert der Tierarzt den Minifant ein, denn Jamuna litt unter sehr schmerzhaften Verschiebungen der Knochen in den Wachstumsfugen.

- Riesenpanik am 31. Juli 1888: Zur Feier des 100. Geburtstags König Ludwigs I. findet eine gigantische Parade statt. Am Odeonsplatz geraten acht Elefanten des Zirkus Hagenbeck wegen eines eisernen Drachens, der Feuer speit, in Panik und ziehen eine Schneise der Verwüstung durch München. Vier Dickhäuter können sich sogar bis in die Baumstraße 12 (Isarvorstadt) durchschlagen, wo sie erst noch eine Parterrewohnung zerlegen, bevor sie eingefangen werden.

- Früher war vieles einfacher: Schausteller, die einen Elefanten als Attraktion brauchten, konnten ihn im gut sortierten Tierhandel vorbestellen und dann für rund 20.000 Mark abholen. Heute wäre es erheblich teurer, denn einen Elefant, so es denn welche auf dem freien Markt gäbe, bekäme man nicht unter 100.000 Euro.

- Elefanten heizen ein: Im Dezember 2006 geht im Tierpark Hellabrunn eine mit Elefantenmist betriebene Biogasanlage in Betrieb, die den Zoo mit Wärme und Strom versorgt. Okay, zugegeben, die Elefanten produzieren enorme Mengen an Mist, aber nicht genug für die Anlage, also kommen die Exkremente von allen anderen Pflanzenfressern und Futterreste hinzu …

## STADTBEZIRKE NACH EINWOHNERZAHL

| | Stadtbezirk | Einwohner |
|---|---|---|
| 1 | Ramersdorf-Perlach | 104.089 |
| 2 | Neuhausen-Nymphenburg | 87.043 |
| 3 | Thalkirchen-Obersendling-Forstenried-Fürstenried-Solln | 82.771 |
| 4 | Bogenhausen | 77.112 |
| 5 | Milbertshofen-Am Hart | 68.198 |
| 6 | Pasing-Obermenzing | 65.290 |
| 7 | Schwabing-Freimann | 64.350 |
| 8 | Schwabing-West | 62.541 |
| 9 | Trudering-Riem | 59.031 |
| 10 | Au-Haidhausen | 55.853 |
| 11 | Feldmoching-Hasenbergl | 55.667 |
| 12 | Sendling-Westpark | 52.257 |
| 13 | Laim | 51.329 |
| 14 | Untergiesing-Harlaching | 49.391 |
| 15 | Maxvorstadt | 48.884 |
| 16 | Moosach | 48.451 |
| 17 | Obergiesing | 48.282 |
| 18 | Ludwigsvorstadt-Isarvorstadt | 47.599 |
| 19 | Hadern | 46.385 |
| 20 | Berg am Laim | 40.050 |
| 21 | Sendling | 38.335 |
| 22 | Aubing-Lochhausen-Langwied | 38.327 |
| 23 | Allach-Untermenzing | 28.796 |
| 24 | Schwanthalerhöhe | 27.778 |
| 25 | Altstad-Lehel | 19.505 |

## WO LIEGT MUNICH-WEST?

Flugreisende, die mit der Billig-Airline Ryanair nach München jetten, schauen in der Regel ziemlich doof aus der Wäsche, wenn sie dem Flieger am Zielflughafen München-West entsteigen. Dieses überschaubare Städtchen soll also die Metropole München sein? Nein, ist es nicht! Denn was Ryanair als Flugziel »München West« verkauft, ist in Wahrheit das rund 90 km entfernte Memmingen. Die Memminger Stadtoberen freut der anhaltende Touristenboom nach »München« – Welcome to Munich West! Cheers!

## WETTERMITTELWERTE

Der sogenannte langjährige Mittelwert sagt über die Münchner Witterungsverhältnisse folgendes:

## REGENNEST HAMBURG?

Hamburg oder München – wo regnet es mehr? Aus dem Bauch heraus würden auch Sie Hamburg sagen, oder?

… dass aber Hamburg trotzdem zurecht das Schiet-Wetter-Image hat, liegt daran, dass es in München ab und an richtig duscht, in Hamburg aber an vielviel mehr Tagen in geringen Mengen trostlos vor sich hin tröpfelt.

## ÜBER MÜNCHEN:

»Soll ich dir sagen, was mir am meisten zuwider auf Erden? Münchens Lage und Bau, Münchner Gesellschaft und Luft.« *Ludwig I. von Bayern als Kronprinz (1786–1868)*

»Für mich ist München mein Deutschland. Außerhalb Münchens ist für mich Ausland.« *Helmut Dietl (*1944, Regisseur)*

»Eine sehr rohe Stadt.« *Maximilian Joseph von Montgelas (1759–1838, Minister)*

»Thomas Wolfe hatte recht, als er sagte, München sei ›ein deutscher Himmel auf Erden‹.« *John Russell in der »New York Times«, 1989*

»München kann die Stätte sein oder werden, durch die Deutschland sich am besten, am glücklichsten mit der Welt verbinden und versöhnen mag – eine Weltstadt anderen Sinnes als Berlin, eine weltdeutsche Stadt ...« *Thomas Mann (1875–1955, Autor)*

»Wer behauptet, München sei eine Weltstadt mit Herz, der hat keines.« *Oliver Hassencamp (1921–1988, Autor)*

»Langsam begreife ich, was das ist, ein echter Münchner. Ein Glücksfall ist es, kein Zufall.« *Napoleon Bonaparte (1769–1821, Kaiser)*

»Ich ging durch die Straßen, ganz benommen, wie durch die Stadt meiner frühesten Träume. Da war mir klar, daß dies in Wahrheit die Stadt sei, in der ich mein Leben verbringen würde.« *Otto Falckenberg (1873–1947, Regisseur)*

»... erst beim Verdauen kann man etwas über dieses wunderbare München sagen.« *Franz Kafka (1883–1924, Autor)*

»Ich erinnere mich kaum, schon mal eine so schöne Verbindung von Bergen, Seen und einer Stadt gesehen zu haben wie in München. Ob das ein Gott gemacht hat?« *Clint Eastwood (*1930, Schauspieler, Regisseur)*

»Dieses Volk wusch sich nicht und badete nicht und war doch kunstnäher, als die gewaschene Menschheit des Nordens.« *Theodor Lessing (1872–1933, Philosoph)*

»München, das ist hundert Prozent Einkaufen.« *Terry Gilliam (*1940, Regisseur)*

»Die Münchner verstehen es, sich öffentlich auf den Straßen zu amüsieren.« *Wladimir Iljitsch Lenin (1870–1924, Revolutionär)*

»Zu Münchens schönsten Paradiesen zählt ohne Zweifel seine Wiesen.« *Eugen Roth (1895–1976, Autor)*

## ÜBER MÜNCHEN:

»Altmünchen liegt, wie Altbayern, unschön, aber zweckmäßig und fest da.« *Karl Immermann (1796–1840, Autor)*

»München ist ein goldener Sattel auf einem magern Pferde.« *Gustav II. Adolf von Schweden (1594–1634, König)*

»Fahren Sie gar nicht erst woanders hin, ich sage Ihnen, es geht nichts über München. Alles andere in Deutschland ist Zeitverschwendung.« *Ernest Hemingway (1899–1961, Autor)*

»Schwabing ist kein Ort, sondern ein Zustand.« *Franziska Gräfin zu Reventlow (1871–1918, Autorin)*

»Zwischen Kunst und Bier ist München wie ein Dorf zwischen Hügeln hingelagert.« *Heinrich Heine (1779–1856, Dichter)*

»Die wunderlichsten und verschiedenartigsten Elemente, solche, die sich gegenseitig auszuschließen, sich unmöglich zu machen scheinen, mischen sich oder durchkreuzen sich vielmehr in dieser Stadt.« *Friedrich Hebbel (1813–1863, Dramatiker)*

»München ist die Diva unter den deutschen Metropolen. Keine andere Großstadt ist so selbstverliebt und setzt sich so gerne in Szene.« *Joseph von Westphalen, (*1945, Autor)*

»Ein liederliches, sittenloses Nest voll Fanatismus, Grobheit, Kälbertreiber, voll Heilgenbilder, Knödel, Radiweiber ...« *Gottfried Keller (1819–1890, Dichter)*

»Wenn es Ihnen in München nicht gefällt, dann weiß ich nicht, wo es Ihnen in Deutschland gefallen soll.« *Angela Merkel (*1954, Bundeskanzlerin)*

»Vom Ernst des Lebens halb verschont, ist der schon, der in München wohnt.« *Eugen Roth (1895–1976, Autor)*

»Es gibt nur zwei Städte, in denen man leben kann: Rom und München.« *Henrik Ibsen (1828–1906, Autor)*

»Paris ist eine Frau, München ist Bier. Meiner Meinung nach ist München besser.« *Alexei Grigorjewitsch Schtscherbakow (1776–1848, General)*

»Alle Münchner sind lustig, diese Stadt ist wie gemacht für Feste; feiert sie, zeigt sie ihr wahres Gesicht.« *Erika Mann (1905–1969, Schauspielerin, Autorin)*

»Ich will aus München eine Stadt machen, die Teutschland so zu Ehren gereicht, dass niemand sagen kann, er kenne Teutschland, wenn er München nicht gesehen hat!« *Ludwig I. von Bayern (1786–1868, König)*

## HÖCHSTE GEBURTENZAHL SEIT 40 JAHREN

Im Jahr 2009 kamen 14.306 Kinder in München zur Welt, 265 mehr als in 2008. Damit wurde 2009 in München die höchste Geburtenzahl seit 40 Jahren erreicht. Im Jahr 1969 wurden in München 14.153 Geburten registriert. In den nachfolgenden 70er-Jahren gingen in Folge des sogenannten Pillenknicks die Geburtenzahlen kontinuierlich zurück. Die wenigsten Geburten gab es mit 9.318 im Jahr 1978.

## GROSSE SPORTVERANSTALTUNGEN

Einige große Sportveranstaltungen, die in München stattfanden/-finden:

| | |
|---|---|
| **1906 \| 1974 \| 1991** | Eiskunstlauf-Weltmeisterschaft |
| **1913** | Eishockey-Europameisterschaft |
| **1919** | Deutsche Ringermeisterschaften |
| **seit 1933** | Sechs-Tage-Rennen (Radrennen) |
| **1936** | Schachweltmeisterschaft |
| **1937** | Ringer-Europameisterschaften |
| **seit 1949** | ATP München, BMW Open (Tennis) |
| **1969** | Tischtennis-Weltmeisterschaft |
| **1971** | Olympische Sommerspiele |
| **1972 \| 1980 \| 1984 \| 1990 \| 1992 \| 1997** | Deutsche Schwimmmeisterschaften |
| **1975** | Eishockey-Weltmeisterschaft |
| **1978** | UCI-Bahn-Weltmeisterschaft (Radrennen) |
| **1982** | Boxweltmeisterschaften |
| **1990–1999** | Grand Slam Cup (Tennis) |
| **seit 1995** | Münchner Universitäts-Ruderregatta |
| **seit 1998** | Munich Indoors (Springreitturnier) |
| **seit 1999** | Münchner Bladenight |
| **2000** | Karate-Weltmeisterschaft |
| **seit 2000** | München Marathon |
| **2001** | Judo-Weltmeisterschaft |
| **2002** | Leichtathletik-Europameisterschaften |
| **2004** | Eurogames (europ. Variante der Gay Games) |
| **seit 2004** | B2Run Serie (Firmenlaufserie) |
| **2005–2007** | Air & Style (Freestyle Snowboard Festival) |
| **2005–2008** | DHB-Supercup (Handball) |
| **2006** | Fußball-Weltmeisterschaft |

## TITEL DES FC BAYERN

**CHAMPIONS LEAGUE:**

4 × Sieger 1974, 1975, 1976, 2001
3 × Platz 2 1982, 1987, 1999

**EUROPA LEAGUE:**

1 × Sieger 1996

**POKAL DER POKALSIEGER:**

1 × Sieger 1967

**WELTPOKALSIEGER:**

2 × Weltpokalsieger 1976, 2001

**DEUTSCHER POKALSIEGER:**

15 × Deutscher Pokalsieger 1957, 1966, 1967, 1969, 1971, 1982, 1984, 1986, 1998, 2000, 2003, 2005, 2006, 2008, 2010
2 × Platz 2 1985, 1999

**LIGAPOKAL:**

6 × Sieger 1997, 1998, 1999, 2000, 2004, 2007
1 × Platz 2 2006

**DEUTSCHER MEISTER:**

22 × Deutscher Meister 1932, 1969, 1972, 1973, 1974, 1980, 1981, 1985, 1986, 1987, 1989, 1990, 1994, 1997, 1999, 2000, 2001, 2003, 2005, 2006, 2008, 2010
9 × Platz 2 1970, 1971, 1988, 1991, 1993, 1996, 1998, 2004, 2009

## IN DIE RUHMESHALLE GESCHMUGGELT

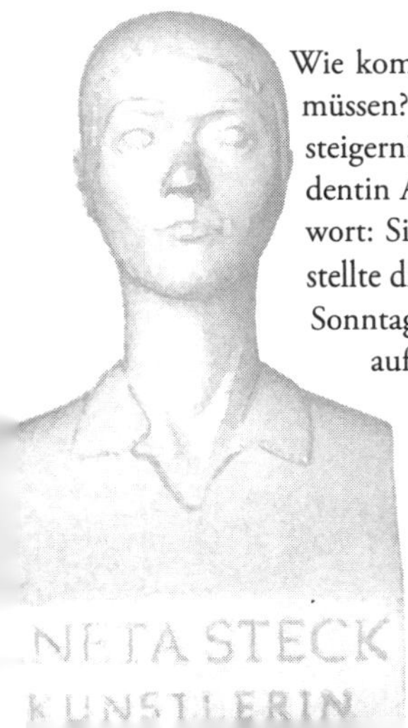


Wie komme ich in die Ruhmeshalle, ohne lange warten zu müssen? Und wie kann ich dort die Frauenquote deutlich steigern? Diese Fragen stellte sich die Münchner Kunststudentin Aneta Steck (damals 29) und fand schnell eine Antwort: Sie modellierte ihre eigene Büste in Gips (Abb.) und stellte diese ebenso heimlich wie unerlaubt an einem grauen Sonntagmorgen im November 2006 in der Ruhmeshalle auf. Die ganze Aktion wurde zur Diplomarbeit der Studentin an der Akademie der Bildenden Künste. Ganze sieben Monate blieb die falsche Büste unentdeckt. Dann entfernte die Schlösser- und Seenverwaltung Anetas Kopf und gab ihn der Künstlerin zurück.

## MÜNCHENS MARCO POLO

»Ich, Johannes Schiltberger, zog aus meiner Heimatstadt München, die in Bayern liegt, mit einem Herrn Leinhart Richartinger aus zu der Zeit, als König Sigismund in Ungarn gegen die Heiden zog. Das war im Jahr 1394 nach Christi Geburt, und ich kehrte erst im Jahr 1427 wieder aus dem Heidenland zurück.« So beginnt der Reisebericht von Johannes Schiltberger (ca. 1380 – nach 1438). Er war gerade mal 14 oder 15 Jahre alt, als Schiltberger München verließ, um als Knappe des Ritters Richartinger in den Krieg gegen die Osmanen zu ziehen. Das christliche Heer unter Ungarns König Sigismund wurde am 28. September 1396 in der Schlacht von Nikopolis regelrecht vernichtet. Hans Schiltberger überlebte – im Gegensatz zu seinem Herrn –, kam in osmanische Gefangenschaft und diente schon ein Jahr später Sultan Bayezid I. als einer der vielen christlichen Söldner. Der als »Geißel

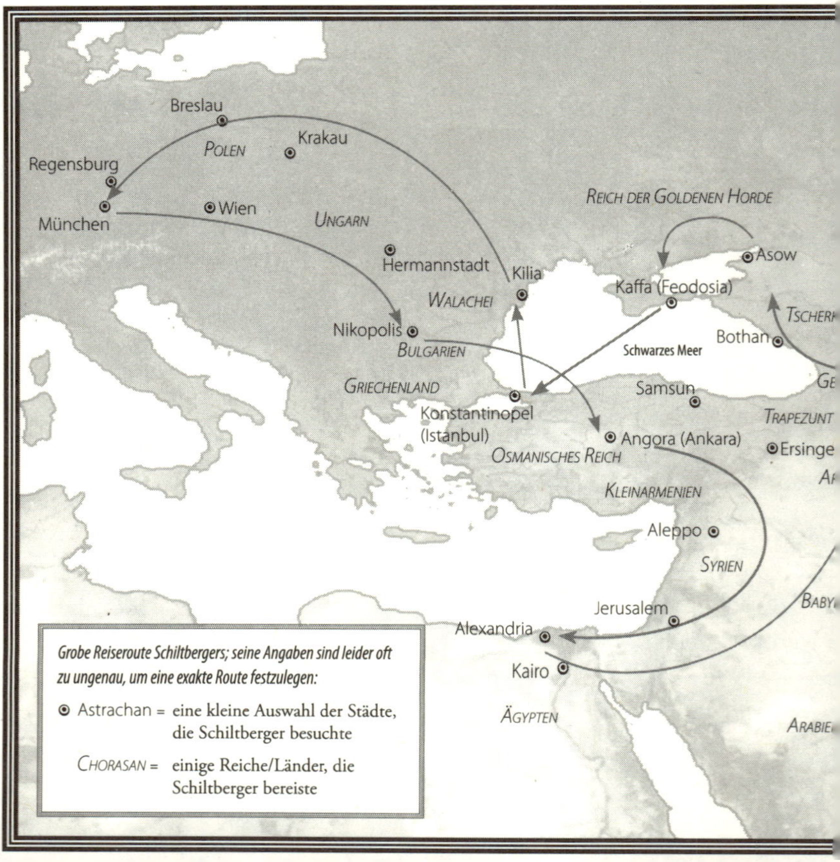


Grobe Reiseroute Schiltbergers; seine Angaben sind leider oft zu ungenau, um eine exakte Route festzulegen:

⊙ Astrachan = eine kleine Auswahl der Städte, die Schiltberger besuchte

CHORASAN = einige Reiche/Länder, die Schiltberger bereiste

Gottes« gefürchtete Mongolenfürst Timur Lenk nahm Schiltberger 1402 in der Schlacht bei Ankara gefangen. Timur Lenk vererbte den Münchner später an seine Söhne. Zuletzt diente Schiltberger Abu Bakr, einem Enkel Timurs. Abu Bakr schenkte seinen bayerischen Soldaten dann ca. 1417 dem Khan der Goldenen Horde.
Schließlich gelang Hans Schiltberger nach über 30 Jahren die Flucht nach Konstantinopel. 1427 kam er über Polen nach München zurück. Einen weltgewandten Mann, der fließend arabisch, türkisch und persisch sprach, konnte Herzog Albrecht III. gut gebrauchen. Er machte Schiltberger zum Kämmerer und gab ihm Gut Hollern bei Lohhof als Wohnsitz. Wann Schiltberger starb, ist nicht überliefert, es muss aber nach 1438 gewesen sein. In seinem Reisebericht, der um 1430 erschien, berichtet Schiltberger, er habe alle Länder um das Schwarze Meer, Ägypten, Babylon und Persien, das Gebiet von Herat bis Delhi, Samarkand und sogar als erster Europäer Sibirien gesehen.

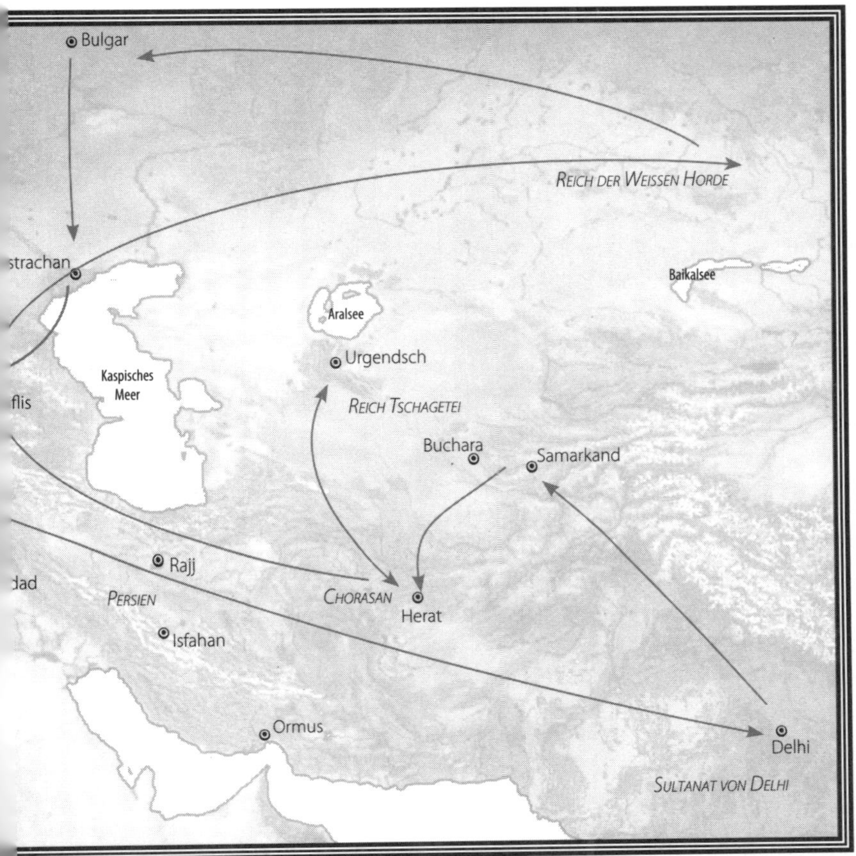

## AUTOBAHNTUNNEL DER SUPERLATIVE

Der Tunnel Aubing ist mit 1,935 km Bayerns längster Autobahntunnel, außerdem ist er laut ADAC einer der Tunnel mit der besten Sicherheit. Und dann lauert hier noch eine der modernsten Geschwindigkeitskontrollanlagen Europas, die so arbeitet, dass kein Fahrer davon etwas bemerkt.

## BLOSS NICHT!

Der Marco Polo-Reiseführer für München warnt auf der letzten Seite vor folgenden Fauxpas, die man sich als Tourist in München (meist zu recht!) keinesfalls leisten sollte:

- ⃠ In München Auto fahren (weil das selbstmörderischer ist als in Paris, Rom oder London und kein Vergleich zum Kuschelverkehr in Berlin)
- ⃠ Versuchen, bairischen Dialekt zu reden (weil das 1. kaum ein Münchner überhaupt noch versteht und 2. einfach saupeinlich klingt, wenn Preißn versuchen, boarisch zu reden)
- ⃠ Über München schimpfen (das dürfen nur Münchner und die tun das ausgiebig und wahrlich zu genüge!)
- ⃠ Mit der Polizei streiten (aber das gilt wohl für alle Städte in allen Ländern in allen Kontinenten)
- ⃠ Echt Volkstümliches suchen (heraus kommt dabei eh höchstens nur was echt Volksdümmliches)
- ⃠ Samstags aufs Oktoberfest gehen (außer man ist Singlefrau und hat absolutes Italienerdefizit)

## DAS ENDE DER ABSOLUTEN KATHOLIZITÄT

Er hieß Michel Johann Balthasar, kam aus Mannheim, war Weinhändler und wollte einfach in der Rosengasse 11 ein Haus kaufen. Ganz München stand Kopf! »NIEMALS!«, schrie der Pöbel, denn Gottes Zorn würde umgehend das Haus mit einem Blitz treffen und dann die restliche Stadt, ganz Bayern und schließlich den Erdball in Brand setzen. Der Grund: Balthasar war protestantisch. Der Kurfürst griff daraufhin mit »strengsten Mitteln« ein und ermöglichte am 29. Juli 1801, dass München seine absolute Katholizität verlor, indem dem lutherischen Weinhändler das Bürgerrecht verliehen wurde. Balthasar (1755–1818) liegt auf dem Alten Südfriedhof, auf seinem Grabstein stand ursprünglich: »Hier ruht der erste Protestant, dem Bayerns Hauptstadt das Bürgerrecht verlieh, und er war dieser Ehre wert.«

## 1. BIERKRUGSAFE DER WELT

Ein echter Bierfreund lässt sich sein Bier nicht in irgendein Glas einschenken, er nimmt seinen eigenen Krug. Den wertvollen eigenen Keferloher nach jedem Besuch im Hofbräuhaus torkelnd mit nach Hause nehmen? Viel zu gefährlich. Und einfach stehenlassen ging auch nicht. Also hat sich das Hofbräuhaus am Platz eine weltweite Innovation einfallen lassen: 1970 installierte der HB-Wirt ein Stahlgerüst für die Aufbewahrung von 424 Maßkrügen in verschließbaren Einzelboxen. Gegen eine geringe Jahresmiete kann man sich seitdem seinen Maßkrug wegsperren lassen, wenns Zeit ist zum Gehen. Da der Platz im Krügesafe ziemlich schnell knapp wurde, überholte der eigene Safe den schmucken Keferloher bald als Statussymbol.

## WAS LÖWENBRÄU MIT MÖTLEY CRÜE ZU TUN HAT

Eigentlich hießen sie zunächst Mottley Krew, doch weil Nikki Sixx, Mick Mars, Tommy Lee und Vince Neil so gerne Bier aus München tranken, änderten sie den Namen ihrer 1981 frisch gegründeten Band: Als Tribut an ihre Lieblingsmarke Löwenbräu kamen die Umlaute in Spiel und aus Mottley Krew wurde die erfolgreiche Hair-Metal-Band Mötley Crüe.

## AUSBRECHERKÖNIGE

Hinter Gittern ist niemand gern – und so versuchen immer wieder mal Menschen aus Stadelheim zu entkommen. Oder Tiere aus Hellabrunn. Besonders erfolgreich sind hier die größten Nagetiere der Welt: die südamerikanischen Wasserschweine (Hydrochoerus hydrochaeris); sie können bis zu 60 cm Schulterhöhe groß und über 50 kg schwer werden. 2005 gelang einem Riesennager die Flucht über den Auermühlbach, er konnte jedoch recht schnell wieder eingefangen werden. Weitaus schwieriger machte es ein Artgenosse im Jahr 1929 seinen Häschern. Damals musste der Auermühlbach komplett trokkengelegt werden, um des 20 kg schweren »Schweins« wieder habhaft zu werden.

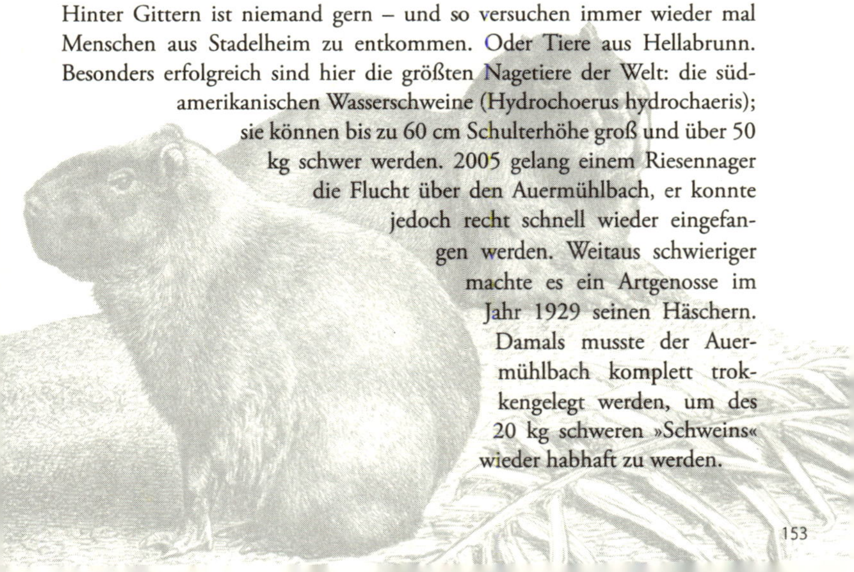

## EINIGE STAMMTISCHE IM HOFBRÄUHAUS

| **Stammtische:** | **Wann:** |
|---|---|
| D'Licht Ausglopfa | Di., Do., Fr. |
| Hinter'm Breznstand | Sa. vormittag |
| König Ludwig | täglich |
| Mir san mir | täglich im Salettl |
| Stadelheim | täglich |
| Verein gegen betrügerisches Einschenken | jeden 1. und 3. Di. |
| Wuide Rundn | jeden Fr. |
| Wolperdinger | täglich |
| D'Mo'schei'briada | jeden Fr. |
| Unser zwoate Hoamat | Di., Fr. |
| Alte Telefoner | jeden 3. Do. |
| D'Forstenrieder Ratschkathln | jeden 1. Mi. |
| D'Miggamingara *(Die Mittwochmünchner)* | jeden Mi. |
| Lügenstammtisch | jeden Fr. |
| Rentnertreff Residenztheater | jeden 1. Mi. |
| Vollzieher | jeden So. |
| De Zammagwiafedn *(Die Zusammengewürfelten)* | jeden 4. Fr. |

## MONTY PYTHON'S FLIEGENDER ZIRKUS

Den »Flying Circus« der britischen Kultkomikertruppe Monty Python kennt praktisch jeder. Aber den »Fliegenden Zirkus«? In den Jahren 1971 und 1972 drehten die Jungs um John Cleese und Terry Gilliam speziell für das deutsche/österreichische Fernsehen in den Münchner Bavaria Filmstudios zwei Folgen »Monty Pythons fliegender Zirkus«. Die erste Folge wurde sogar komplett deutsch gesprochen, obwohl keiner der Pythons des Deutschen mächtig war. Immerhin gelang es ihnen aber, trotzdem verständlich zu sein. Besonders John Cleese erwies sich als äußerst talentiert im imitieren der Fremdsprache. Produziert wurden die Fliegenden Zirkusse von Alfred Biolek, der sogar in einigen Sketchen mitspielt.

## WELT-REKORD-MUSEUM

Das Deutsche Museum ist mit rund 28.000 ausgestellten Objekten aus rund 50 Bereichen der Naturwissenschaften und der Technik das größte naturwissenschaftlich-technische Museum der Welt.

## MÜNCHENS HEXEN

Entgegen der allgemeinen Meinung, der Hexenwahn hätte im Mittelalter seinen Höhepunkt gehabt, kannte das Mittelalter kaum Hexenprozesse. Richtig los ging es erst in der frühen Neuzeit. Der ***ersten Münchner Hexe***, einer gewissen Barbara Beyrl, wurde im Jahr 1578 der Prozess gemacht. Was dann mit ihr geschah, ist nicht überliefert. Im selben Jahr wurde am 11. März die erste Münchner Hexe, die erste bayerische Hexe überhaupt, nachweislich verbrannt: Die aus Bozen stammende Margarethe Schilher hatte unter Folter gestanden, eine »Unholdin« zu sein.
Die beiden ***größten Hexenprozesse***: 1590 gegen Anna und Brigitta Anbacher, Regina Lutz sowie Regina Pollinger; 1600 gegen die Eheleute Pämb, ihre Söhne Michael, Gumpprecht und Hänsel sowie deren »Komplizen« Ulrich Schätzpauner und Jörg Schmälzel. Der Pämb-Prozess gilt als einer der grausamsten in der gesamten deutschen Hexenverfolgung.
Als ***letzte Münchner Hexe*** musste die Hofstallknechtstochter Dellinger 1721 auf den Scheiterhaufen am Galgenberg (heute: Landsberger Straße/ Ecke Hackerbrücke). Sie wurde aber, wie fast alle Münchner Hexen, gnädigerweise nicht lebendig verbrannt, sonden vorher erwürgt.

## GRÖSSTER STADTPARK DER WELT?

Immer wieder findet man den Hinweis, der Englische Garten in München sei der größte Stadtpark der Welt – wenn die Autoren nicht gerade völlige Ahnungslosigkeit demonstrieren und behaupten, der größte Park der Welt sei der Central Park in New York. Der Englische Garten ist der größte Park Deutschlands und eindeutig größer als der Central Park! Aber er ist leider doch nicht der größte Stadtpark der Welt. Hier ein kleiner Vergleich:

| Anlage | Größe |
|---|---:|
| Nationalstadtpark, Stockholm | 27 km² |
| Sutton Park, Birmingham | 9 km² |
| Bois de Boulogne, Paris | 8,4 km² |
| Phoenix Park, Dublin | 7 km² |
| Wiener Prater, Wien | 6 km² |
| ***Englischer Garten, München*** | ***4,17 km²*** |
| Golden Gate Park, San Francisco | 4,1 km² |
| Tempelhofer Park, Berlin | 3,55 km² |
| Central Park, New York | 3,5 km² |
| Großer Tiergarten, Berlin | 2,1 km² |

## DIE FALSCHEN VIER HEILIGEN DREI KÖNIGE

Die Steinfiguren an der Freitreppe zur Bayerischen Staatsbibliothek, Ludwigstraße, nennt der Volksmund »Die vier Heiligen Drei Könige«. Ludwig von Schwanthaler entwarf die Vier, die für die Vielfalt der Wissenschaften stehen:

- Thukydides, Begründer der wissenschaftlichen Geschichtsschreibung
- Homer, Dichter von »Ilias« und »Odyssee«
- Aristoteles, Philosoph und Lehrer Alexanders des Großen
- Hippokrates, berühmtester Arzt der Antike

Doch die vier Münchner Heiligen Drei Könige sind nicht die echten! Die stehen im Pausenhof der Grundschule Bernau am Chiemsee. Warum? Im Zweiten Weltkrieg wurde die Staatsbibliothek zu 85 % zerstört. Im Sommer 1965 machten sich die ebenfalls stark beschädigten Figuren per Lastwagen der US-Army auf den Weg an den Chiemsee. Der philhellenistische Bürgermeister von Bernau, Dr. Hugo Decker, hatte die Figuren dem Freistaat Bayern einfach so als Dauerleihgabe abgerungen. Darum blieb den Münchnern nichts anderes übrig, als 1966 vier Kopien an der Freitreppe aufzustellen. Diese Münchner Bildhauer schufen die Nachbildungen:
Hans Vogel: Thukydides | Elmar Dietz: Homer | Roland von Bohr: Aristoteles | Karl Krohe: Hippokrates
Wegen der extremeren Wetterverhältnisse, denen die vier Heiligen Drei Könige in Bernau ausgesetzt sind, nennt sie der Chiemseer Volksmund die »Vier Eisheiligen«.

## MÜNCHENS 1. BLITZABLEITER

München bekommt 1776 seinen ersten Blitzableiter.

## DIE MOBILE TIARA IM ALTEN PETER

Die Hochaltarfigur des Petrus im Alten Peter besitzt eine abnehmbare Tiara. Stirbt ein Papst, wird diese Tiara abgenommen und auf einen Seitenaltar gestellt. Nach der Wahl des neuen Papstes setzt man die Tiara dem Petrus wieder auf.

## HÄUSER BEKOMMEN NUMMERN

Hausnummern gibt es in München seit 1770.

## MÜNCHEN – HEIMAT WELTBERÜHMTER VAMPIRE

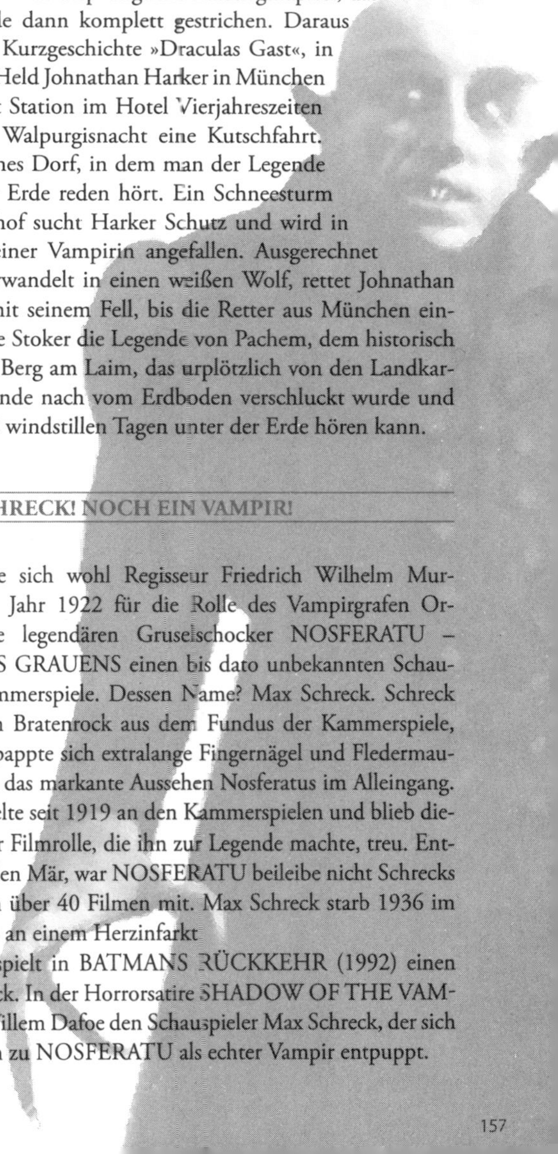

Graf Dracula gehört nach Transsilvanien, klar. Nun, nicht ganz: Bram Stokers Vampirklassiker beginnt seit jeher mit den Worten: »*Left Munich at 8:35 P. M, on 1st May, …*« Das ursprüngliche Einstiegskapitel, das in München spielt, wurde dann komplett gestrichen. Daraus machte Stoker später die Kurzgeschichte »Draculas Gast«, in der man erfährt, was dem Held Johnathan Harker in München widerfährt. Harker macht Station im Hotel Vierjahreszeiten und unternimmt in der Walpurgisnacht eine Kutschfahrt. Er kommt in ein verlassenes Dorf, in dem man der Legende nach die Toten unter der Erde reden hört. Ein Schneesturm zieht auf. Auf dem Friedhof sucht Harker Schutz und wird in einem Mausoleum von einer Vampirin angefallen. Ausgerechnet Graf Dracula himself, verwandelt in einen weißen Wolf, rettet Johnathan Harker und wärmt ihn mit seinem Fell, bis die Retter aus München eintreffen. Vermutlich kannte Stoker die Legende von Pachem, dem historisch nachgewiesenen Dorf bei Berg am Laim, das urplötzlich von den Landkarten verschwand, der Legende nach vom Erdboden verschluckt wurde und dessen Bewohner man bei windstillen Tagen unter der Erde hören kann.

## OH SCHRECK! NOCH EIN VAMPIR!

Nomen est omen, dachte sich wohl Regisseur Friedrich Wilhelm Murnau und verpflichtete im Jahr 1922 für die Rolle des Vampirgrafen Orlok in dem mittlerweile legendären Gruselschocker NOSFERATU – EINE SYMPHONIE DES GRAUENS einen bis dato unbekannten Schauspieler der Münchner Kammerspiele. Dessen Name? Max Schreck. Schreck schnappte sich einen alten Bratenrock aus dem Fundus der Kammerspiele, rasierte sich den Schädel, pappte sich extralange Fingernägel und Fledermausohren an und entwickelte das markante Aussehen Nosferatus im Alleingang. Der gebürtige Berliner spielte seit 1919 an den Kammerspielen und blieb diesem Theater auch nach der Filmrolle, die ihn zur Legende machte, treu. Entgegen der heute kursierenden Mär, war NOSFERATU beileibe nicht Schrecks einziger Film. Er wirkte in über 40 Filmen mit. Max Schreck starb 1936 im Schwabinger Krankenhaus an einem Herzinfarkt
PS: Christopher Walken spielt in BATMANS RÜCKKEHR (1992) einen Fiesling namens Max Shreck. In der Horrorsatire SHADOW OF THE VAMPIRE (2000) verkörpert Willem Dafoe den Schauspieler Max Schreck, der sich dann bei den Dreharbeiten zu NOSFERATU als echter Vampir entpuppt.

## DER ÄLTESTE BAUM

Eine Linde steht am Rande des Westfriedhofs an der Kreuzung Nederlinger-/ Baldurstraße. Sie erfreut sich bester Gesundheit und zählt zu den 83 Bäumen in München, die als Naturdenkmal geschützt sind. Denn diese Linde ist der älteste Baum Münchens. Mindestans 300 Jahre lang, vermutlich sogar 350 Jahre, hat sie im Frühjahr ausgetrieben und im Herbst die Blätter abgeworfen. »Röthlinde« heißt sie, da im 19. Jh. der Gerner Landschaftsmaler Professor Philipp Röth die Linde oft portraitierte.

## PRINTMEDIEN

Einige Zeitungen und Magazine, die aus München kommen:

Abendzeitung
AD
Die Aktuelle
Bild + Funk
Bravo
Bravo Girl
Bravo HipHop Special
Bunte
Chip
Cosmopolitan
Echo der Frau
Elle | Elle Decoration
Focus
Frau aktuell
Frau im Spiegel
Freundin
Glamour
Das Goldene Blatt
Gong
GQ
Homes & Gardens
InStyle
Joy
Laura Wohnen Kreativ
Münchner Merkur
Myself
Playboy
Shape
Süddeutsche Zeitung
TV direkt
TZ
Vogue
Wohnidee
Yeah!
Die Zwei

## SCHUTZGELD FÜR DIE SCHWEDEN

# 300.000

Reichstaler mussten die Münchner 1632 zahlen, damit Schwedenkönig Gustav II. Adolf seine Soldaten im Zaum hielt und die Stadt nicht brandschatzte. Die enorme Summe entsprach etwa dem Halbjahres-Steueraufkommen Schwedens! Da die Münchner nicht alles auf einmal zahlen konnten, nahm Gustav Adolf 42 bedeutende Persönlichkeiten der Stadt als Geiseln mit, die erst bei vollständiger Bezahlung freikamen.

## FIESES ÜBER AUTOFAHRER AUS DEM UMLAND

Es hat bundesweit Tradition, bestimmten Kennzeichen aus der Nachbarregion eine neue, meist fiese Bedeutung zu geben. Hier die wenig charmante Münchner Variante:

| Kennzeichen | Ort | »Bedeutung« |
|---|---|---|
| BGD | Berchtesgaden | Bayerische Gebirgsdeppen |
| BGL | Berchtesgadener Land | Bayerische Gebirgsluschen |
| DAH | Dachau | Depp aufm Heimweg |
| DON | Donauwörth | Depp ohne Namen |
| EBE | Ebersberg | Esel bleibt Esel |
| | | EbersBäcker |
| | | Ein blinder Engel |
| | | Ein beschränktes Exemplar |
| ED | Erding | Entsprungener Depp |
| FFB | Fürstenfeldbruck | Fahrer fährt blind |
| | | Fahrer fährt besoffen |
| | | Fahrer fährt bescheuert |
| | | Frauen fürs Bett |
| | | Fahrer fordert Blut |
| | | Fürsten, Freiherren und Barone |
| | | Fahrst furt, Bauer! |
| | | Führerschein für Blinde |
| | | Fünf Flaschen Bier |
| FS | Freising | Fährst scheiße! |
| GAP | Garmisch-Partenkirchen | Geh auf's Pedal! |
| | | Größter anzunehmender Penner |
| | | Gutes aus Polen |
| LL | Landsberg/Lech | Lalli, Lahmarschiger! |
| | | Lange Leitung |
| MB | Mosburg | Moosbummerl |
| | | Mistbauer |
| OAL | Ostallgäu | Ochs am Lenker |
| | | Obera…l… |
| RO | Rosenheim | Rasender Ochs |
| STA | Starnberg | Scheiße, totaler Anfänger |
| WM | Weilheim-Schongau | Warnung: Miesepeter |

## GEBÜRTIGE MÜNCHNER

**Ludwig IV. der Bayer,** *Kaiser des Hl. Römischen Reichs deutscher Nation (1281–1347)*
**Joseph von Baader,** *Erfinder (1763–1835)*
**Franz Xaver Gabelsberger,** *Erfinder des Kurzschriftsystems (1789–1849)*
**Joseph Anton von Maffei,** *Lokomotivenfabrikant (1790–1870)*
**Ludwig Schwanthaler,** *Bildhauer (1802–1848)*
**Carl Spitzweg,** *Apotheker und Maler (1808–1885)*
**Ludwig II.,** *Märchenkönig (1845–1886)*
**Oskar von Miller,** *Gründer der AEG und des Deutschen Museums (1855–1934)*
**Richard Strauss,** *Komponist (1864–1949)*
**Christian Morgenstern,** *Schriftsteller (1871–1914)*
**Franz Marc,** *Maler (1880–1916)*
**Karl Valentin,** *Komiker (1882–1948)*
**Lion Feuchtwanger,** *Schriftsteller (1884–1958)*
**Wilhelm Hoegner,** *Ministerpräsident von Bayern (1887–1980)*
**Johannes R. Becher,** *Schriftsteller, Texter der DDR-Nationalhymne (1891–1958)*
**Eugen Roth,** *Schriftsteller (1895–1976)*
**Carl Orff,** *Komponist (1895–1982)*
**Heinrich Himmler,** *Reichsführer SS, Reichsinnenminister (1900–1945)*
**Beppo Brem,** *Schauspieler (1906–1990)*
**Klaus Mann,** *Schriftsteller (1906–1949)*
**Rupprecht Geiger,** *Maler (1908–2009)*
**Alexander Mitscherlich,** *Arzt und Psychologe (1908–1982)*
**Golo Mann,** *Schriftsteller und Historiker (1909–1994)*
**Ralph Maria Siegel,** *Komponist und Textdichter (1911–1972)*
**Schalom Ben-Chorin** *eigentlich Fritz Rosenthal, Schriftsteller und Religionsphilosoph (1913–1999)*
**Robert Lembke,** *Journalist und Moderator (1913–1989)*
**Alfred Andersch,** *Schriftsteller (1914–1980)*
**Sigi Sommer,** *Schriftsteller und Journalist (1914–1996)*
**Franz Josef Strauß,** *u. a. Ministerpräsident von Bayern (1915–1988)*
**Curd Jürgens,** *Schauspieler (1915–1982)*
**Peter Pasetti,** *Schauspieler (1916–1996)*
**Toni Berger,** *Schauspieler (1921–2005)*
**Gustl Bayrhammer,** *Schauspieler (1922–1993)*
**Hugo Strasser,** *Orchesterleiter und Komponist (*1922)*
**Wolfgang Sawallisch,** *Dirigent (*1923)*
**Walter Sedlmayr,** *Schauspieler (1926–1990)*
**Max Greger,** *Orchesterleiter, Komponist und Saxophonist (*1926)*
**Helmut Fischer,** *Schauspieler (1926–1997)*

**August Everding,** *Regisseur und Generalintendant (1928–1999)*
**Franzl Lang,** *Jodler (*1930)*
**Maxl Graf,** *Schauspieler, Sänger und Moderator (1933–1996)*
**Percy Adlon,** *Regisseur, Autor und Produzent (*1935)*
**Dieter Kronzucker,** *Journalist und TV-Moderator (*1936)*
**Robert Huber,** *Chemiker und Nobelpreisträger (*1937)*
**Claus Hipp,** *Unternehmer (*1938)*
**Herbert Achternbusch,** *Schriftsteller, Regisseur und Schauspieler (*1938)*
**Peter Kraus,** *Sänger und Schauspieler (*1939)*
**Rex Gildo,** *eigentlich Ludwig Franz Hirtreiter, Schlagersänger (1939–1999)*
**Rudolph Moshammer,** *Modehändler (1940–2005)*
**Willy Bogner,** *Unternehmer, Regisseur und Produzent (*1942)*
**Gerhard Polt,** *Autor, Schauspieler und Kabarettist (*1942)*
**Werner Herzog,** *Regisseur (*1942)*
**Andreas Baader,** *Terrorist, Mitglied der RAF (1943–1977)*
**Chris Roberts,** *eigentlich Christian Klusacek, Schlagersänger (*1944)*
**Erhard Keller,** *Eisschnellläufer (*1944)*
**Franz Beckenbauer,** *Fußballer-Legende (*1945)*
**Ralph Siegel,** *Komponist (*1945)*
**Franz Xaver Kroetz,** *Schauspieler und Schriftsteller (*1946)*
**Gerd Anthoff,** *Schauspieler (*1946)*
**Konstantin Wecker,** *Liedermacher und Sänger (*1947)*
**Christian Ude,** *Münchner Oberbürgermeister (*1947)*
**Willy Michl,** *Liedermacher (*1950)*
**Dominik Graf,** *Regisseur (*1952)*
**Harold Faltermeyer,** *Komponist (*1952)*
**Udo Wachtveitl,** *Schauspieler (*1958)*
**Ulrich Noethen,** *Schauspieler (*1959)*
**Patrick Lindner,** *Schlagersänger (*1960)*
**Willy Astor,** *Sänger, Kabarettist, Komponist, Texter, Gitarrist und Autor (*1961)*
**Thomas Ohrner,** *Schauspieler und Moderator (*1965)*
**Michael »Bully« Herbig,** *Komiker, Autor, Regisseur und Filmproduzent (*1968)*
**Jonas Kaufmann,** *Tenor (*1969)*
**Rick Kavanian,** *Komiker (*1971)*
**Moritz Bleibtreu,** *Schauspieler (*1971)*
**Karl-Theodor zu Guttenberg,** *Politiker (*1971)*
**Florian David Fitz,** *Schauspieler (*1974)*
**Lou Bega,** *eigentlich David Lubega, Latin-Popsänger (*1975)*
**Thomas Hitzlsperger,** *Fußballspieler (*1982)*
**Philipp Lahm,** *Fußballspieler (*1983)*
**Jimi Blue Ochsenknecht,** *Schauspieler (*1991)*

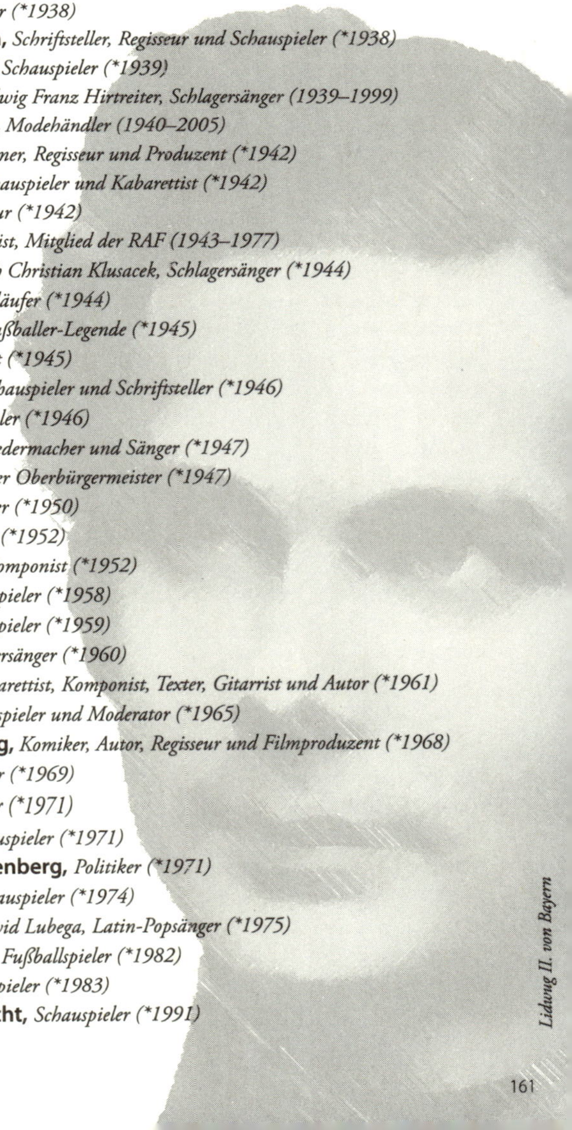

*Lidwig II. von Bayern*

## GEBÜRTIGE MÜNCHNERINNEN

**Isabeau,** *auch: Elisabeth von Bayern-Ingolstadt, Königin von Frankreich (1371–1422)*
**Elisabeth »Sisi« Amalie Eugenie,** *Herzogin in Bayern, Kaiserin von Österreich und Königin von Ungarn (1837–1898)*
**Lina Meittinger,** *Schauspielerin (1856–1928)*
**Elisabeth Winterhalter,** *Deutschlands 1. Chirurgin (1856–1952)*
**Annette Kolb,** *Schriftstellerin (1870–1967)*
**Liesl Karlstadt,** *eigentlich Elisabeth Wellano, Komikerin (1892–1960)*
**Therese Giehse,** *Schauspielerin (1898–1975)*
**Erika Mann,** *Schauspielerin, Kabarettistin und Schriftstellerin (1905–1969)*
**Franziska Bilek,** *Zeichnerin, Karikaturistin und Schriftstellerin (1906–1991)*
**Eva Braun,** *Fotolaborantin und Lebensgefährtin von Adolf Hitler (1912–1945)*
**Erni Singerl,** *Schauspielerin (1921–2005)*
**Marianne Koch,** *Schauspielerin, Moderatorin und Ärztin (*1931)*
**Charlotte Knobloch,** *Vorsitzende des Zentralrats der Juden in Deutschland (*1932)*
**Margit Schramm,** *Kammersängerin (1935–1996)*
**Nana von Hugo,** *Designerin und Architektin (1936–2001)*
**Ingeborg Hallstein,** *Opernsängerin (*1936)*
**Erika Berger,** *Fernsehmoderatorin und Sexberaterin (*1939)*
**Carolin Reiber,** *Moderatorin (*1940)*
**Hanne Darboven,** *Künstlerin (1941–2009)*
**Heidi Brühl,** *Sängerin und Schauspielerin (1942–1991)*
**Maria von Welser,** *Fernsehjournalistin (*1946)*
**Uschi Obermaier,** *Model und Mitglied der Berliner Kommune I (*1946)*
**Antje-Katrin Kühnemann,** *Ärztin und Fernsehmoderatorin (*1947)*
**Beatrice Richter,** *Schauspielerin und Entertainerin (*1948)*
**Monika Baumgartner,** *Schauspielerin und Theaterregisseurin (*1951)*
**Michaela May,** *eigentlich Gertraud-Michaela Mittermayr, Schauspielerin (*1952)*
**Constanze Engelbrecht,** *Schauspielerin (1955–2000)*
**Jutta Speidel,** *Schauspielerin (*1954)*
**Ramona Leiß,** *Moderatorin (*1957)*
**Olivia Pascal,** *eigentlich Olivia Gerlitzki, Schauspielerin (*1957)*
**Katerina Jacob,** *Schauspielerin (*1958)*
**Christa Kinshofer,** *Skirennläuferin (*1961)*
**Martina Gedeck,** *Schauspielerin (*1961)*
**Christine Neubauer,** *Schauspielerin (*1962)*
**Marina Kiehl,** *Skirennläuferin (*1965)*
**Maria Furtwängler,** *Schauspielerin und Ärztin (*1966)*
**Barbara Schöneberger,** *Fernsehmoderatorin und Sängerin (*1974)*
**Briana Banks,** *eigentlich Briana Bany, US-amerikanische Pornodarstellerin (*1978)*

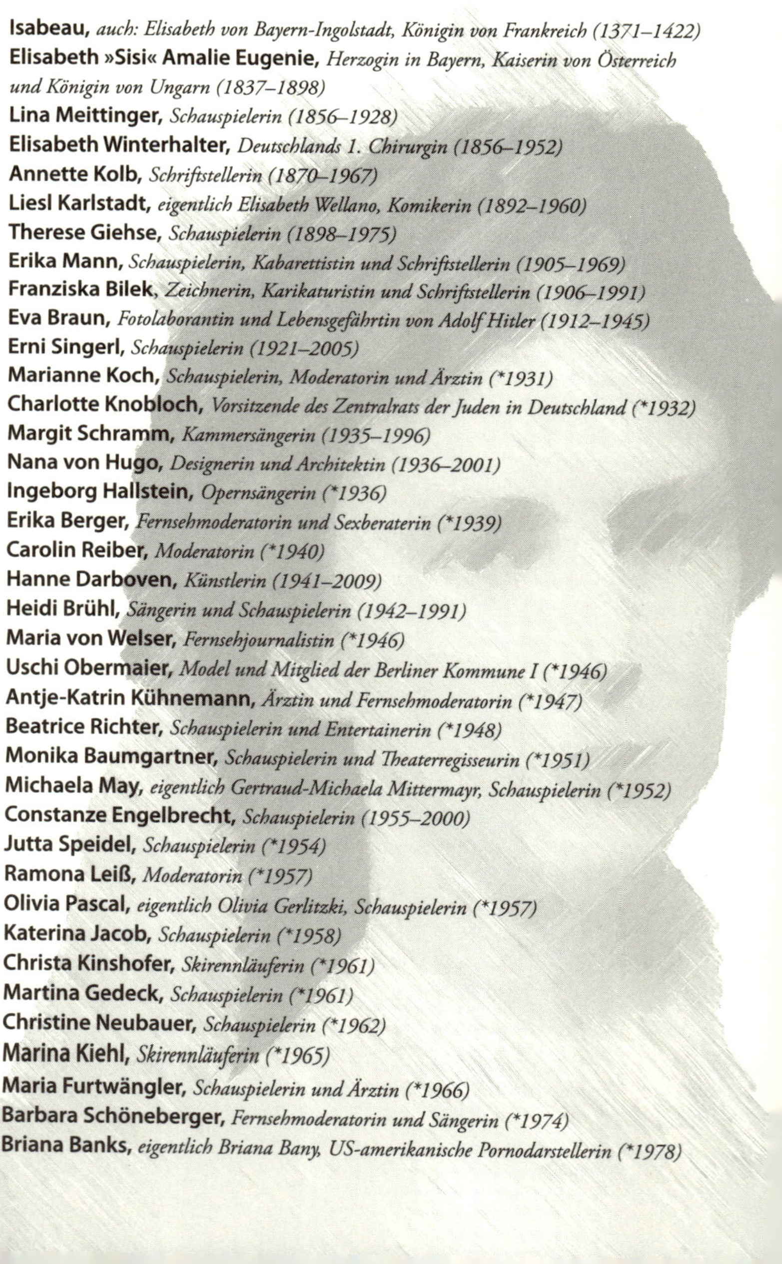

*Elisabeth »Sisi« von Österreich-Ungarn*

## ÄLTESTE FUNKTIONIERENDE MASCHINE DER WELT

Vor dem Schloss Nymphenburg schießt eine riesige Fontäne gen Himmel – und das mit der Technik von 1807. Joseph von Baader errichtete in jenem Jahr ein Pumpwerk im »Johannisbrunnhaus« als Antrieb für die große Fontäne vor dem Schloss. Das Pumpwerk ist noch heute im ursprünglichen Zustand und ist auf jeden Fall die älteste noch dienstbereite Maschine Europas, vermutlich sogar der Welt. Eine Besonderheit der Konstruktion ist der Windkessel: Er dient zur Erhöhung und zum Ausgleich des Leitungsdrucks und war zur Erbauungszeit eine Sensation, denn er ermöglichte die damals »stärkste«, also wasserreichste Fontäne Europas. 55 Liter pro Sekunde sorgten für eine acht bis zehn Meter hohe Fontäne.

## DIE ERSTEN FRAUEN-ÄRZTINNEN

**Hope Bridges Adams Lehmann** (1855–1916) war die erste Frau, die in Deutschland ein Medizinstudium mit dem Staatsexamen abschloss. Bei den Vorlesungen verkleidete sich als Mann. Sie wurde die erste praktische Ärztin und Gynäkologin Münchens.
**Elisabeth Hermine Winterhalter** (1856–1952), geboren in München, war die erste deutsche Chirurgin und praktizierte als eine der ersten Gynäkologinnen Deutschlands in Frankfurt am Main.
**Margarete Schüler** aus Fürth war die erste Frau, die von der medizinischen Fakultät der Münchner Universität den Doktorgrad verliehen bekam. Wann? Am 22. Juli 1903.

## 1. MUSEUM FÜR ZEITGENÖSSISCHE KUNST DER WELT

Ludwig I. sammelte wie besessen Kunst aus allen Epochen, auch aus seiner Zeit, also zeitgenössische Kunst. Und was im 19. Jh. modern war, wollte er seinen Untertanen nicht vorenthalten. Also machte er seine Privatsammlung der Öffentlichkeit zugänglich. Seine Neue Pinakothek eröffnete am 25. Oktober 1853 und war damit das erste Museum für moderne Kunst weltweit.

## 1. FRAUENBUCHLADEN DEUTSCHLANDS

Off Limits für Männer: Am 3. November 1975 eröffnet Lillemor's, der erste Frauenbuchladen Deutschlands, in der Barer Straße 70.

## EINZIGER FLIEGERANGRIFF

Im Ersten Weltkrieg erlebt München, im Gegensatz zum Zweiten Weltkrieg, nur einen einzigen Fliegerangriff: Am 27. November 1916 wirft ein französisches Flugzeug drei Bomben ab, die keinen Schaden verursachen.

## EINE STADT IM UNTERGRUND

Durch Aufkäufe, Zwangsenteignung, Abrisse und Neubauten hatte sich Hitlers NSDAP bis 1939 über 50 Gebäude rund um den Königsplatz unter den Nagel gerissen. Alle Parteibauten bildeten eine Stadt in der Stadt, denn sie waren zusammengeschlossen zu einem autarken Komplex, der über ein eigenes Kraftwerk für Energie und Wärme, eigene Klimazentralen, Lebensmittellager, Großküchen, Kantinen, ein eigenes Post- und Fernmeldeamt sowie mehrere Hochsicherheitsbunker verfügte. Gänge in 5 bis 8 m Tiefe verbanden die wichtigsten Parteibauten.

## EUROPAMEISTER MUC II

Die World Airport Awards lügen nicht. Jedes Jahr bittet das Londoner Luftfahrtforschungsinstitut Skytrax rund 10.000.000 Passagiere in aller Welt, Flughäfen in 40 Kategorien zu bewerten. Europas Bester 2010: der Münchner Flughafen (wie schon 5 x in der Vergangenheit). Weltweit schafft es München sogar auf den ehrenvollen 4. Platz hinter Singapur, Seoul und Hongkong.

## 1. ALTENHEIM DEUTSCHLANDS

Der soziale Dienstleister Augustinum, Mitglied im Diakonischen Werk der Evangelischen Kirche Bayerns, eröffnete 1962 das erste Seniorenwohnstift Deutschlands in München-Neufriedenheim. Das Augustinum ist heute mit 22 Häusern europäischer Marktführer im Bereich Altenheime.

## DER 1. MÜNCHNER

Das erste Münchner, der namentlich bekannt ist, ist der ca. 1167 erwähnte »Heribort decanus de Munichen«, also ein Herbert, der Dekan/Pfarrer von Münchens damals einziger Kirche St. Peter war.

# Der Teufel wars

Der Teufel, in München gern auch Sparifankerl genannt, hat seine Spuren in der Stadt hinterlassen.

## Teufelstritt der Frauenkirche

**Version A**: Der Teufel beschloss, die neugebaute Frauenkirche zu zerstören, schlich hinein und fing höllisch an zu lachen, denn er sah keine Fenster! »Diese Versager«, dachte er, »da wird kein Gläubiger in die stockfinstere Kirche kommen und ich fange mehr Seelen!« Er stapfte vor Freude fest auf, hinterließ seinen Fußabruck und zog ab. Zu spät entdeckte er, dass die Kirche sehr wohl Fenster hat.

**Version B:** Baumeister Jörg Ganghofer holte den Teufel in sein Team zur fixen Domfertigstellung im Tausch gegen eine Seele. Als der Teufel später seinen Lohn holen wollte, ließ Ganghofer ihn abblitzen. Als Bauarbeiter, so Ganghofer, habe der Teufel total versagt, weil er die Fenster vergessen habe! Und wirklich: Man sah keine Fenster! Vor Wut stampfte der Teufel fest auf und rauschte davon.

P.S. Die Stelle des Tritts markiert den Punkt unter der Orgelempore, von dem aus 1620–1858 tatsächlich kein Fenster zu sehen war!

## Wind um die Frauenkirche

Dass es rings um den Dom so bläst, ist auch dem Teufel zu verdanken. Denn er reiste auf dem Wind an. Als er dann seinen Fußtritt hinterlassen hatte und (je nach Version wütend oder happy) davonrauschte, vergaß er sein wartendes Taxi namens Wind. Der pflichtbewusste Wind sucht also heute noch seinen Fahrgast …

## Alter Peter

Einst hatte die Peterskirche zwei Türme, die hat der Teufel schnell mal 1327 mit einem Brand zerstört, dann erneut 1607 mit einem Blitz. Den neuen einzelnen Turm wollte der Leibhaftige dann per Supersturm einstürzen lassen, was misslang. Nur das Turmkreuz verbog sich dramatisch. Ludwig II. ließ selbiges bei der Turmrenovierung einfach quer zur Windrichtung stellen, seitdem ist es ein wenig schief, aber es hält.

Luzifer fecit

## MÜNCHENS UNTERIRDISCHER SEE

München – Stadt weltberühmter Biere! Zwar gab es seit dem 14. Jh. zahlreiche Brauereien in München, aber richtig gutes Bier braute man erst ab dem 19. Jh. Einen nicht unwesentlichen Beitrag zum leckeren Bier leistet seit damals das Münchner Grundwasser, denn unter der Stadt und weit über ihre Grenzen hinaus befindet sich ein gigantischer, bis zu 2.000 m tiefer See mit bester Wasserqualität. Er ist zum einen die letzte gesicherte Trinkwasserversorgung im Münchner Stadtgebiet, die auch zur Notwasserversorgung der Bevölkerung herangezogen werden kann. Zum anderen ziehen die Münchner Brauereien noch heute ihr eigenes Brauwasser aus der Tiefe nach oben. Wasserrohre führen etwa 180 m durch die Münchner Schotterebene direkt zum unterirdischen See mit dem köstlichen, frischen Wasser, das frei ist von Spritz- oder Düngemitteln und Schwermetallen. Übrigens: Es handelt sich nicht um normales Grundwasser, sondern um eiszeitliches Wasser, das von den schmelzenden Gletschern zurückblieb. Das Bierwasser ist also älter als die frühesten Besiedlungen Münchens.

## 3 MÜNCHNER OSTASIEN-ABENTEURER

Die Münchner Gebrüder Schlagintweit – Hermann (1826–1882), Adolf (1829–1857) und Robert (1833–1885) – machten sich als Bergsteiger und Forscher einen Namen, der bis nach Berlin hallte: Auf Empfehlung Alexander von Humboldts schickte die Ostindienkompanie die drei Münchner Burschen am 20. September 1854 von England aus zu einer Forschungsreise nach Indien und Zentralasien. Sie sollten den Erdmagnetismus erforschen. Teils zu dritt, teils allein gelangten die Schlagintweits u. a. bis nach Darjeeling, Bhutan, Leh, in den Karakorum, nach Nepal und ins Tarimbecken. Adolf und Robert wagten gar einen Abstecher ins damals noch verbotene Tibet. Auf dem Rückweg gelang ihnen bei einer versuchten Besteigung des Kamet mit 6.785 m ein neuer Höhenrekord.
Letztmals trafen sich die drei Brüder im Oktober 1856 gemeinsam im indischen Srinagar. Robert und Hermann Schlagintweit kehrten im Juni 1857 nach Berlin zurück. Adolf hingegen wurde in der Nähe der uigurischen Stadt Kaschgar gefangengenommen und am 26. August 1857 ohne Prozess am Hof des Khans als mutmaßlicher chinesischer Spion enthauptet.

## 5 KÜNSTLICHE HÜGEL

München ist eigentlich flach. Schon die Isarhochufer nennt man gleich »Berge«. Nach dem Zweiten Weltkrieg entstanden ein paar künstliche Hügel:
Der bekannteste ist der zwischen 1947 und 1958 aus Kriegsschutt erstandene **Olympiaberg,** stolze 50 m hoch. Ein Gipfelkreuz erinnert an die Kriegsopfer.
Gleich ums Eck befindet sich der nächste Schuttberg, der 37 m hohe **Luitpoldhügel,** der im Schwabinger Luitpoldpark aufgeschüttet wurde.
Dass er ein Trümmerberg ist, fällt kaum auf: Der **Neuhofener Berg** wurde nämlich am Isar-Hochufer entlang mit 2,5 Mio. m³ Schutt aufgeschüttet. Er ist deshalb kaum höher als seine westliche Umgebung.
Ein ganzes Dorf verschlang der **Fröttmaninger Berg.** Die 1954 eröffnete Mülldeponie Großlappen begrub im Laufe der Jahre das Dorf Fröttmaning, an das heute eine Kunstinstallation erinnert. 1973 begann die Renaturierung des aus 12 Mio m³ Müll bestehenden Hügels. Heute ist der 75 m hohe Fröttmaninger Berg ein beliebtes Naherholungsgebiet.
Westlich von Harlaching wurde auf einer Wiese ein Bunker errichtet, der zu massiv war, um ihn nach Kriegsende abzutragen. Also schüttete man den Bunker 1970 mit dem Aushubmaterial des McGraw-Grabens zu. So entstand der **Perlacher Mugl,** der heute ein beliebter Aussichtsberg ist.

## EIN PAAR WORTE ZU STADELHEIM

Im 1894 eröffneten Gefängniskomplex Stadelheim (Giesing) saßen für kürzere oder längere Zeiträume u. a. ein:

Ludwig Thoma, *Schriftsteller,* wegen Beleidigung der Sittlichkeitsvereine (1906)
Kurt Eisner, *Revolutionsführer,* wegen Organisation des Januarstreiks (1918)
Anton Graf von Arco auf Valley, *Jurastudent,* Mord an Ministerpräsident Kurt Eisner
Gustav Landauer *Anarchist,* wurde hier am 2. Mai 1919 getötet
Eugen Leviné, *Revolutionär,* wurde hier am 5. Juni 1919 getötet
Ernst Toller, *Revolutionär,* inhaftiert 1919 bis 1924
Adolf Hitler, *Polit-Agitator,* saß vom 24. Juni bis 27. Juli 1922 wegen Landfriedensbruchs
Ernst Röhm, *ehemaliger SA-Stabschef,* wurde am 1. Juli 1934 in Zelle 70 erschossen
Hans und Sophie Scholl, *Studenten (Widerstandsbewegung Weiße Rose),* wurden am 22. Februar 1943 hier getötet
Alexander Schmorell, *Student (Widerstandsbewegung Weiße Rose),* wurde am 13. Juli 1943 hier getötet
Kurt Huber, *Professor (Widerstandsbewegung Weiße Rose),* wurde am 13. Juli 1943 hier getötet
Willi Graf, *Student (Widerstandsbewegung Weiße Rose),* wurde am 12. Oktober 1943 hier getötet
Friedrich Ritter von Lama, *katholischer Journalist,* saß wegen Abhörens von Radio Vatikan und wurde hier am 9. Februar 1944 ermordet
Dieter Zlof, *Betriebswirt,* Entführer von Richard Oetker, war ab 1980 bis zu seiner Verlegung nach Straubing hier inhaftiert
Konstantin Wecker, *Musiker,* U-Haft wegen Kokainkonsums (1995)
Karl-Heinz Wildmoser Sen., *Ex-Präsident des TSV 1860 München,* U-Haft wegen Untreue und Bestechung (2004)
Oliver Shanti, *Musiker u. Sektenführer,* inhaftiert seit 2008, verurteilter Kinderschänder
John Demjanjuk, *mutmaßlicher Kriegsverbrecher,* seit 2009

*Zelle 70* Kurt Eisner, Anton Graf Arco auf Valley, Adolf Hitler und Ernst Röhm saßen alle in Zelle 70

*1.049* geschätzte Zahl der Hinrichtungen, die in Stadelheim durchgeführt wurden

## ALLE MÜNCHNER BRAUEREIEN MIT GRÜNDUNGSJAHR

Heiliggeistspital (1286) Kloster St. Jakob (1306) Augustinerbräu (1328) Franziskanerbräu (1363) Probstbrauerei (1363) Schützbräu (1372) Unterpollingerbräu (1390) Gilgenrainerbräu (1390) (Ober) Welserbräu = Spatenbräu (1397) Faberbräu (1397) Hackerbräu (1411) Bauernhanslbräu = Pschorrbräu (1445) Högerbräu (1454) Fuchsbräu (1455) Lerchlbräu = Paulanerbräu (1456) Hascherbräu (1471) Birnbaumbräu (1482) Dürnbräu (1482) Kalteneckerbräu (1482) Maderbräu (1482) Metzgerbräu (1482) Filserbräu (1484) Leistbräu (1485) Sollerbräu (1486) Hallerbräu (1490) Zengerbräu (1490) Spöckmayrbräu (1496) Unterkandlerbräu (1499) Unterlottlbräu (1513) Wagnerbräu (1515) Heißbauernbräu (1522) Kapplerbräu (1522) Menterbräu (1522) Löwenbräu (1524) Pachlbräu (1527) Bichlbräu (1527) Hallmayrbräu (1527) Unterspatbräu (1535) Prüglbräu (1539) Schlösslbräu (1539) Eberlbräu (1540) Singspielerbräu (1541) Gilgenbräu (1543) Oberkanlderbräu (1548) Lanzbräu (1549) Löwenhauserbräu (1551) Bacherbräu (1554) Oberpollinger (1556) Probstbräu (1556) Sterneckbräu (1557) Stubenvollbräu (1557) Thorbräu (1563) Krapferbräu (1565) Platzlbräu (1566) Schleibingerbräu (1584) Oberottlbräu (1589) Hofbräu (1589) Hirschbräu (1595) Lodererbräu (1596) Kreuzbräu (1598) Gebhardbrauerei (1. Hälfte 19. Jh.) Mathäserbräu (1818) Sendlinger Brauerei (1822) Lilienbrauerei (1828) Franziskanerkloster im Lehel (1836) Wagnerbräu (1842) Unionsbräu (1845) Kochelbrauerei (1866) Georg Schneider und Sohn (1873) Maximiliansbrauerei (1874) Brauerei zum Dürnbräukeller (1875) Giesinger Brauerei (1875) Ludwigsbrauerei (1875) Gernerbräu (1876) Petuelbrauerei (1877) Kapuzinerbrauerei (1877) Brauerei Rosenschenk & Lottermann (1878) Blutenburgbrauerei (1878) Colosseumsbrauerei (1879) Praterbrauerei (1879) Weißbierbrauerei Bichler (1879) Weißbierbrauerei Lobenhoffer (1879) Brauerei Thalkirchen (1879) Bennobrauerei (1879) Münchner-Kindl-Brauerei (1880) Bürgerbräu (1880) Weißbierbrauerei Wetzstein (1880) Max-Emanuel-Brauerei (1880) Johannis Brauerei (1880) Karmelitenbrauerei (1880) Adlerbauerei (1880) Bruderhof Brauerei Lex (1880) Weißbierbrauerei Sedlmayr (1880) St. Anna (1880) Weißbierbrauerei Schramm (1880) Thomasbräu (1881) Gabelsbergerbrauerei (1881) Benediktusbrauerei (1881) Gärtnerbrauerei (1881) Weißbierbrauerei Dachs (1881) Brauerei Pasing (1881) Münchner praktische Brauerschule Karl Michel (1881) Bavariabrauerei (1883) Weißbierbrauerei Kirchner (1887) Siegesbrauerei (1888) Brauerei Dr. Bauer (1889) Münchner Kindl Weizenbierbrauerei (1894) Weißbierbrauerei Pasing (1894) Münchner Brauakademie Dr. Doemens (1895) Bierwürze GmbH (1902) St. Michaelsbrauerei (1903) Weizenbierbrauerei Thalkirchen (1905) Weißbierbrauerei Widmann (1907) Forschungsbrauerei Perlach (1930) Brauhaus München-Daglfing (1930) Brauerei Iberer (1935) Weißbierbrauerei Schüle (?) Das Bierlaboratorium (2005) Richlbräu (2008)

**Noch existierende Brauereien in München**

Augustiner-Bräu ❂ Forschungsbrauerei ❂ Hacker-Pschorr Bräu ❂ Hofbräu ❂ Löwenbräu ❂ Paulaner Brauerei ❂ Spaten-Franziskaner-Bräu

**Hausbrauereien in München**

Unionsbräu, Einsteinstraße ❂ Airbräu im Flughafen ❂ Bavariabräu, Theresienhöhe ❂ Paulaner Bräuhaus, Kapuzinerplatz ❂ Das Bierlaboratorium, Birkenau ❂ Richlbräu, Richlstraße

## DIE LETZTE MÜHLE

Mitten in der Innenstadt, hinter einer tollen Altbaufassade steht die Hofbräuhaus-Kunstmühle. Eine Vorgängermühle ist schon 1570 nachgewiesen, die heutige Mühle wurde 1703 in dem 1677 gebauten neuen Malzhaus des Hofbräuhauses errichtet. Ende des 19. Jh. wurde die Mühle zur Kunstmühle für helle Mehle aus Weizen umgebaut. 1967 verlor sie bei der Auflassung der Münchner Stadtbäche ihre Wasserkraft und arbeitet seither mit Strom. Die Hofbräuhaus-Kunstmühle befindet sich in vierter Generation im Besitz der Familie Blum und ist heute die letzte und damit einzige produzierende Mühle im Großraum München.

## GRÖSSTES FILMSTUDIO EUROPAS

Die Bayerische Filmhalle in der Filmstadt Geiselgasteig ist der Produktion von Kinofilmen vorbehalten. Sie gilt mit rund 3.000 $m^2$ Fläche als größtes Filmstudio des europäischen Kontinents.

## DAS KANALNETZ

*2.434.000* Meter Kanäle bilden den Darm Münchens

## GRÖSSTER FREILUFTMARKT DEUTSCHLANDS

Der Viktualienmarkt ist mit seinen 22.000 $m^2$ und den 140 Firmen der größte Freiluftmarkt Deutschlands (nein, liebe Hamburger, da hilft es auch nicht, ständig den Harvesterhuder Markt auf diesen Thron zu hieven, denn der hat nur nahezu ridiküle 12.000 $m^2$!).

## DIE LÄNGSTE STRASSE

*11.200* Meter misst Münchens längste Straße: die Dachauer Straße

## DIE 10 BELIEBTESTEN SPORTARTEN

Es gibt 674 Sportvereine in München mit 336.878 aktiven Mitgliedern. Hier die Top Ten nach Zahl der Vereine:

| | Sportarten | aktive Mitglieder | Vereine |
|---|---|---|---|
| 1 | Berg- und Wandersport | 13.470 | 171 |
| 2 | Fußball | 33.837 | 170 |
| 3 | Volleyball | 4.632 | 116 |
| 4 | Schießsport | 5.250 | 93 |
| 5 | Skisport | 6.107 | 78 |
| 6 | Turnen | 29.018 | 71 |
| 7 | Tennis | 11.148 | 65 |
| 8 | Gymnastik | 7.601 | 61 |
| 9 | Schwimmen | 9.061 | 33 |
| | Leichtathletik | 5.449 | 33 |

Quelle: Sportamt der Stadt München, 2009

## WOHER DER JUGENDSTIL SEINEN NAMEN HAT

1896 erschien in München erstmals »JUGEND – MÜNCHNER ILLUSTRIERTE WOCHENSCHRIFT FÜR KUNST UND LEBEN«. Die von Georg Hirth und Fritz von Ostini gegründete Kunst- und Literaturzeitschrift wurde zum Namensgeber der Bewegung, die in Deutschland zuvor als Art Nouveau oder als Yachting Style bezeichnet wurde. Dass München zum Zentrum des Jugendstils wurde, lag an Künstlern wie:

- Otto Eckmann, der den Schwan zu einem der Leitmotive des Jugendstils machte
- Hermann Obrist, der 1897 gemeinsam mit Freunden wie Peter Behrens die Vereinigten Werkstätten für Kunst im Handwerk gründete
- August Endell, der die legendäre, sensationelle Drachenfassade des 1897 gebauten Hauses Elvira entwarf, das die Nationalsozialisten so sehr hassten, dass sie sie 1937 abschlagen ließen; von ihm stammen auch die Fassaden der Hackeschen Höfe in Berlin
- Richard Riemerschmid mit seinen Möbeln und Raumentwürfen
- Bernhard Pankok, Architekt, Raumgestalter, Bildhauer und Maler
- Bruno Pau, Möbeldesigner und Architekt, der später vom Jugendstil zur Neuen Sachlichkeit wechselte
- Martin Dülfer, Architekt
- Hans Eduard von Berlepsch-Valendas, Architekt und Innenarchitekt

## MÜNCHNER ERFINDUNGEN

Alois Senefelder erfindet 1798 die **Lithografie** (Steindruck) und ermöglicht damit erstmals größere Auflagen farbiger Drucksachen.

⚒

Um 1807 entwickelt Joseph von Fraunhofer das **dioptrische Teleskop,** das exakte astronomische Messungen ermöglicht. 1814 erfindet er dann das **Spektroskop**, ein optisches Gerät, das Licht in sein Spektrum zerlegt. 1820 entdeckt er noch das **Optische Gitter.**

⚒

1802 entwickelt Georg von Reichenbach die **Kreisteilmaschine** zur Teilung von Kreisen an astronomischen, geodätischen, physikalischen Messinstrumenten. 1810 baut er dann die erste **Wassersäulenmaschine,** um Wasser für die Soleförderung zu heben.

⚒

1799 entwirft Joseph von Baader das **2-Mann-U-Boot,** dann skizziert er erste **Eisenbahnen** und schließlich erfindet er 1810 das erste **Tretboot.** 1815 sichert er sich das Patent für **Güterwaggons** auf Schienen.

⚒

Ab 1817 beginnt Franz Xaver Gabelsberger die **Stenografie,** ein grafisches Kurzschriftsystem, zu entwerfen, aus dem sich die heute gebräuchliche Deutsche Einheitskurzschrift entwickelt.

⚒

Der Münchner Meisterflötist Theobald Böhm modernisiert ab 1832 nicht nur die Querflöte (und weitere Blasinstrumente) mit einem neuen **Griffsystem,** er erfindet auch die **Altquerflöte** … und dann gemeinsam mit dem Physiker und Musiktheoretiker Karl Emil von Schafhäutl noch neue **Verhüttungsverfahren für Eisenerze** …

⚒

Carl August von Steinheil entdeckt 1838 die elektrische **Erdrückleitung,** die die Telegrafie bedeutend vereinfacht.

⚒

Carl August von Steinheil entwickelt 1838 gemeinsam mit Franz von Kobell eine **Fotokleinbildkamera** aus Pappröhren, mit der ihm im **Steinheil-Verfahren** die ersten deutschen Fotografien gelingen.

⚒

Franz von Kobell entwickelt 1840 mit der **Galvanografie** eine neue Tiefdruckmethode mit Kupferplatten und erfindet 1855 einen Polarisationsapparat zur Beobachtung der Farbenringe und dunkeln Büschel in Kristallplatten **(Stauroskop).**

Erfindungen und Entdeckungen am laufenden Meter verdankt die Welt Justus von Liebig. In seinen Jahren ab 1852 in München erfindet er u. a. das **Fleischextrakt,** aus dem der Brühwürfel hervorgeht, sowie die **Babynahrung** und er animiert seinen Studenten Eben Norton Horsford zur Erfindung des **Backpulvers.**

⚒

Carl von Linde baut ab 1870 **Kältemaschinen,** die zunächst mit Methylether, später mit Ammoniak laufen.

⚒

Jahre vor Nikolaus Otto erfindet der Münchner Christian Reithmann 1860 den **Viertaktmotor.** Da ihm aber im späteren Patentstreit das Geld ausgeht, feiert heute alle Welt Otto als den Motorerfinder.

⚒

1887 erfindet Hans Bunte die **Bunte-Bürette,** eine Apparatur zur Gasanalyse.

⚒

Auf Drängen von Künstlerfreunden entwickelt 1890 der Apotheker Franz Kolb einen temperaturunempfindlichen Modellierton: das **Plastilin.**

⚒

1894 lassen sich die Ingenieure Alois Wolfenmüller und Hans Geisenhof ein »Zweirad mit Petroleum- oder Benzinmotorantrieb« patentieren = das erste richtige **Motorrad,** das auch so genannt wird und anschließend in der Fabrik Hildebrandt & Wolfenmüller in der Kolosseumstraße in Serie geht.

⚒

1904 lässt sich Hermann Anschütz-Kaempfe den **Kreiselkompass** patentieren.

⚒

Ab 1910 verlässt der Maler Wassily Kandinsky die Pfade der gegenständlichen Malerei und entwickelt eine neue Kunstrichtung: die **Abstrakte Malerei.**

⚒

Die schnell bedienbare **Curryklemme** für Schoten auf Segelbooten wird von dem Münchner Manfred Curry in den 1920ern entwickelt.

⚒

Erich Kästner (der Ingenieur, nicht der Autor) baut mit August Arnold 1936 die erste serientaugliche **Spiegelreflex-Filmkamera** für die Firma ARRI.

⚒

Was tun, wenn eine Fußballpartie bei Spielende unentschieden ist? **Elfmeterschießen!** 1970 vom Schiedsrichter Karl Wald beim bayr. Fußballverband in München vorgeschlagen und bald weltweit übernommen.

# Anzahl (ca.) der Fahrzeuge, die täglic

# 160

Damit ist die Donnersberger Brü

Zum Vergleich: Die vermutlich meistbefahrene Brücke der Welt ist wohl die George Washington Bridge zwischen Manhattan und New Jersey mit täglich bis zu 289.329 Fahrzeugen.

ie Donnersberger Brücke überqueren:

000

e Europas meistbefahrene Brücke!

Die belebteste Brücke der Welt ist wohl Rabindra Setu (Howrah Bridge) im indischen Kalkutta. Sie überqueren zwar nur rund 80.000 Fahrzeuge täglich, dafür aber über 1.000.000 Fußgänger, unzählige Kühe und Nutzvieh.

## »MÜNCHNER-KINDL-CLOSET«

1907 beschloss der Stadtrat, fortan den Verwöhn-Bedürfnissen der Münchner Hinterteile nachzukommen und in allen öffentlichen Toiletten das harte, meist bedruckte Papier gegen weiches Klopapier von der Rolle auszutauschen. Bis 1909 war dann jede Bedürfnisanstalt mit dem hautschmeichelnden Rollenpapier Marke »Münchner-Kindl-Closet« ausgestattet.

## ÜBER HALSABSCHNEIDER UND HUREN

»Iugulus«, lat. für Halsabschneider, so wird in der Stadtkammerrechnung von 1318 Münchens erster Henker geführt. Er und seine Nachfolger durften zwischen 1340 und 1535 selbst bestimmen, wie sie einen Verurteilten ins Jenseits beförderten. Jede Tötungsart hatte einen anderen Tarif.
Außerdem diente der Henker als offiziell bestellter Zuhälter, als Berufsbezeichnung nannte es sich »Frauenhausmeister«, im ersten städtischen Bordell Münchens, das im November 1437 neben dem Henkerhaus im Angerviertel eröffnete. Beides, Henkerhaus und erstes Bordell, befanden sich in etwa an der Stelle der heutigen Hauptfeuerwache an der Blumenstraße.
Dem Henker oblag zeitweilig gegen gutes Geld auch die Reinigung der öffentlichen Straßen. Da er sich die Hände nicht noch schmutziger machen wollte, setzte er dazu seine »Fräulein« ein.

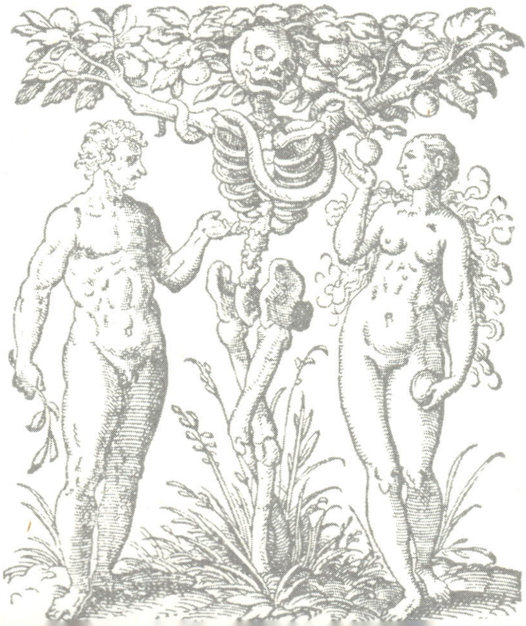

## MÜNCHENS ST. PAULI

Heute landen im Sommer noch einige Flöße als Gaudi an Münchens Zentrallände in Thalkirchen. Doch um 1870 verfügte München über den ***größten Floßhafen Europas:*** Rund 120.000 Flöße landeten jährlich an der Floßlände Kohleinsel (heute Museumsinsel s. u.) und brachten Bauholz sowie Waren aus Italien.

Von 1623 bis 1904 fuhr ein ***Linienfloß wöchentlich von München nach Wien.*** Wer genug Geld hatte, konnte sich sogar einen Platz in der Hütte auf der Floßmitte buchen und kam so bei jedem Wetter trocken an.

Die ***zweite große Floßlände*** befand sich an der Geyerstraße, wo heute der riesige Kinderspielplatz »Am Glockenbach« beginnt. Das ganze Gelände dazwischen, also Glockenbach- und Gärtnerplatzviertel, war mal Münchens Version von ***St. Pauli: ein verrufenes Hafenviertel*** mit Huren, Bordellen, Strichern, Luden, üblen Kaschemmen und allem, was dazugehört.

1914 gingen ***42,9 % aller in München polizeilich registrierten Prostituierten*** zwischen Gärtnerplatz und Baldeplatz anschaffen.

## KARRIERE EINER INSEL

Die Museumsinsel mit dem Deutschen Museum kennt jeder. Doch die Insel hat eine bewegte Vergangenheit:

- **vor 1715** dient die Kohleninsel, eine Sandbank in der Isar, als Floßlände und Lagerplatz für Holz und Kohle
- **1715** entstehen erste Kasernenbauten, das Militär zieht auf die Insel
- **1828** wird die Ludwigsbrücke gebaut, die erste steinerne Brücke
- **1870** ist die Kohleninsel Teil von Europas größtem Floßhafen
- **1885** zieht das Militär ab, die Insel dient fortan als Vergnügungs- und Ausstellungsfläche
- **1895** eröffnet in alten Kasernenbauten Münchens erstes Arbeitsamt
- **1898** findet auf der Insel die 2. Kraft- und Arbeitsmaschinenausstellung Münchens statt
- **1900** findet der Vorschlag, den Münchner Hauptbahnhof auf die Insel zu bauen, keine Mehrheit
- **1906** legt Kaiser Wilhelm II. den Grundstein des Deutschen Museums
- **1911** feiert man Richtfest
- **1925** eröffnet das Deutsche Museum, die Kohleninsel ist von nun an die Museumsinsel
- **1948** eröffnete das Museum nach der Kriegszerstörung neu (80 % waren zerstört)

## 1. UKW-SENDER EUROPAS

Der erste reguläre UKW-Sender Europas nahm am Rosenmontag, dem 28. Februar 1949, um 16.30 Uhr seinen Betrieb auf. Mit 250 Watt wurde auf 90,1 MHz das Programm des Bayerischen Rundfunks ausgestrahlt, dafür diente eine 3-Element-Yagi-Antenne an einem 110 m hohen Stahlgittermast beim Funkhaus München-Freimann.

## 1. DEUTSCHER UMWELTSCHUTZVERBAND

Architekt Gabriel von Seidl tobte vor Wut, als er eines schönen Tages einen Ausflug in das schöne Isartal machte. Der Baubeginn des Stauwehres bei Höllriegelskreuth und des Werkkanals im Jahr 1889 sowie die Inbetriebnahme der Wasserkraftanlage »Zentrale I« 1894 hatten das Isartal brutal verändert. Seidl gründete 1902 flugs den »Isartalverein«, um eine weitere Zerstörung der Natur zu verhindern. Der Münchner Architekt wurde damit zum Vorreiter, denn der »Isartalverein« war Deutschlands erster Umweltschutzverband.

## 1. DEUTSCHER FORSCHUNGSREAKTOR

Das »Atomei« von Garching, offiziell der Forschungsreaktor München (FRM), nahm am 31. Oktober 1957 als erster Forschungsreaktor in Deutschland den Betrieb auf – und stellte ihn am 28. Juli 2000 wieder ein. Eigentümer des mittlerweile unter Denkmalschutz stehenden Atomeis ist die Technische Universität München (TUM). Das Ei findet sich auch im Stadtwappen Garchings wieder.

## TYPISCHE MÜNCHNER ARCHITEKTUR: OHRWASCHELN

»Ohrwascheln« (Ohrmuscheln) finden sich an vielen alten Münchner Häusern. Offiziell nennt man sie Halbgiebelgauben, es sind die asymmetrisch angebrachten kleinen Dachaufbauten, die oft mit einem Lastenkran ausgestattet waren.

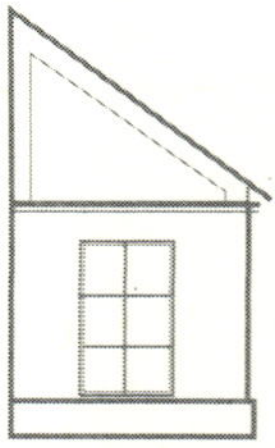

## GRÖSSTER ZIRKUS EUROPAS

Erst war da die Menagerie »Continental«, die ab 1870 mit Freak- und Völkerschauen über die Volksfeste zog. Ab 1905 nannte Carl Krone seinen Wanderzirkus dann Circus Krone. 1919 wurde der Zirkus in München sesshaft. Er ist damit der einzige westeuropäische Zirkus mit festem Stammsitz. Die Wintermanege an der Marsstraße bietet **3.000 Sitzplätze.**
Wenn der Circus Krone auf seine Sommertournee geht, umrundet er kilometertechnisch in 10 Jahren einmal den Erdball.
**19 Zugmaschinen** mit 21 Fahrern und Mechanikern sorgen für den Transport der gigantischen Zeltstadt.
Zur Krone Zeltstadt gehören rund **400 Menschen,** mehr als **250 Tiere, 330 Wohn-, Pack- und Gerätewagen** und ein Spielzelt mit **5.000 Sitzplätzen.**
Es gibt außerdem Stallungen, ein eigenes Stromaggregat mit **400 KW** Leistung, eine Circusschule, eine Betriebsfeuerwehr, eine Mannschaftsküche, Büros und Werkstätten aller Art (Schneiderei, Sattlerei).
Platzbedarf der größten rollenden Zirkusstadt Europas: **30.000 m².**

## CHEFDIRIGENTEN DER MÜNCHNER PHILHARMONIKER

Die Landeshauptstadt München leistet sich eines der international renommiertesten Orchester: die Münchner Philharmoniker. Ihre Chefdirigenten:

**Hans Winderstein** (1893–1895)
**Hermann Zumpe** (1895–1897)
**Ferdinand Löwe** (1897/1898 und 1908–1914)
**Felix Weingartner** (1898–1905)
**Georg Schnéevoigt** (1905–1908)
**Hans Pfitzner** (1919/1920)
**Siegmund von Hausegger** (1920–1938)
**Oswald Kabasta** (1938–1944)
**Hans Rosbaud** (1945–1948)
**Fritz Rieger** (1949–1966)
**Rudolf Kempe** (1967–1976)
**Sergiu Celibidache** (1979–1996)
**James Levine** (1999–2004)
**Christian Thielemann** (2004-2011)
**Lorin Maazel** (ab 2012)

Im Januar 2004 ernannten die Münchner Philharmoniker **Zubin Mehta** zum ersten »Ehrendirigenten« in der Geschichte des Orchesters.

## DIE SLOGANS

Braucht eine Weltstadt einen Slogan? Sicher nicht, wird jeder Weltstädter spontan antworten, schließlich ist sie eine Weltstadt! Bei München war man sich weltstadttechnisch offenbar nicht so sicher und daher schrieben die Verantwortlichen vor den Olympischen Sommerspielen 1972 einen Slogan-Wettbewerb aus, an dem sich alle Münchner beteiligen durften. Siegerin unter 14.218 Einsendungen wurde die Kinosekretärin Dorit Lindner. Sie konnte die 2.500 DM Preisgeld einstecken für ihr:
**Weltstadt mit Herz**

33 Jahre lang, bis zum Jahr 2005, nutze München diesen Spruch. Dann wollte sich die Landeshauptstadt zur Fußballweltmeisterschaft 2006 neu positionieren und beauftragte eine Werbeagentur mit einer Imagekampagne. Und die teuer bezahlten Profis lieferten einen Slogan, den selbst die pfiffigsten Münchner Kinosekretärinnen nie gewagt hätten, in einem Wettbewerb vorzuschlagen:
**Munich Loves You | München mag dich**

An der Petitesse, dass »Loves You« auf Deutsch nicht »mag dich« heißt, stößt sich bei der Wucht von einem Slogan sicher niemand mehr.

Der Spruch **München – Deutschlands heimliche Hauptstadt** geht auf eine Titelgeschichte des Magazins Der Spiegel aus dem Jahr 1964 zurück.

## 4 KAMPF-PUTTEN

Pausbäckchen, Babyspeck und Schwabbelplauze täuschen: Putten können ganz schön taff sein. Vier sogenannte Heldenputten umringen die Mariensäule auf dem Marienplatz. Die um 1640 entstandenen Figuren (heute stehen allerdings nur Nachbildungen im Freien, die Originale findet man im Stadtmuseum) kämpfen gegen Wesen, die als Symbole für die Hauptübel der damaligen Zeit stehen. Als da wären:

| | | |
|---|---|---|
| Drache | = | Hunger |
| Schlange | = | Ketzerei |
| Löwe | = | Krieg |
| Basilisk | = | Pest |

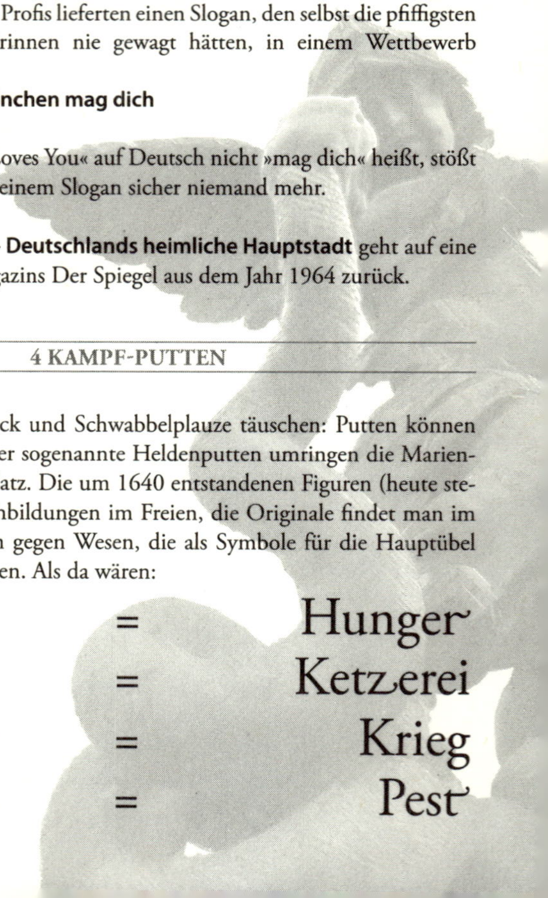

## LOKAL-DERBY-QUICKIE

Das kürzeste Lokalderby zwischen dem FC Bayern München und 1860 München fand 1928 statt: Schnee und Eis auf dem Rasen des Grünwalder Stadions zwangen die Veranstalter, die Begegnung nach wenigen Minuten abzubrechen. Da die Kassen bereits geleert waren, bekam das erboste Publikum sein Eintrittsgeld nicht erstattet und stürmte das Spielfeld.

## MÜNCHNER SEIDE

Seidenmetropole München? Schon 1665 gewährt Kurfürst Ferdinand Maria dem Kaufmann Johann Joachim Becher die Gründung der Münchner »Churbayerischen Seidencompagnie«. Ein gewisser Luca(s) von/van Uffele (in einigen Quellen ist er Niederländer, in anderen Italiener) soll zur Gründung einer eigenen Seidenzucht Maulbeerbäume und Raupeneier aus Italien besorgen. 1669 beginnt der Bau einer Seidenmanufaktur in der Au. 1670 kommt ein weiteres Seidenhaus am Anger (St. Jakobsplatz) hinzu. Letztlich scheitert der Plan. Kurfürst Karl Theodor unternimmt später einen zweiten Versuch und etabliert im Dezember 1781 eine mit reichlich finanziellen Mitteln ausgestattete Seidenzuchtdirektion. Maulbeerbaumplantagen entstehen rings um München, alles züchtet Raupen wie verrückt – und wieder dauert der Eifer nur kurz. Der letzte, verzweifelte Kraftakt, München zur Seidenmetropole auszubauen, erfolgte 1825. Das Ergebnis ist bekannt. Das Seidenhaus am Jakobsplatz diente zwischenzeitlich immer wieder militärischen Zwecken, es wurde dann im Zweiten Weltkrieg zerstört, hier steht heute das jüdische Gemeindezentrum.

## DIE BESTEN PLÄTZE IN DER OPER

Laut Eigenauskunft der Münchner Oper (Nationaltheater) befinden sich die besten Plätze in Bezug auf Sicht und Akustik auf dem Balkon in der Reihe 1 auf Sitz 1 und 3.

## 1. THEATER MIT ELEKTRISCHEN LAMPEN

Der elektronikbesessene Theatermaschinist Carl Lautenschläger sorgte 1883 dafür, dass das Münchner Residenztheater mit elektrischem Licht erstrahlte – als erstes Theater Deutschlands.

## MÜNCHNER HAUTE CUISINE I: STERNEKÜCHE

Gusten und Ohrfeigen sind bekanntlich verschieden. Dennoch findet der Guide Michelin folgende Münchner Restaurants im Jahr 2009 für sternenwürdig:

### Zwei Sterne

| *Restaurant* | *Küchenchef* |
| --- | --- |
| DALLMAYR RESTAURANT<br>Dienerstraße 14 | Diethard Urbansky |
| TANTRIS<br>Johann-Fichte-Straße 7 | Hans Haas |

### Ein Stern

| *Restaurant* | *Küchenchef* |
| --- | --- |
| ACQUARELLO<br>Mühlbauerstraße 36 | Mario Gamba |
| MARK'S RESTAURANT IM MANDARIN ORIENTAL<br>Neuturmstraße 1 | Tobias Jochim |
| RESTAURANT HOTEL KÖNIGSHOF<br>Karlsplatz 25 | Martin Fauster |
| SCHUHBECK'S IN DEN SÜDTIROLER STUBEN<br>Platzl 6 + 8 | Patrick Raaß |
| SCHWEIGER² RESTAURANT SHOWROOM<br>Lilienstraße 6 | Andreas Schweiger |
| TERRINE<br>Amalienstraße 89 | Jakob Stüttgen |

## MÜNCHNER HAUTE CUISINE II: DIE WEISSWURST

Wenns um die Weißwurst geht, kennt der Münchner keinen Spaß. Dass die Franzosen schon im 14. Jh. gebrühte Würste ähnlicher Art servierten und sich die »Boudin Blanc« (= Weißwurst) schon Anfang des 19. Jh. in französischen Kochbüchern findet, mag der Münchner gar nicht hören!

Die Münchner Weißwurst wurde der (wenig glaubhaften, aber gerne kolportierten) Legende nach im Gasthaus »Zum ewigen Licht« am Münchner Marienplatz aus der Not geboren. Dem Wirt Sepp Moser gingen am Rosenmontag, dem 22. Februar 1857, die Schafsdärme für die Kalbsbratwürstchen aus und in der Wirtsstube warteten hungrige Gäste! Der losgeschickte Lehrling brachte nur Schweinedärme zurück – zu zäh und zu groß für Bratwürste! Moser befüllte sie trotzdem mit dem Kalbsbrät und brühte die Würste in heißem Wasser, weil er fürchtete, die Schweinedärme könnten beim Braten platzen. Die Gäste waren begeistert.

Münchner Weißwürste bestehen aus Kalbfleisch, Schweinerückenspeck, gegartem Kalbskopffleisch, Eisschnee sowie Kochsalz und werden je nach Rezept mit Petersilie, Pfeffer, Zitronenpulver, Macis und Zwiebeln, auch Ingwer und Kardamom gewürzt.

Das Mittagsläuten darf die Weißwurst heute längst hören. Die Regel, die Würste vor 12 Uhr zu verzehren, galt früher, als es noch keine Möglichkeit gab, die empfindliche Wurst zu kühlen.

Gegessen wird die Weißwurst mit süßem Senf und Brezn. Den Darm essen nur Zuagroaste mit. Traditionell soll die Wurst gezuzelt werden (also aus dem Darm herausgesaugt werden), was man aber mit Rücksicht auf seine Tischnachbarn und -gegenüber unterlassen sollte. Längs halbieren und aus der Haut ziehen ist sicher die für alle Beteiligten sozial verträglichste, eleganteste und auch appetitlichste Verzehrform.

## GRÖSSTER GROSSMARKT EUROPAS

Die Großmarkthalle in Sendling gilt als größter Großmarkt Europas. Auf dem 310.000 $m^2$ großen Areal schlagen 270 Import- und Großhandelsfirmen 140 Warengattungen aus 83 Ländern im Wert von über 750.000.000 Euro jährlch um. Hinzu kommen 65 Gartenbau-Erzeugerbetriebe, 45 Blumenhändler und 15 Großhandelsfirmen sonstiger Branchen.

## WER KO, DER KO!

Lohnkutscher Franz Xaver Krankl zählte zu den Organisatoren des Pferderennens anlässlich der Vermählung von Kronprinz Ludwig mit Therese von Sachsen-Hildburghausen 1810 – also zu den Urvätern des Oktoberfests. Und Krankl liebte auch sonst schnelle Pferde. Die Verordnung, dass man Mitglieder des Königshauses weder mit dem Pferd noch mit der Kutsche überholen darf, ignorierte er geflissentlich und raste eines schönen Tages mit seinem Pferdetaxi an der langsam dahintrottenden Kutsche Ludwigs I. vorbei. »Tja, Majestät, wer ko, der ko!«, rief Krankl dem verblüfften König im Vorbeirauschen zu und lüpfte höflich den Hut. Majestät revanchierten sich und dachten ebenfalls: »Wer ko, der ko!« Ludwig I. verzichtete auf die Geldstrafe, ließ aber die Einfahrt Krankls mit einer königlichen Kutsche einen Tag lang blockieren, damit Krankl mit seinem Pferdetaxi nicht rausfahren konnte.

## GRÖSSTES UNTERGRUNDBAUWERK EUROPAS

Vier Jahre arbeiteten rund 200 Firmen unterm Karlsplatz, um das sogenannte Stachusbauwerk zu vollenden. Die Eröffnung fand am 26.11.1970 statt. Mit 350 m Länge, 150 m Breite und ca. 40 m Tiefe ist das Stachusbauwerk das größte Untergrundbauwerk Europas. Eine zeitlang war das unterirdische Einkaufszentrum das größte der Welt. 2005 verkaufte die Stadt München das Stachusbauwerk (außer den Bahnanlagen) an die Stadtwerke München.

## DEUTSCHLANDS VORBILD-KRANKENHAUS

Die 1926 bis 1929 von Richard Schachner und Hans Grässel erbaute Klinik Thalkirchner Straße war der allererste Krankenhaus-Hochhausbau Deutschlands und diente als Vorbild für die Krankenhausarchitektur späterer Jahre.

## DAS 8. WELTWUNDER

Mitten in der Fußgängerzone steht das 8. Weltwunder. So titulierte man über Jahrhunderte die Michaelskirche in der Neuhauser Straße 6. Der Grund: Das monumentale Tonnengewölbe, das bis heute zweitgrößte freitragende Tonnengewölbe der Welt nach dem Petersdom in Rom. Allen Skeptikern zum Trotz hielt das Gewölbe bis zu den Fliegerbombennächten 1944, der geplante Turm hingegen stürzte schon während der Bauarbeiten 1590 ein und wurde nie erneuert. Auftraggeber für den Monumentalbau war Herzog Wilhelm V., den der Bau an den Rand des Staatsbankrotts trieb. Schließlich wurde die 1583 begonnene Michaelskirche die größte Renaissancekirche nördlich der Alpen und diente über 100 Nachfolgebauten in aller Welt als direktes Vorbild. Vom Kolleg St. Michael wurde übrigens behauptet, es sei nach El Escorial das Gebäude mit den meisten Fenstern.

## MÜNCHENS PARTNERSTÄDTE

München hat folgende Partnerstädte:

- **Edinburgh,** Großbritannien, seit 1954
- **Verona,** Italien, seit 17. März 1960
- **Bordeaux,** Frankreich, seit 30. Mai 1964
- **Sapporo,** Japan, seit 28. August 1972
- **Cincinnati,** USA, seit 18. September 1989
- **Kiew,** Ukraine, seit 6. Oktober 1989
- **Harare,** Simbabwe, seit 1996 – jedoch wurden ab 1999 die Beziehungen auf offizieller Ebene wegen der Menschenrechtsverletzungen der simbabwischen Regierungspartei immer wieder eingefroren, die Partnerschaft bleibt aber auf Stadtratsbeschluss weiter bestehen.

## ZWEITHÖCHSTE BRÜCKE DER WELT

Gerne wird behauptet, die Großhesseloher Eisenbahnbrücke sei bei ihrer Eröffnung 1857 mit ihren 31 m Höhe die höchste Eisenbahnbrücke der Welt gewesen. War sie aber nicht. Der Rang gebührte damals der 1851 eröffneten Göltzschtalbrücke (78 m hoch) in Sachsen. Die Großhesseloher Brücke erfreute sich zweifelhafter Beliebtheit bei Selbstmördern. Die genaue Zahl ist nicht überliefert, aber es sollen sich vermutlich 280 Menschen in den Tod gestürzt haben. Seit dem Neubau von 1985 ist die Brücke gesichert und für Selbstmordkandidaten uninteressant geworden.

## ECHTE HITPRODUZENTEN: SINGENDE FUSSBALLER

| Fußballspieler *(Verein)* | Titel | Jahr |
|---|---|---|
| **Radi Redenkovic *(TSV 1860)*** | Bißchen Glück in Liebe | 1965 |
| **Radi Redenkovic *(TSV 1860)*** | Bin i Radi, bin i König* | 1965 |
| **Radi Redenkovic *(TSV 1860)*** | Radi & Radieschen | 1966 |
| **Radi Redenkovic *(TSV 1860)*** | Es kommt alles, alles anders | 1966 |
| **Franz Beckenbauer *(FC Bayern)*** | Du allein | 1966 |
| *Nur auf der B-Seite:* | Gute Freunde kann niemand trennen | |
| **Franz Beckenbauer *(FC Bayern)*** | Du bist das Glück | 1967 |
| **Gerd Müller *(FC Bayern)*** | Raba-Da-Da | 1967 |
| **Gerd Müller *(FC Bayern)*** | Du gibst ein Schützenfest | 1968 |
| **Sepp Maier *(FC Bayern)*** | Humor ist, wenn man trotzdem lacht | 1968 |
| **Sepp Maier *(FC Bayern)*** | Die bayerische Loreley | 1968 |
| **Gerd Müller *(FC Bayern)*** | Dann macht es bumm | 1969 |
| **Jean-Marie Pfaff *(FC Bayern)*** | Jean-Marie | 1983 |
| **Jean-Marie Pfaff *(FC Bayern)*** | Jetzt bin ich ein Bayer | 1984 |
| **FC Bayern & der Nymphenburger Kinderchor** | | |
| | Komm, wir machen eine Schlittenfahrt | 1984 |
| | Die schönste Zeit des Jahres | 2000 |
| **FC Bayern, Andrew White & der Tölzer Knabenchor** | | |
| | Die schönsten Weihnachtslieder | 1995 |
| **Keksi & die falschen Freunde**** | Ohne dich (schlaf ich heut Nacht nicht ein) | 1996 |
| **Sepp Maier *(FC Bayern)*** | Hallelujah (Ein Münchner im Himmel) | 1998 |
| **Sportfreunde Stiller & Roque Santa Cruz *(FC Bayern)*** | | |
| | Ich, Roque | 2004 |
| **Room 77***** | At Home | 2009 |

** Sepp Maier (FC Bayern) konterte: »Bin i Radi, bin i Depp. Kini ist der Maier Sepp!«*

***die falschen Freunde sind die FC Bayern-Spieler Alex Zickler, Christian Ziege, Didi Hamann, Rigo*

**** Indie-Rockband des FC Bayern-Spielers Andreas Görlitz*

## FC BAYERN IN POP & ROCK

| Interpret(en) | Titel | Jahr |
|---|---|---|
| **Medium Terzett** | Müller und Maier | 1974 |
| **Udo Jürgens** | Libero | 1975 |
| **Alan & Denise** | Rummenigge (engl. Original) | 1983 |
| **Cleo und Wolfgang*** | Rummenigge (dt. Version) | 1983 |
| **Volker Lechtenbrink** | Der Paul tritt ab | 1983 |
| **Peter Alexander** | Kaiser Franz Marsch | 1986 |
| **Bismarck Idaho** | Beckenbauer e.p. | 1994 |
| **Stahl** | Gerd Müller | 1995 |
| **F.D.P** | Gerd Müller | 1996 |
| **Die Ärzte** | Der Afro von Paul Breitner | 1996 |
| **XXL feat. The »EM96 Hymn« of Mehmet Scholl** | Soccerboys | 1996 |
| **Leon Taylor** | I Like Mehmet | 1996 |
| **Discomasters vs. Gonzo** | Allez Matthäus | 1998 |
| **Grappatoni** | Flasche Leer | 1998 |
| **Ronny Becker** | Lo-Lo-Lothar | 1999 |
| **Die Fanatischen 2** | Lothar Matthäus (oh Matthäus) | 1999 |
| **First Ladies** | Mambo FCB | 2000 |
| **Die Toten Hosen** | Bayern | 2000 |
| **Bodo Bach** | Festplatte 2000 – 38 Jahre Loddar Maddeus | 2000 |
| **Die Prinzen** | Olli Kahn | 2002 |
| **Kahnland** | Ein Lied für Oliver | 2002 |
| **Lothar & Franz** | Gute Freunde kann niemand trennen | 2003 |
| **Willy Michl** | FC Bayern-Lied | 2004 |
| **Dominoe** | Der Titan | 2004 |

**= die Schauspielerin Cleo Kretschmer und ihr Kollege Wolfgang Fierek. Der Text ist dermaßen brillant, dass wir daraus ein wenig zitieren müssen: »Der hat Haxn, schee sei's g'wachsen … Die Waderln fest, Und erst der Rest, Karl-Heinz Rummenigge, der hat Füss, Karl-Heinz Rummenigge, die sind süss.«*

## VON WEGEN SCHICKE MAXIMILIANSTRASSE …

»Pfui, Teufel! Pfui, Teufel! Pfui, Teufel!« • Kommentar Ludwigs I. zur Maximilianstraße, die sein Sohn Maximilian II. anlegen ließ.
»Verlogene Straße« mit »Hosentürl-Gotik« • Kommentar der »Fliegenden Blätter« zu selbiger Straße.
»Barbarischer Mischmasch« • Kommentar des Dramatikers Friedrich Hebbel zur genannten Straße.

## ÖPNV IN SEINEN KINDERSCHUHEN

Moderne Massenverkehrsmittel eroberten im 19. Jh. auch München:

- 1861 fährt die erste, privat betriebene Pferdebahn des Auer Lohnkutschers Zechmeister; keine Straßenbahn, sondern eher ein Pferdeomnibus
- am 21. Oktober 1876 geht die erste »Pferdetramway« in Betrieb
- 1883 rollt die erste dampfbetriebene Straßenbahn durch München
- und schon drei Jahre später, am 01. Juni 1886, transportiert die erste elektrische Straßenbahn Passagiere

## DES BOMBERS EUROPA-PREMIERE

1970 wurde Gerd Müller, der »Bomber« vom FC Bayern München, als erster deutscher Fußballspieler zu Europas Fußballer des Jahres.

## LETZTE TIKI-BAR EUROPAS

Die letzte original erhaltene Bar Europas im polynesischen Tiki-Stil findet man im Hotel Bayerischer Hof: das Trader Vic's. Die Polynesienwelle schwappte schon in den 1940ern über Amerika, kam dann nach Europa und eroberte ziemlich spät, nämlich erst 1972, auch München. Heute gibt es zwar noch andere Trader Vic's in Deutschland, aber nur in München das Tiki-Original von anno dunnemals.

## GRÖSSTE GRIECHISCH-ORHODOXE GEMEINDE

Rund 25.000 orthodoxe Griechen leben in München, damit hat München die größte griechisch-orthodoxe Gemeinde außerhalb Griechenlands.

## WO JIMI HENDRIX SEINE ERSTE GITARRE ZERSCHLUG

Die Legende von Jimi Hendrix begann in Schwabing. Jimi Hendrix und seine Band Experience hatte eines ihrer allerersten Engagements überhaupt vom 8. bis 11. November 1966 im Big Apple Club an der Leopoldstraße. Die Band hatte täglich zwei Shows als Vorgruppe einer Soul-Revue zu spielen. Dabei »erfand« Jimi eher zufällig sein Markenzeichen, das Gitarrenzerschlagen: Am 9. November wurde Jimi im Big Apple von übermütigen Fans in die Menge gezogen. Als er wieder auf die Bühne zurückspringen wollte, warf er zuerst seine Gitarre hoch – sie zerbrach und Jimi Hendrix flippte vor Wut total aus. Er schlug alles kurz und klein. Nun flippte das Publikum aus – vor Begeisterung. Und so beschloss das Management, dass Jimi Hendrix künftig gefälligst immer eine Gitarre auf der Bühne zu zerdeppern hatte.

## WEHE DEN GEHENKTEN

Nur der empfindlichen Nase der Maria Anna von Sachsen, Gattin des bayerischen Kurfürsten Max III., war es zu verdanken, dass die Gehenkten am Galgenberg, Landsberger Straße/Höhe Hackerbrücke, ab dem Jahr 1774 nach der Hinrichtung auch beerdigt wurden. Vorher war es in München üblich, die Gehenkten so lange am Galgen hängen zu lassen, bis sie irgendwann von selbst abfielen. Da die fürstlichen Kutschen aber immer wieder bei Landpartien den Galgenberg passierten, hatte Maria Anna die Nase im wahrsten Sinne des Wortes einfach gestrichen voll, als eines Tages sage und schreibe 17 Gehenkte am Wegesrand vor sich hin moderten …

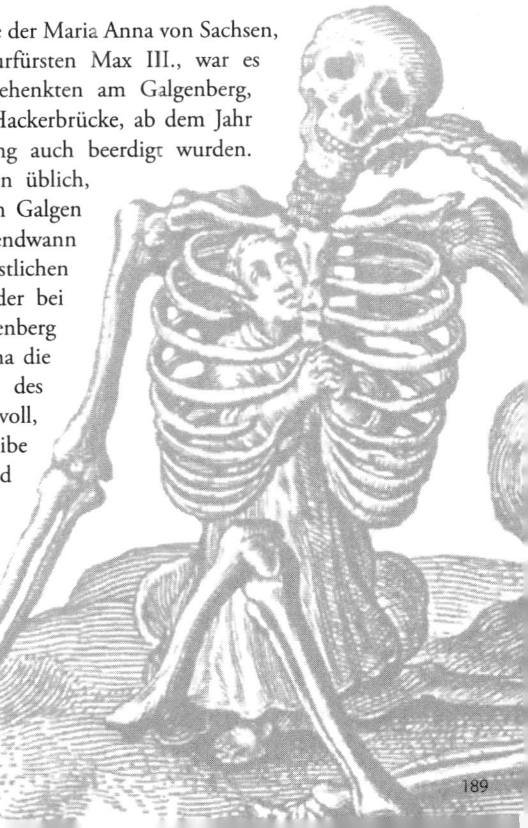

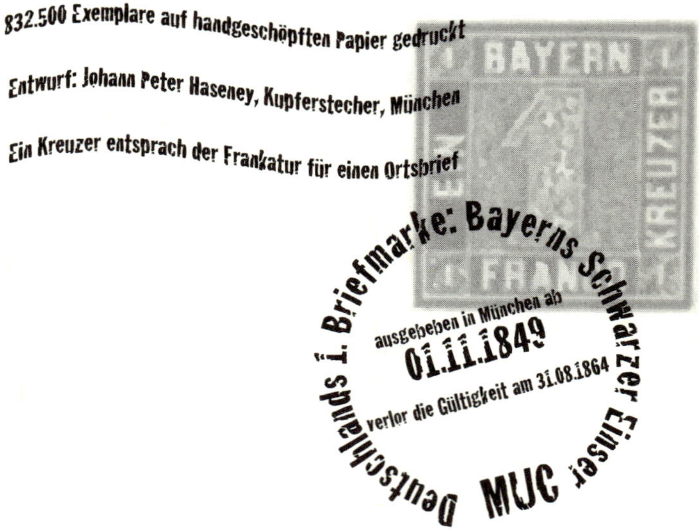


## ÄLTESTES KAJAK DER WELT

1577 kamen zwei einfache Kajaks aus Seehundleder nach Holland. Ein heute unbekannter Forschungsreisender hatte sie mitgebracht, um sie gemeinsam mit ihren Besitzern, also Eskimos bzw. Inuits, als Kuriositäten auszustellen. Ein Kajak ist verschollen, das andere kam über den Grafen von Hanau als Geschenk in den Besitz des Münchner Herzogs Wilhelm V. Heute ist das älteste Kajak der Welt im Völkerkundemuseum, Maximilianstraße 42, zu bewundern.

## MÜNCHENS 1. TROTTOIR

1855 wurden in München die ersten Gehsteige für Fußgänger angelegt.

## GRÖSSTE ALPINISMUSBIBLIOTHEK DER WELT

Die weltweit größte Bibliothek zum Thema Alpinismus findet man auf der Praterinsel im Alpinen Museum. Sie umfasst über 70.000 Medien.

## DER »LIEBENSWÜRDIGSTE SCHWARZBAU«

Münchens »liebenswürdigster Schwarzbau«, so OB Christian Ude, steht am Rudolf-Harbig-Weg südlich des Olympiaparks. Genau genommen sind es drei Schwarzbauten, die der gebürtige Russe Timofei Wassiljewitsch Prochorow hier ab 1952 aus lauter Kriegsschutt errichtete und mit gefundenen Materialien ausstattete: ein kleines Haus, eine Kapelle und später dann eine kleine Kirche. Alle Versuche der Stadt, Timofei und seine Lebensgefährtin Natascha umzusiedeln, scheiterten an massiven Protesten der Münchner Öffentlichkeit, die den Alten mit seinen göttlichen Visionen ins Herz geschlossen hatte. Man verlegte sogar das komplette Olympiagelände etwas nach Norden, damit Timofei bleiben konnte. Die kleine Kirche wurde Ost-West-Friedenskirche genannt und avancierte zur Sehenswürdigkeit. Ebenso Timofei, der nach dem Tod seiner Frau 1977 alleine in seinem illegal erbauten Anwesen blieb und nun »Olympia-Eremit« oder »Methusalem vom Oberwiesenfeld« genannt wurde.

## DER ÄLTESTE MÜNCHNER

Den Beinamen Methusalem trug Timofei Wassiljewitsch Prochorow (s. o.) vermutlich zurecht, denn Väterchen Timofei erlebte nach eigenen Angaben noch seinen 110. Geburtstag und war damit der älteste Münchner, als er 2004 starb. Das Geburtsdatum konnte allerdings nie überprüft werden.

## 1. HEIZKRAFTWERK DEUTSCHLANDS

Die Wohnsiedlung Borstei in Moosach (1923 bis 1929 erbaut) erhielt 1928 das erste zentrale Heizkraftwerk Deutschlands. Es ist noch heute in Betrieb. Die Wohnungen verfügten damit über einen für die damalige Zeit unüblichen Komfort: Zentralheizung und fließend heißes Wasser. Zusätzlicher Luxus, der bis heute die Mieter erfreut: Für Arbeiten im Haus stehen den Mietern stundenweise Schreiner, Installateure und andere Handwerker zur Verfügung.

## ÄLTESTE MOSCHEE BAYERNS

Als 1973 die Moschee des Islamischen Zentrums München in Freimann, Wallnerstraße, eingeweiht wurde, war sie die siebte in Deutschland und die erste in Bayern.

## BANDS UND MUSIKER

Einige bekannte Musik-Acts aus München:

*Amon Düül*
*Willy Astor*
*Lou Bega*
*Blechschaden*
*BeNUTS*
*Blumentopf*
*Chicks on Speed*
*Colour Haze*
*Creme Fresh*
*Embryo*
*Einshoch6*
*Eisbrecher*
*Emil Bulls*
*Enik*
*Express Brass Band München*
*Equilibrium*
*Faun*
*Fiva MC & DJ Radrum*
*Feinkost Paranoia*
*F.S.K.*
*Grantig*
*G. Rag y los Hermanos Patchekos*
*Harold Faltermeyer*
*Headcornerstone*
*Jamaram*
*Les Babacools*
*Patrick Lindner*
*Main Concept*
*Megaherz*
*Münchener Freiheit*
*Münchner Zwietracht*
*Mundwerk*
*Der Neue Süden*
*Tom Novy*
*Gil Ofarim*
*Panzerballett*
*Raptile*
*Railway*
*Chris Roberts*
*Sahara*
*Schandmaul*
*Schlachthofbronx*
*Silent Decay*
*Silver Convention*
*Spider Murphy Gang*
*Sportfreunde Stiller*
*United Balls*
*Konstantin Wecker*
*Angela Wiedl*
*ZSD*

## GRÖSSTES PARTY-AREAL EUROPAS

Einst produzierte hier die Firma Pfanni ihre Knödel und andere Kartoffelprodukte. Nach der Verlagerung der Produktion nach Mecklenburg-Vorpommern entstand auf dem Fabrikgelände an der Grafinger Straße hinter dem Ostbahnhof der Kunstpark Ost, Europas größtes Party-Areal mit unschlagbarer Kneipendichte auf 60.000 $m^2$. Der Kunstpark Ost bot legendäre Clubs wie das Ultraschall und das Babylon und existierte von September 1996 bis zum 31. Januar 2003.
Nachfolger wurde an gleichem Platz die Kultfabrik, die gemeinsam mit den unmittelbar benachbarten Optimolwerken nun auf 90.000 $m^2$ kommt und weiterhin Europas größtes Party-Areal bildet – wobei Kultfabrik und Optimolwerke keinen direkten Durchgang haben, da sie von unterschiedlichen Betreibern verwaltet werden. Über 50 Clubs, Diskotheken, Bars, Hallen und sonstige Veranstaltungsorte findet der Ausgehfreudige. Dazu kommen Künstlerateliers und Europas höchste Indoor-Kletterhalle. Da immer wieder das Aus der Anlage verkündet wird, aber dann doch nicht eintritt, ist offen, ob wirklich offiziell Ende 2010 Schluss sein wird mit dem Rekord-Amüsierbetrieb.

## NACH PASING, DER KLAMOTTEN WEGEN

Kaum ein Münchner weiß, dass in einer schmucken Jugendstilvilla in der Pasinger Kemnatenstraße ein weltweites Mekka für Menschen aus allen Bereichen des Schneiderhandwerks steht: die Sammlungen der von Parish-Kostümbibliothek gehören zu den größten und umfassensten Fachsammlungen ihrer Art. Ihre Begründerin Hermine von Parish (1907–1998) vermachte ihr in Jahrzehnten privater Sammeltätigkeit zusammengetragenes Lebenswerk der Stadt München. Zwar steht die europäische Kostümgeschichte bis zur Gegenwart im Zentrum, doch darüber hinaus gibt es unzählige Dokumente und Abbildungen zu jeglicher Art von Bekleidung und Körpergestaltung, Schrift- und Bildmaterial zu den Themen Kostümgeschichte, Modedesign, Accessoires, Trachten Europas und Außereuropas, Berufsbekleidung, Sportbekleidung, Bühnenbekleidung, Körperkultur, Jugendmoden, Schnitte, Modegrafik, Modefotografie, Textiltechniken und Bekleidungsindustrie.

## GROSS, GRÖSSER, MÜNCHNER RESIDENZ

Die Residenz, einst das Münchner Stadtschloss und Sitz der bayerischen Herzöge, Kurfürsten und Könige, ist das größte Innenstadtschloss Deutschlands. Der ganze Komplex umfasst 10 Höfe.

## MUSEUMSREIFE ERDÄPFEL

Der Welt einziges Kartoffelmuseum findet man an der Grafinger Straße 2 (Berg am Laim), gleich hinterm Ostbahnhof.

## 4 PUNKTE ZUM ALTEN NORDFRIEDHOF

- Hitler wollte sich auf dem Gelände des Alten Nordfriedhofs in der Maxvorstadt eine Stadtvilla bauen lassen.
- Hitler wollte den Friedhof durchbrechen, um die Isabella- und die Luisenstraße miteinander zu verbinden.
- Im Mai 1945 errichtete die US-Army ein Internierungslager für 114 hochrangige Nazis auf dem Gelände des Nordfriedhofs. Es wurde 1948 wieder aufgelöst.
- Münchner Stadtplaner wollten in den 1950ern den Friedhof um ein großes Eck berauben, um die Teng- mit der Luisenstraße zu verbinden.

## KURT COBAINS LETZTER AUFTRITT

Ausgerechnet »Smells Like Teen Spirit«, ihren größten Hit, verweigerten die Jungs der Kultband Nirvana ihren Fans beim Konzert am 1. März 1994 im Münchner Terminal Eins. Es konnte auch niemand ahnen, dass es das letzte Nirvana-Konzert aller Zeiten sein würde. Am 8. April fand man die Leiche des charismatischen Frontmanns Kurt Cobain in dessen Haus in Seattle. Cobain hatte sich mit einer dreifachen Überdosis Heroin und einem Kopfschuss aus einer Schrotflinte selbst gerichtet.

## MÜNCHENS WAHRES ALTER

München ist viel älter, als lange vermutet. Bisher galten vier Tonscherben, die man bei Grabungen im Alten Hof fand, als die ältesten Zeugnisse einer Besiedlung im Bereich der Münchner Altstadt. Die Scherben stammten aus der Zeit um 1.500 v. Chr.
Bei Bauarbeiten im Jahr 2003 in der Salvatorstraße 14 machten Archäologen eine sensationelle Entdeckung: In einer schwarzbraunen Schicht aus lehmigem Humus in 1,5 m Tiefe fand man Scherben von Tongefäßen, die typisch sind für den Übergang von der Jungsteinzeit zur Bronzezeit. München war demnach schon um 2.000 v. Chr. besiedelt.

## 1. WALDFRIEDHOF EUROPAS

Ein Friedhof hatte eine streng konzipierte Totenstadt zu sein, so sah man das zumindest bis Ende des 19. Jh. Architekt Hans Grässel sah das anders. Ihm schwebte ein naturnaher Friedhof ohne strenge geometrische Formen vor. Gewundene Pfade sollten unter Bäumen zu den Grabhainen führen. 1905 begannen die Arbeiten im ehemaligen Hochwaldforst des Schlosses Fürstenried. Zwei Jahre später war der erste europäische Waldfriedhof fertiggestellt (heute der alte Teil).

## 1. BUDDHISTISCHER SCHREIN DEUTSCHLANDS

Die 9 m hohe thailändische Sala im Westpark war im Jahr ihrer Aufstellung 1983 der erste buddhistische Schrein Deutschlands. Hier finden alljährlich das thailändische Neujahrsfest Songkran (April), das hinduistische Lichterfest (Oktober) sowie im Sommer die buddhistischen Vollmondfeiern statt.

## DIE 4 FLUGHÄFEN

OBERWIESENFELD: Seit Ende des 19. Jh. wurde das Oberwiesenfeld (gehört heute zu den Stadtbezirken Milbertshofen-Am Hart, Schwabing-West und Neuhausen-Nymphenburg) für Ballone und Luftschiffe genutzt. Ab 1909 wurde es dann Flugplatz für Flugzeuge. 1925 baute man die erste Start- und Landebahn. 1929 wurden die ersten Holzbaracken für Passagiere und Fracht gebaut, ***ab 1931 war es der erste vollwertige Verkehrsflughafen Münchens.*** Der Flugbetrieb wurde 1968 endgültig eingesellt.

OBERSCHLEISSHEIM: Der Flugplatz in Oberschleißheim wurde 1912 für die königlich-bayerische Fliegertruppe gegründet. ***Er ist der älteste noch in Betrieb befindliche Flugplatz Deutschlands.*** Nach dem Ersten Weltkrieg wurde der Flugplatz bis 1933 zivil genutzt, dann wurde es ein Fliegerhorst der Luftwaffe. Heute nutzen sechs Luftsportvereine und die Bundespolizei Fliegerstaffel Süd den Flugplatz Schleißheim.

RIEM: 1937 war Baubeginn für den neuen Flughafen in Riem. Zur Eröffnung am 25. Oktober 1939 war der Flughafen ***einer der modernsten der Welt.*** Am 6. April 1948 landete eine Douglas DC-3 der Pan American World Airways aus London in Riem, der damit nach dem Kriegsende ***der erste wieder vollständig für die zivile Luftfahrt verwendbare Flughafen Deutschlands war.*** Nach dem Umzug des Flughafens 1992 entstand auf dem Flughafengelände das neue Messegelände Münchens.

ERDINGER MOOS: Seit 17. Mai 1992 ist nun der Franz-Josef-Strauß-Flughafen, offiziell meist München II oder MUC genannt, bei Freising der Airport München. ***Er ist nach dem Flughafen Frankfurt das zweitgrößte Luftfahrt-Drehkreuz Deutschlands,*** hat 2 Terminals (das 3. ist in Planung) sowie 3 Start- und Landebahnen.

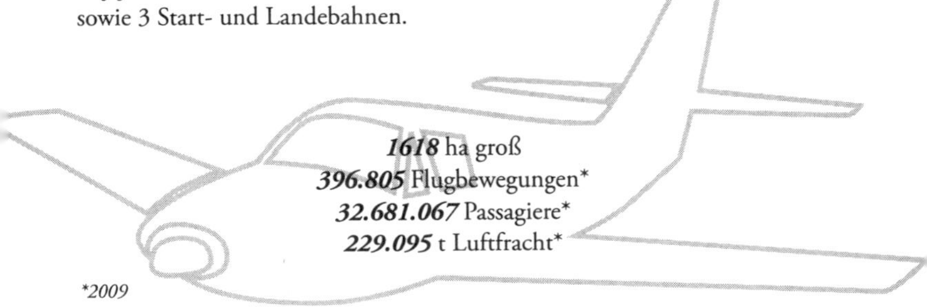

***1618*** ha groß
***396.805*** Flugbewegungen*
***32.681.067*** Passagiere*
***229.095*** t Luftfracht*

**2009*

## LEGENDÄRE KNEIPEN 1: MAXVORSTADT

Andreas Baader • Annemarie Renger • Antonio Gadès • Barbara Valentin • Bernhard Wicki • Bernd Eichinger • Brigitte Bardot • Christian Wolff • Cornelia Froboes • Curd Jürgens • Diana Körner • Donna Summer • Duke Ellington • Elia Kazan • Elisabeth Volkmann • Ella Fitzgerald • Erich Mühsam • Erika Berger • Ernie Singerl • Esther und Abi Ofarim • Evelyn Künnecke • Frank Wedekind • Franz Josef Strauß • Franziska zu Reventlow • Gerd Müller • Gert Fröbe • Gloria von Thurn und Taxis • Günther Ugeheuer • Hannelore Elsner • Hans-Dietrich Genscher • Harvey Keitel • Heinrich Mann • Helga Anders • Helmut Fischer • Helmut Qualtinger • Horst Ehmke • Horst Wendland • Joachim Ringelnatz • Jochen Busse • Jutta Speidel • Karl Valentin • Katja Ebstein • Kay Wörsching • Klabund • Klaus Maria Brandauer • Leni Riefenstahl • Liv Ullmann • Ludwig Thoma • Luggi Waldleitner • Luis Trenker • Margot Werner • Maria Schell • Marietta di Monaco • Mario Adorf • Maximilian Schell • Michael Douglas • Michaela May • Mildred Scheel • Oscar Peterson • Oskar Maria Graf • Ottfried Fischer • Paul Breitner • Paul Klee • Peter Gauweiler • Rainer Basedow • Robert de Niro • Rock Hudson • Rudi Carell • Thomas Mann • Udo Jürgens • Udo Lattek • Uschi Glas • Vadim Glowna • Vera Brühne • Vera Tschechowa • Vivi Bach • Willy Brandt

Wenige Münchner Lokale sind so legendär wie der Simpl in der Türkenstraße. Im Hintergrund ein kleiner Auszug aus der Gästeliste und hier ein paar Fakten:

‡ Im Dezember 1903 eröffnet Kathi Kobus den »Simplicissimus«, fortan Stammlokal von Literaten, Künstlern und Revoluzzern
‡ Das Lokal wird zum Inbegriff des Schwabing-Mythos, obwohl es in der Maxvorstadt liegt
‡ Stammgäste um 1903: Wedekind, Ringelnatz, Klabund, Klee …
‡ Ab 1960 macht Toni Netzle den Simpl erneut zum Treff von Künstlern, Schauspielern und Journalisten
‡ Seit Netzles Rückzug 1992 spielt das Lokal in der Münchner Kneipenszene keine spezielle Rolle mehr und ist vor allem bei Touristen und Studenten beliebt

## LEGENDÄRE KNEIPEN 2: ISARVORSTADT

Andreas Baader • Arndt von Bohlen und Halbach • Armin Müller-Stahl • Barbara Valentin • Bernhard Wicki • Bernd Eichinger • Brigitte Mira • Christine Kaufmann • Cleo Kretschmer • Cornelia Froboes • Curd Jürgens • Dirk Bach • Donna Summer • Elisabeth Volkmann • Ernie Singerl • Evelyn Künnecke • Franz Beckenbauer • Franz-Xaver Kroetz • Freddie Mercury • Frederic von Anhalt • Gabi Köster • Gert Fröbe • Gloria von Thurn und Taxis • Günther Grass • Günter Kaufmann • Günter Lamprecht • Gustl Bayrhammer • Helga Anders • Heinz Hoenig • Helmut Berger • Helmut Fischer • Herbert Achternbusch • Horst Wendland • Ingrid van Bergen • Irm Herrmann • Jean-Paul Gaultier • Jochen Busse • Johannes Heesters • John Cranko • John Neumeyer • Kay Wörsching • Kurt Raab • Lilo Wanders • Lisa Fitz • Luggi Waldleitner • Margot Werner • Maria Schell • Marianne Sägebrecht • Mario Adorf • Maximilian Schell • Michail Barischnikow • Ottfried Fischer • Penny McLean • Peter Gauweiler • Rainer Werner Fassbinder • Ralf Morgenstern • René Kollo • Richard Chamberlain • Robert de Niro • Rudolf Mooshammer • Ruth-Maria Kubitschek • Sunnyi Melles • Udo Lindenberg • Uschi Obermaier • Vadim Glowna • Vera Brühne • Vera Tschechowa • Adolf Hitler

Wenige Münchner Lokale sind so legendär wie die Deutsche Eiche in der Reichenbachstraße. Im Hintergrund ein kleiner Auszug aus der Gästeliste und hier ein paar Fakten:

‡ Das 1864 errichtete Gebäude ist von 1896 bis 1995, im Besitz der Familie Reichenbach – NICHT verwandt mit dem Namensgeber der Straße!
‡ Stammgast in den 1920ern: Adolf Hitler
‡ Stammgäste schon immer: Tänzer und Schauspieler des Gärtnerplatztheaters, die Eiche wird in den 1950ern Münchens bekanntestes Schwulenlokal
‡ Stammgast in den 1970ern: Rainer Werner Fassbinder mit Clique
‡ Ab 1995 entsteht in den Rückgebäuden eine schwule Sauna, die heute eine der größten der Welt und mit rund 10.000 Gästen/Monat die bestbesuchte Herrensauna der Welt ist

## MÜNCHNER DES JAHRES

Das Internetportal sueddeutsche.de ließ zweimal online den oder die »Münchner des Jahres« wählen. Die Ergebnisse sprechen irgendwie für sich:

**2007**

**1** Dieter Hildebrandt *Kabarettist*
**2** Christian Ude *Oberbürgermeister*
**3** Mehmet Scholl *Fußballer*
**4** Markus Rosenmüller *Regisseur*
**5** Maria Furtwängler *Schauspielerin*

**2009**

**1** Norbert Schmitz *Nachtclubbesitzer, Partyveranstalter*
**2** Sara Nuru *Model, Gewinnerin von »Germany's Next Top Model« 2009*
**3** Philipp Lahm *Fußballer*
**4** Nicole Gohlke *Politikerin (Die Linke)*
**5** Ingo Maurer *Lichtdesigner*

## MÜNCHENS 1. TOILETTENFRAU

Am 2. August 1865 eröffnete Münchens erste öffentliche Toilette am Maximiliansplatz und zeitgleich nahm Münchens erste städtisch bestellte Abortwärterin ihren Dienst auf. In ihren Instruktionen hieß es u. a.: »Die Wärterin hat streng die angeordnete Scheidung der Geschlechter bei Benutzung der Abtritte zu überwachen und allen den Abtritt benützenden Personen mit Höflichkeit entgegenzukommen.«

## SCHWAMMERLZUCHT AM SENDLINGER TOR

Am 22. Mai 1938 erfolgte in der Lindwurmstraße der erste Spatenstich zum Bau der Münchner U-Bahn. 1941 war der erste Tunnelabschnitt fertig, doch bevor die Bahn auf die Schiene ging, beendete der Krieg alle Arbeiten. Der Tunnel diente als Luftschutzkeller. Nach dem Krieg wurden Teile zugeschüttet – und dann kam 1947 der findige Herr Steiner und pachtete die etwa 4.000 $m^2$ große Anlage: Er wollte in dem ungenutzten Rohbau Champignons züchten. Es sei sogar beabsichtigt worden ein mikrobiologisches Institut einzurichten, um den Grundstoff für die Herstellung von Penicillin zu gewinnen, berichtet die Stadtchronik. Schließlich machte aber eindringendes Grundwasser das Stück früher U-Bahn-Geschichte unnutzbar.

# Die alten Münchner Richtplätze

**Neue Hauptstatt** Die neuere Köpfstätte befand sich von 1772 bis 1861 auf dem Gelände zwischen Wrede- und Zirkus-Krone-Straße.

**Alte Hauptstatt** Die älteste feste Köpfstätte befand sich ca. ab 1300 bis 1772 auf dem nördlichen Gelände des heutigen Hauptbahnhofs. Hier wurde auch gerädert.

**Marienplatz (bzw. Schrannenplatz)** Diente sowieso als Richtplatz und gelegentlich auch als Hinrichtungsplatz. Hier köpfte man zur allgemeinen Abschreckung besondere Delinquenten mit dem Schwert, so z. B. die Anführer des bayer. Volksaufstands 1706.

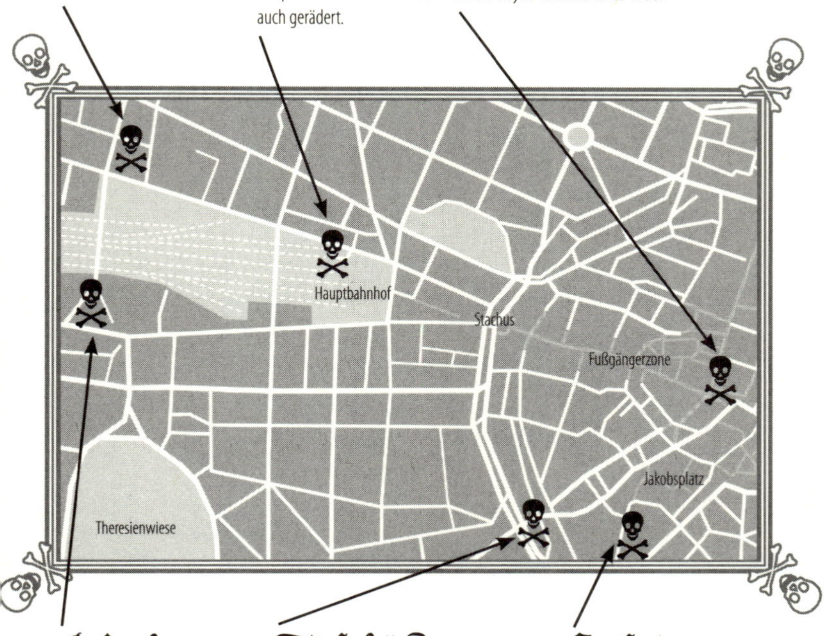


**Galgenberg** An der Landsberger Straße Höhe Hackerbrücke stand bis 1804 das »Hochgericht« mit dem Galgen, außerdem wurde hier gerädert und man verbrannte Hexen.

**Täuferbrücke** vor dem Sendlinger. Tor Hier wurden mindere Strafen wie Auspeitschen, Brandmarken und das Abhacken von Gliedmaßen vollzogen. Die Brücke wurde Mitte des 19. Jh. abgerissen, als man den Westlichen Stadtgrabenbach überbaute.

**Fronfeste** Hier am Unteranger fanden ab 1861 bis 1915 die nicht-öffentlichen Hinrichtungen statt. Ab 1895 wurde auch in Stadelheim hingerichtet.

**4 Galgen** Zudem sollen sich zwischen 1705 und 1742 vier Galgen innerhalb der Stadt befunden haben. Sie wurden von den österreichischen Besatzern aufgestellt und nie benutzt, weil sie nur der Abschreckung dienten, damit jeder Münchner vor Augen hatte, was ihn erwartete, wenn er gegen die Besatzer revoltierte. Die Galgen standen in der Sendlinger Straße (Nähe Asamkirche), in der Neuhauser Straße (Nähe Bürgersaal), im Tal (Nähe Hochbrückstraße) und in der Theatinerstraße.

## MÜNCHEN HEIRATET INTERNATIONAL

Sofern Münchner keine deutsche Partnerin ehelichen, heiraten sie am liebsten:

| | | |
|---|---|---|
| 1 | Polinnen | 671 |
| 2 | Österreicherinnen | 591 |
| 3 | Kroatinnen | 433 |
| 4 | Russinnen | 431 |
| 5 | Rumäninnen | 421 |
| 6 | Ukrainerinnen | 363 |
| 7 | Türkinnen | 349 |
| 8 | Italienerinnen | 345 |
| 9 | Thailänderinnen | 320 |
| 10 | Französinnen | 302 |

Sofern Münchnerinnen keinen deutschen Partner ehelichen, heiraten sie am liebsten:

| | | |
|---|---|---|
| 1 | Österreicher | 692 |
| 2 | Türken | 615 |
| 3 | Italiener | 494 |
| 4 | Serben* | 369 |
| 5 | Briten | 255 |
| 6 | Marokkaner | 247 |
| 7 | Kroaten | 235 |
| 8 | US-Amerikaner | 226 |
| 9 | Bosnien-Herzegowiner | 215 |
| 10 | Franzosen | 163 |

*Die Rangliste errechnet sich nach Zahl der Eheschließungen von 2001 bis 2009.*

**etwas schwierig zu zählen, hier sind im Laufe der Jahre die Zahlen für BR Jugoslawien, Serbien und Montenegro sowie Republik Serbien zusammengefasst.*

## KINOSITZBELASTUNG

*290* Besucher/innen sitzen durchschnittlich pro Jahr auf einem der 16.087 Sitzplätze in einem der 84 Münchner Kinos.

## DIE 1. INDIANER-NEGER

Im Dezember 1820 brachten die Forschungsreisenden Carl Friedrich Philipp von Martius und Johann Baptist von Spix erstmals Wesen nach München, die man hier noch nie zuvor gesehen hatte: Indianer – einen tätowierten 12-jährigen Buben vom Stamm der Juri und ein 14-jähriges Mädchen vom Volk der Miranha. Die brasilianischen Urwaldkinder bekamen die christlichen Namen Johannes und Isabella verpasst und wurden zur Schau gestellt. Johannes kam in die Obhut von Herzog Max in die Maxburg, Isabella zu der Hofpfistermeisterswitwe Kreszenz Jakobi. Johannes starb schon im Juni 1821 an Lungenentzündung, Isabella überlebte ihn um ein knappes Jahr. Die beiden Indianerkinder liegen auf dem Alten Südfriedhof, das Totenbuch verzeichnete sie als »Isabella und Johannes, Neger«.

»Fasching! Bäh! Weg damit!«, wüten jährlich Hardcore-Traditionalisten gegen das, was viele Wiesnbesucher als »Tracht« anziehen. Zu kurze Dirndl, zu bunte Farben, zu hohe Pumps, zu viel Landhausmode! »Verwerfliche Modeerscheinungen«, wüten die Verfechter der althergebrachten Tracht. Dass es bis Mitte der 1990er absolut unüblich war, in Tracht (oder nachahmender Kleidung) auf die Wiesn zu gehen, wollen wir hier mal vernachlässigen. Aber was ist denn die Münchner Tracht?

Um es kurz zu machen: Es gibt keine! Auch wenn die Tracht ursprünglich aus München kommt. Denn die bayrischen Könige wollten dem Volk einen identitätsstiftenden Kleidungsstil aufdrängen, der sich ländlich und damit bodenstündig gab und ganz bewusst einen Kontrapunkt zur ständig wechselnden städtischen Mode setzte. Da es **das** landestypische Gewand, wie es München wünschte, nicht gab, ließ man es erfinden. Die »historischen« Trachten, die die bayrischen Bezirke symbolisieren sollten und von acht Kindergruppen zur Hochzeit von Ludwig I. mit seiner Therese 1810 vorgeführt wurden, entwarf Felix Joseph von Lipowsky anhand historischer Bilder von bäuerlicher Alltagskleidung. Dem Designer ging es vor allem um eins: Die »althergebrachten, typisch bairischen« Trachten sollten so wenig wie möglich mit der aktuellen Stadtmode zu tun haben.

1842 hatten Brautpaare aus allen acht Regionen in »landestypischer Tracht« bei der Hochzeit von Kronprinz Max zugegen zu sein. Das Problem auch hier: Was es nicht gibt, kann man nicht haben – kein Brautpaar besaß so etwas wie eine »landestypische Tracht«. Der Hof ließ wieder entwerfen und schneidern. Irgendwie musste dem Volk ja endlich eine identitätsstiftende Kleidung aufzudrängen sein. Auch als König forcierte Max II. seine Version einer Gebirgstracht, trug sie sogar selbst. Royal gefördert gelang es schließlich doch, den Bayern einzureden, ihr altmodisches Sonntagsgewand, das sich an städtischer Mode längst vergangener Epochen orientierte, sei eine ländliche Tracht nach Altvätersitte. 1883 gab es dann endlich auch den allerersten Trachtenverein in Bayrischzell, der den »neubayrischen Kleidungsstil« (oder auch: »Fasching! Bäh! Weg damit!«) – so lästerten Zeitgenossen – festschrieb. Manche Landstriche erfanden nun Trachten, die nicht einmal ansatzweise der Kleidung entsprachen, die man früher dort trug. München hatte seine Feuertaufe als Modemetropole bestanden und ein bis heute gültiges Modediktat durchgesetzt!

PS: Die heute als so typisch bayerisch angesehene Tracht ist die Miesbacher.

## MILLI VANILLI – VOM P1 AUF PLATZ 1

Zwei hübsche schwarze Jungs, die hübsch in einer bekannten Münchner Diskothek tanzen – da müsste sich doch was draus machen lassen! Dachte sich Erfolgs-Musikproduzent Frank Farian und engagierte 1989 den Franzosen Fab Morvan (*1966) und den Münchner Rob Pilatus (1965–1998) als Frontmänner für sein Musikprojekt Milli Vanilli. Das Duo hatte schon vorher als »Empire Bizarre« ohne Erfolg einen Titel von Ralph Siegel auf den Markt gebracht und tanzte regelmäßig im Hintergrund bei »Formel Eins«, Deutschlands erster Videoshow. Unter den Fittichen von Frank Farian eroberte Milli Vanilli mit »Girl You Know It's True« die Musikwelt im Sturm, Platz 1 der amerikanischen Billboardcharts, dazu der heiß begehrte Grammy – und dann einer der größten Skandale der Popgeschichte: 1990 wurde bekannt, dass sie keinen ihrer Songs selbst gesungen hatten. Die Aufgabe der Münchner Buam hatte lediglich darin bestanden, die Lippen synchron zum Playback zu bewegen und die von anderen Künstlern eingesungenen Lieder tänzerisch umzusetzen.

## 1. SCHALLPLATTENSPIELER DEUTSCHLANDS

Einer technischen Sensation konnten die Münchner noch vor allen anderen Deutschen am 24. November 1928 lauschen: einem Schallplattenspieler! Das Musikhaus Dennerlein veranstaltete dazu mit einem Adler-Orchestrola ein Schallplattenspielerkonzert im Dom-Pedro-Saal. Die begeisterte, noch grammophon-geschädigte Menge genoss erstmals vergleichsweise rauschfreie Musik aus einem Lautsprecher, dessen Tonstärke man regulieren konnte.

## NYMPHENBURGER PORZELLAN AUS DER AU

Wie der Name schon verrät, stammt das berühmte Nymphenburger Porzellan aus Nymphenburg. Zumindest fast. Die Manufaktur begann ihre Erfolgsgeschichte nämlich in der Au. Kurfürst Max III. Joseph gründete im Jahr 1747 die »Porzellain-Fabrique«, Bayerns erste Porzellanmanufaktur. Da der Herrscher in seinem Schlösschen Neudeck in der Au noch ein wenig Platz übrig hatte, brachte er die Fabrik dort unter. Querelen mit den benachbarten Paulanermönchen sorgten schließlich schon 1761 dafür, dass die florierende Porzellanfabrik nach Nymphenburg verlegt wurde.

## THEATERAUSLASTUNG

**97,5 %**

oder 40.280 Besucher machen die Schauburg
zum bestausgelasteten Theater Münchens

**93,2 %**

oder 484.789 Besucher machen die Staatsoper
zum zweit-bestausgelasteten Theater Münchens

**78,4 %**

oder 91.236 Besucher machen das Volkstheater
zum dritt-bestausgelasteten Theater Münchens

## WAS GLAUBEN MÜNCHNER?

München ist katholisch. So die gängige Meinung. Tatsächlich sind die meisten Einwohner der Stadt römisch-katholischen Glaubens, doch bilden sie nicht mehr die Mehrheit. Und in den letzten Jahren schrumpfte die Zahl der Katholiken, während die der Sonstigen (vor allem Muslime und Konfessionslose) steigt. Von den 1.364.194 Münchnern im Jahr 2009 sind:

***515.098** römisch-katholisch*

***188.796** evangelisch (einschl. Freikirchen)*

***4.304** israelitisch**

***655.996** sonstige (einschl. Konfessionslose)***
***darunter ca. 25.000 griechisch-orthodoxe und ca. 100.000 Muslime*****

**Zahl: Statistikamt der Stadt München. Die israelit. Kultusgemeinde München & Oberbayern ist die zweitgrößte Deutschlands und hat nach eigenen Angaben ca. 9.500 Mitglieder.*
***Obwohl häufig nachgefragt, erhebt die Stadt keine Statistiken über weitere Religionszugehörigkeiten. Die Zahl der Griechisch-Orthodoxen und Muslime sind Schätzungen der religiösen Gemeinden.*

## FAST ÄLTESTER RADLER-CLUB DER WELT

Der nachweislich erste Radfahrer Münchens war der Maschinentechniker Conrad Gautsch. Er kaufte sich 1867 ein Veloziped. Gemeinsam mit Freunden gründete Gautsch am 25. Mai 1869 den Münchner Veloziped-Club, der damit einer der ersten Fahrradclubs der Welt ist (okay, die Hamburger waren ein paar Tage schneller und gründeten am 17. April desselben Jahres den Eimsbütteler Velociped Reitclub, den ersten Fahrradclub der Welt).

## WENNS NACH MALZ RIECHT UND BIER SCHNEIT …

Besonders die Giesinger und Maxvorstädter kennen es: Bei gewissen Wetterlagen riecht es nach Malz. Schuld daran sind die Großbrauereien mit ihren Geruchsemissionen. Im Winter kanns dann bei frostigen Temperaturen auch Bier schneien, wenn die feuchte Abluft der Brauereien zu raureifartigem weißen Niederschlag kristallisiert und sich wie eine zarte Bierschaumdecke über die Häuser und Straßen legt.

## MÜNCHENS HUNDE

*29.561* Hunde waren 2009 in München angemeldet. Auf 48 Münchner kommt also 1 Hund.

## DIE BELIEBTESTEN MUSEEN NACH BESUCHERZAHLEN

| | | |
|---|---|---|
| 1 | **Deutsches Museum – Museumsinsel** | *10.105.943* |
| 2 | **Schloss Nymphenburg (Gesamtbereich)** | *5.589.522* |
| 3 | **Pinakothek der Moderne*** | *3.976.065* |
| 4 | **Alte Pinakothek** | *2.702.670* |
| 5 | **Städtische Galerie im Lenbachhaus** | *2.337.880* |
| 6 | **Neue Pinakothek** | *2.247.524* |
| 7 | **Museum Mensch und Natur** | *1.827.284* |
| 8 | **Haus der Kunst**** | *1.590.376* |
| 9 | **Schatzkammer** | *1.398.641* |
| 10 | **Glyptothek** | *1.334.157* |

*Besucherzahlen von 2000 bis 2009 addiert | * Erst seit 2002 dabei | ** Zahlen nur bis 2005, dann verschwindet HdK zugunsten Valentin-Musäum aus städt. Statistik, dennoch Platz 8!*

## SO HEISSEN MÜNCHNER

**häufigste Frauennamen**

| | Gesamtbevölkerung | *Geburten 2009* |
|---|---|---|
| **1** | Maria | *Anna* |
| **2** | Anna | *Emma* |
| **3** | Elisabeth | *Sophia* |
| **4** | Monika | *Emilia* |
| **5** | Christine | *Mia* |
| **6** | Sabine | *Julia* |
| **7** | Claudia | *Laura* |
| **8** | Barbara | *Lena* |
| **9** | Gabriele | *Sarah* |
| **10** | Andrea | *Johanna* |

**häufigste Männernamen**

| | Gesamtbevölkerung | *Geburten 2009* |
|---|---|---|
| **1** | Michael | *Maximilian* |
| **2** | Thomas | *Felix* |
| **3** | Andreas | *Paul* |
| **4** | Christian | *Moritz* |
| **5** | Peter | *Julian* |
| **6** | Stefan | *Jakob* |
| **7** | Alexander | *David* |
| **8** | Martin | *Leon* |
| **9** | Wolfgang | *Lukas* |
| **10** | Johann | *Jonas* |

## ÄLTESTE EISMASCHINE DER WELT

Die Paulanerbrauerei am Nockherberg ließ sich 1881 eine Kältemaschine von Carl von Linde liefern. Eine riesige Turbine im Auermühlbach trieb einst diese Anlage an, die 80 t Blockeis am Tag produzieren konnte. Noch heute steht die Eismaschine in der Au, wenngleich sie seit 1965 stillgelegt ist und keine Kälte mehr produzieren kann. Die Anlage am Auermühlbach steht heute unter Denkmalschutz. Sie ist die älteste Kältemaschine der Welt, die sich noch auf dem originalen Standort befindet.

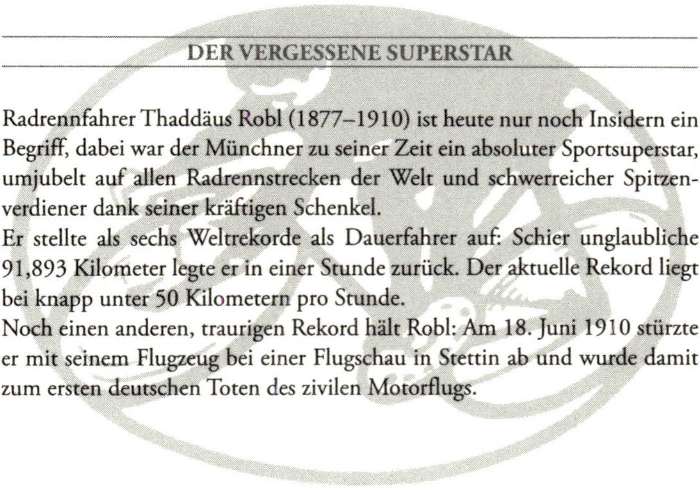

## DER VERGESSENE SUPERSTAR

Radrennfahrer Thaddäus Robl (1877–1910) ist heute nur noch Insidern ein Begriff, dabei war der Münchner zu seiner Zeit ein absoluter Sportsuperstar, umjubelt auf allen Radrennstrecken der Welt und schwerreicher Spitzenverdiener dank seiner kräftigen Schenkel.

Er stellte als sechs Weltrekorde als Dauerfahrer auf: Schier unglaubliche 91,893 Kilometer legte er in einer Stunde zurück. Der aktuelle Rekord liegt bei knapp unter 50 Kilometern pro Stunde.

Noch einen anderen, traurigen Rekord hält Robl: Am 18. Juni 1910 stürzte er mit seinem Flugzeug bei einer Flugschau in Stettin ab und wurde damit zum ersten deutschen Toten des zivilen Motorflugs.

## DIE 10 GRÖSSTEN BIERGÄRTEN NACH SITZPLÄTZEN

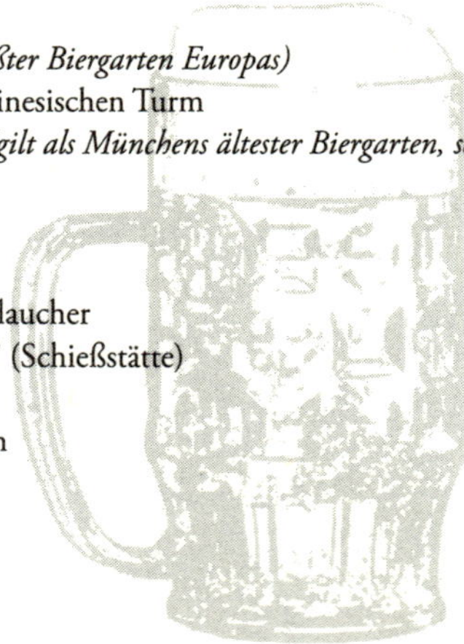

| | | |
|---|---|---|
| **1** | Hirschgarten *(größter Biergarten Europas)* | 8.000 |
| **2** | Biergarten am Chinesischen Turm | 7.500 |
| **3** | Augustinerkeller *(gilt als Münchens ältester Biergarten, seit 1812)* | 5.000 |
| **4** | Nockherberg | 4.000 |
| **5** | Michaeli-Garten | 3.000 |
| **6** | Aumeister | 2.500 |
| | Biergarten Zum Flaucher | 2.500 |
| | Münchner Haupt' (Schießstätte) | 2.500 |
| | Seehaus | 2.500 |
| **7** | Franziskanergarten | 2.300 |
| **8** | Hofbräukeller | 2.100 |
| **9** | Löwenbräukeller | 2.000 |
| | Menterschwaige | 2.000 |
| **10** | Hirschau | 1.700 |

## 1. PAPIERMÜHLE DEUTSCHLANDS

Gemeinhin wird die Gleismühl an der Pegnitz bei Nürnberg als erste deutsche Papiermühle geführt, doch die ging erst 1390 in Betrieb. In der Au auf dem heutigen Kegelhof hingegen stand einst eine Mühle, für die der Papierfabrikant Michael von Pachner bereits am 27. August 1347 einen »Freibrief« zum Betrieb einer Papiermühle von Kaiser Ludwig erhielt. Die Mühle diente vermutlich schon seit 1322 als Papiermühle, damals noch betrieben von einer Familie Perkhofer. Der Kaiser entschied, dass fortan diese Mühle – und nur diese – als einzige in der ganzen Region Papier herstellen durfte. Damit bekam sie für München eine herausragende Bedeutung. Deutschlands erste Papiermühle blieb bis 1862 in der Au, dann verlegte die Firma den Betrieb nach Dachau.

## 1. WIENERWALD DER WELT

»Linzer Stüberl« hieß das Lokal, das der ehemalige Oberkellner Friedrich Jahn 1955 in der Amalienstraße eröffnete. Schon kurz danach nannte er es in »Weinstube zum Wienerwald« um. Hühnersuppe mit Nudeln wurde der Renner. Ein Stammgast brachte den Wienerwald-Gründer dann auf die Idee, die Hendl zur Abwechslung auch mal zu braten. Die beliebten Grillhendl machten aus dem einzelnen Lokal in der Maxvorstadt eine internationale Schnellrestaurantkette.

## VON WEGEN TOTE HOSE …

Straßenstrich in der Sendlinger Straße, am Lenbachplatz oder gar direkt vor der Uni – was man sich heute nicht mehr vorstellen kann, war nach dem Zweiten Weltkrieg normal. Mit den Olympischen Spielen 1972 wurden dann die Bordsteinschwalben aus dem Citybereich verbannt. »Sowohl die Ausübung als auch die Anbahnung von entgeltlichen sexuellen Dienstleistungen«, so heißt es in der Münchner Sperrbezirksverordnung, ist nur in folgenden Gegenden erlaubt:

- ***zeitlich unbeschränkt:*** westlich der Stadtgrenze entlang der Ingolstädter Straße zwischen der Gaststätte Neuherberg (ausschließlich) im Süden und der Waldgrenze im Norden in einer Tiefe von 20 m nach Westen ◦ entlang der Westseite der Freisinger Landstraße nördlich der Autobahnüberführung, beide Rastplätze südlich der Autobahnüberführung sowie die Stichstraße mit Wendeschleife (Zufahrtsweg zur Mülldeponie)
- ***von 20 bis 6 Uhr:*** Friedenstraße 100 m nach der Einmündung in die Rosenheimer Straße bis zur Grafinger Straße ◦ Schäftlarnstraße ab Lagerhausstraße bis einschließlich Hausnr. 32 (Essotankstelle) ◦ nördliche Anliegerfahrbahn der Landsberger Straße ab Lautensackstraße bis Fürstenrieder Straße ◦ Lochhauser Straße ab 100 m westlich der Autobahnunterführung zur Einmündung der Mooswiesenstraße ◦ Wendehammer sowie der anschließende Straßenabschnitt Am Neubruch bis 100 m nach dem Wendehammer
- ***von 22 bis 6 Uhr:*** Hansastraße ab Hausnr. 27 bis 100 m vor der Westendstraße ◦ Zamdorfer Straße ab Töginger Straße bis zur Klausenburger Straße ausgenommen je 100 m beiderseits der Kreuzung Hultschiner Straße

- 2010 arbeiteten ca. 2.500 angemeldete Prostituierte in München
  2000 waren es ca. 1.200
- 2010 arbeiteten 80 Prostituierte auf dem Straßenstrich
  2000 waren es 240

## JUNGES MÜNCHEN

Der Durchschnittsmünchner ist 41,5 Jahre alt.
[*Vergleich: Der Durchschnittsdeutsche ist 43,5 Jahre alt*]
Der jüngste Münchner Stadtteil ist die Maxvorstadt: Der Durchschnittsmaxvorstädter ist 38,7 Jahre alt.

## 1. HERZTRANSPLANTATION DEUTSCHLANDS

Unter der Leitung von Prof. Rudolf Zenker wird an der Chirurgischen Universitätsklinik Münchens am 13. Februar 1969 die erste Herztransplantation Deutschlands an einem 36jährigen Patienten durchgeführt. Der Patient überlebt nur 27 Stunden – nicht, weil er das Fremdgewebe abstieß, sondern weil das Spenderherz vorgeschädigt war.

## ÄLTESTER WINTERSPORTCLUB EUROPAS

1893 gründeten Schneebegeisterte Münchens den allerersten Wintersportverein Europas: den »Schneeschuhverein München 1893«, im Gründungsjahr hatte der Name noch den Zusatz »Akademischer«. Der Verein organisierte Ski- und Schneeschuhausflüge in die nahen Berge und führte in vielen heute renommierten Wintersportorten überhaupt erst das Skifahren ein. Der Verein existiert bis heute und hat 88 Mitglieder.

## MÜNCHEN – STADT ENGLISCHER BIERE

Weil Münchner Bier auch im 19. Jh. nicht wirklich schmeckte, ging in den 1830ern Brauerspross Gabriel Sedlmayr auf Diebestour in Englands Brauereien. Sedlmayr nannte es »*beautiful* Diebstahl«, wenn er mit einem präparierten hohlen Stock in den Sud tauchte und Bierprobe um Bierprobe klaute. Er »lieh« sich ebenfalls einen Saccharometer, mit dem sich die Stammwürze nachweisen und die Gärung kontrollieren lässt. Die Analysen schickte er zum Papa nach München – und keine dreißig Jahre später war Sedlmayrs Spatenbrauerei die größte Brauerei Münchens.
1842 führte Gabriel Sedlmayr zudem als erster Brauer mit Natureis gekühlte Bierkeller ein – eine Revolution, die alle Brauereien der Welt übernahmen. Denn nun durfte man auch im Sommer brauen. Kaum hatte der Münchner Carl von Linde dann die Eismaschine erfunden, setzte Sedlmayr diese technische Neuerung 1873 sofort ein, womit die industrielle Bierproduktion ihren Siegeszug antrat.

## 1. EISHAKEN DER WELT

Auf stolze 50 Erstbegehungen kam der Münchner Bergsteiger Willo Welzenbach (1899–1934). Als er gemeinsam mit Franz (in einigen Quellen heißt er Fritz) Riegele am 15. Juli 1924 die Nordwestwand des Großen Wiesbachhorns in der Glocknergruppe (Hohen Tauern) bezwang, wurden erstmals in der Geschichte des Alpinismus Eishaken verwendet.

## GEBURTSORT DES POLITISCHEN KABARETTS

Das erste, bekannteste und wohl wichtigste politische Kabarett Deutschlands eröffnete am 13. April 1901 im Rückgebäude der Gaststätte »Zum goldenen Hirschen«, Türkenstraße 28: »Die Elf Scharfrichter«. Das Kabarett existierte nur bis 1904, trug aber entscheidend zum »Schwabing«-Mythos bei.

## IST MÜNCHEN ÜBERHAUPT EINE STADT?

Orte, so pflegte man das früher, wurden von irgendwem Wichtigen und Bedeutenden ganz offiziell zur Stadt erhoben. Nur: Münchens Chronik kennt keinen solchen formellen Akt der Stadterhebung!

- Das erste Mal wird München ca. 1207/1210 als »*civitas*« (lat. für Stadt) bezeichnet.
- Den ersten Hinweis auf ein Stadtrecht gibt es am 6. Juni 1271, als die neu gegründete Stadt Kitzbühel das Stadtrecht ausdrücklich nach Münchner Vorbild verliehen bekommt. München muss also damals bereits ein mustergültiges Stadtrecht gehabt haben.
- Herzog Rudolf stellt der Stadt dann am 19. Juni 1294 endlich das erste überlieferte Stadtrecht aus.

## EROTISCHES IN DER SEIDLVILLA

Der erste Teil der damals skandalumwitterten (nach heutiger Ansicht eher erheiternden) Aufklärungsfilm-Reihe SCHULMÄDCHEN-REPORT wurde 1970 zum Teil in der Schwabinger Seidlvilla, Nikolaiplatz, gedreht. Seit 1991 ist die Seidlvilla Bürgerhaus.

## PASING IST ANDERS!

Bis zum 1. April 1938 wehrte sich die Stadt Pasing erfolgreich gegen alle Eingemeindungspläne der Stadt München. Da aber die Nazis München als »Hauptstadt der Bewegung« zu einer der größten Städte des Reiches machen wollten, wurde schließlich auch Pasing geschluckt. Allerdings gelang es dem Pasinger Oberbürgermeister als letzter Kraftakt, den Münchnern eine Sonderstellung für Pasing abzutrotzen: Pasing blieb als einzigem Stadtteil eine eigene Bezirksverwaltung erhalten. Noch heute kann man im Pasinger Rathaus das komplette Angebot einer Stadtverwaltung nutzen.

## REGIONALSYMBOLE AM SIEGESTOR

Am Siegestor befinden sich sechs Medaillons mit Allegorien, die die bayerischen Regierungsbezirke versinnbildlichen sollen:

| | |
|---|---|
| **Oberbayern** | Alpenviehzucht |
| **Ober- und Mittelfranken** | Handwerk und Viehzucht |
| **Unterfranken** | Wein, Getreidebau und Schifffahrt |
| **Pfalz** | Wein und Fischfang |
| **Oberpfalz** | Hammerwerk |
| **Schwaben** | Weberei |

## DEUTSCHE MESSEGELÄNDE IM VERGLEICH

Größte Ausstellungshallen

**1** Messe Hannover (496.000 m²)
**2** Messe Frankfurt (345.700 m²)
**3** Koelnmesse (284.000 m²)
**4** Messe Düsseldorf (263.888 m²)
**5 Messe München (180.000 m²)**

Größte Freiluftgelände

**1 Messe München (253.000 m²)**
**2** Maimarkt Mannheim (210.000 m²)
**3** Messe Bremen (101.200 m²)
**4** Messe Berlin (100.000 m²)
**5** Koelnmesse (100.000 m²)

## MÜNCHENS HERKULES

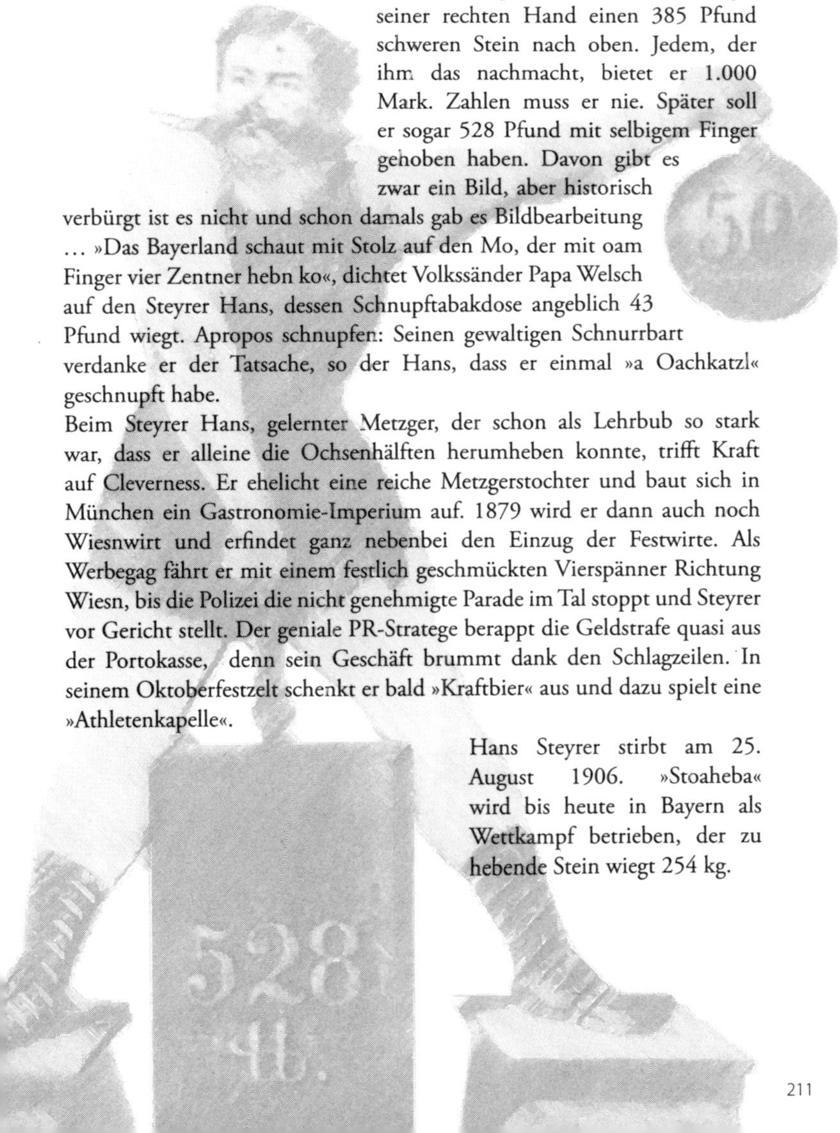


Als »Bayerischer Herkules« bereist er die Welt: Hans Steyrer, geboren am 24. Juni 1849 in Allach, demonstriert in Berlin, Amsterdam, Paris und sogar in Chicago, wozu ein stattliches Münchner Mannsbild in der Lage ist. Er ist ein Wunder an Kraft: Auf zwei Stühlen stehend lupft er mit dem Mittelfinger seiner rechten Hand einen 385 Pfund schweren Stein nach oben. Jedem, der ihm das nachmacht, bietet er 1.000 Mark. Zahlen muss er nie. Später soll er sogar 528 Pfund mit selbigem Finger gehoben haben. Davon gibt es zwar ein Bild, aber historisch verbürgt ist es nicht und schon damals gab es Bildbearbeitung … »Das Bayerland schaut mit Stolz auf den Mo, der mit oam Finger vier Zentner hebn ko«, dichtet Volkssänder Papa Welsch auf den Steyrer Hans, dessen Schnupftabakdose angeblich 43 Pfund wiegt. Apropos schnupfen: Seinen gewaltigen Schnurrbart verdanke er der Tatsache, so der Hans, dass er einmal »a Oachkatzl« geschnupft habe.

Beim Steyrer Hans, gelernter Metzger, der schon als Lehrbub so stark war, dass er alleine die Ochsenhälften herumheben konnte, trifft Kraft auf Cleverness. Er ehelicht eine reiche Metzgerstochter und baut sich in München ein Gastronomie-Imperium auf. 1879 wird er dann auch noch Wiesnwirt und erfindet ganz nebenbei den Einzug der Festwirte. Als Werbegag fährt er mit einem festlich geschmückten Vierspänner Richtung Wiesn, bis die Polizei die nicht genehmigte Parade im Tal stoppt und Steyrer vor Gericht stellt. Der geniale PR-Stratege berappt die Geldstrafe quasi aus der Portokasse, denn sein Geschäft brummt dank den Schlagzeilen. In seinem Oktoberfestzelt schenkt er bald »Kraftbier« aus und dazu spielt eine »Athletenkapelle«.

Hans Steyrer stirbt am 25. August 1906. »Stoaheba« wird bis heute in Bayern als Wettkampf betrieben, der zu hebende Stein wiegt 254 kg.

## HERRSCHERSITZ MÜNCHEN

München wurde erst 1255 herzogliche Residenz und damit Regierungssitz. Hier die Liste der Herrscher, die von München aus regier(t)en. Die Größe ihres Landes änderte sich dabei mitunter dramatisch. Zweimal war es sogar das gesamte deutsche Reich …:

**HERZÖGE**

| | |
|---|---|
| 1255–1294 | Ludwig II. der Strenge |
| 1294–1317 | Rudolf I. der Stammler |
| 1294–1347 | Ludwig IV. *als Ludwig der Bayer Kaiser des Hl. Röm. Reiches* |
| 1347–1361 | Ludwig V. der Brandenburger |
| 1347–1350 | Ludwig VI. der Römer |
| 1347–1350 | Otto V. der Faule |
| 1361–1363 | Meinhard |
| 1363–1375 | Stephan II. mit der Hafte |
| 1375–1392 | Stephan III. + Friedrich der Weise + Johann II. *gemeinsam* |
| 1392–1397 | Johann II. |
| 1397–1438 | Ernst *gemeinsam mit Bruder Wilhelm III. bzw. Neffe Adolf* |
| 1397–1435 | Wilhelm III. *gemeinsam mit Bruder Ernst* |
| 1435–1441 | Adolf *erst gemeinsam mit Onkel Ernst, dann mit Albrecht III.* |
| 1438–1460 | Albrecht III. der Fromme *bis 1441 gemeinsam mit Cousin Adolf* |
| 1460–1463 | Johann IV. der Wahrhaftige |
| 1463–1467 | Siegmund |
| 1465–1508 | Albrecht IV. der Weise |
| 1508–1550 | Wilhelm IV. der Standhafte *gemeinsam mit Bruder Ludwig X.* |
| 1514–1545 | Ludwig X. der Reiche *gemeinsam mit Bruder Wilhelm IV.* |
| 1550–1579 | Albrecht V. der Großmütige |
| 1579–1597 | Wilhelm V. der Fromme |
| 1597–1623 | Maximilian *bis 1623 nur Herzog, ab 1623 Kurfürst* |

**KURFÜRSTEN**

| | |
|---|---|
| 1623–1651 | Maximilian I. *nun Kurfürst, bis 1623 nur Herzog* |
| 1651–1679 | Ferdinand Maria der Friedliebende |
| 1679–1726 | Maximilian II. Emanuel der Blaue Kurfürst |
| 1726–1745 | Karl I. Albrecht *als Karl VII. auch Kaiser des Hl. Röm. Reichs* |
| 1745–1777 | Maximilian III. Joseph der Vielgeliebte *mit ihm stirbt die bayerische Linie der Wittelsbacher aus* |

***Linie Pfalz-Neuburg***

| | |
|---|---|
| 1777–1799 | Karl II. Theodor |

***Linie Pfalz-Zweibrücken***

| | |
|---|---|
| 1799–1806 | Maximilian IV. Joseph *wird als Max I. Joseph Bayerns 1. König* |

## KÖNIGE UND PRINZREGENTEN

| | |
|---|---|
| 1806–1825 | Maximilian I. Joseph *regierte zuvor als Max IV. Joseph* |
| 1825–1848 | Ludwig I. *dankt 1848 zugunsten seines Sohns ab* |
| 1848–1864 | Maximilian II. Joseph |
| 1864–1886 | Ludwig II. |
| [1886–1913/16 | Otto I. *jüngerer Bruder Ludwigs II.; steht von Beginn seiner Thronbesteigung an wegen Geisteskrankheit unter Regentschaft; wird vom Bayerischen Landtag durch Verfassungsänderung 1913 abgesetzt, bleibt aber bis zu seinem Tod 1916 »König ehrenhalber«.*] |
| 1886–1912 | Luitpold *Prinzregent, Bruder von Max II., somit Ottos Onkel* |
| 1912–1913 | Ludwig *Sohn Luitpolds, erst Prinzregent, lässt 1913 seinen Cousin Otto I. absetzen und besteigt selbst den Thron als Ludwig III.* |
| 1913–1918 | Ludwig III.* |

## MINISTERPRÄSIDENTEN DES FREISTAATS BAYERN

| | |
|---|---|
| 11/1918–02/1919 | Kurt Eisner *USPD* |
| 03/1919–1920 | Johannes Hoffmann *SPD* |
| 1920–1921 | Gustav Ritter von Kahr *parteilos/nationalkonservativ* |
| 1921–1922 | Hugo von Lerchenfeld *BVP* |
| 1922–1924 | Eugen Ritter von Knilling *BVP* |
| 1923–1924 | Gustav Ritter von Kahr (Generalstaatskommissar) *parteilos/nationalkonservativ* |
| 1924–1933 | Heinrich Held *BVP* |
| 1933–1945 | Franz Ritter von Epp (Reichskommissar) *NSDAP* |
| 1933–1942 | Ludwig Siebert *NSDAP* |
| 1942–1945 | Paul Giesler *NSDAP* |
| 05/1945–09/1945 | Fritz Schäffer *CSU* |
| 09/1945–12/1946 | Wilhelm Hoegner *SPD* |
| 12/1946–1954 | Hans Ehard *CSU* |
| 1954–1957 | Wilhelm Hoegner *SPD* |
| 1957–1960 | Hanns Seidel *CSU* |
| 1960–1962 | Hans Ehard *CSU* |
| 1962–1978 | Alfons Goppel *CSU* |
| 1978–1988 | Franz Josef Strauß *CSU* |
| 1988–1993 | Max Streibl *CSU* |
| 1993–2007 | Edmund Stoiber *CSU* |
| 2007–2008 | Günther Beckstein *CSU* |
| seit 27.10.2008 | Horst Seehofer *CSU* |

** heutiger Chef des Hauses Wittelsbach: Franz Herzog von Bayern, Franken und in Schwaben, Pfalzgraf bei Rhein (* 14. Juli 1933 in München) ist seit 1996 das Oberhaupt der Wittelsbacher. Als Nachfahre der Stuarts wird er von schottischen Jakobiten als rechtmäßiger Inhaber des britischen Throns angesehen und als »Francis II., König von England, Schottland, Irland und Frankreich« bezeichnet.*

## DIE WANDERBRÜCKE

Die Katastrophe brach am 13. September 1899 über die Stadt: Ein verheerendes Hochwasser zerstörte fast alle Münchner Brücken. Wie durch ein Wunder blieb eine völlig heil: die Reichenbachbrücke. Eine Holzkonstruktion, die seit 1842 die Fraunhoferstraße mit der Vorstadt Au auf der anderen Isarseite verband. Die Holzbrücke war also essenziell für den Verkehr über die Isar. Dennoch plante man einen steinernen Neubau. Während des Neubaus sollte allerdings der Verkehr weiterrollen. Gleichzeitig sollte die alte Achse aus städtebaulichen Gründen beibehalten werden. Also musste die Holzbrücke wandern, um weiterhin als Behelfsbrücke zu dienen. Am 3. Juni 1902 versetzte man sie trotz ihrer 1,2 Mio. kg in einem beispiellosen Kraftakt innerhalb von 24 Stunden um stattliche 25 m Richtung Süden. Die Stadtchronik wusste zu berichten: »Um die 5. Abendstunde begann heute die eigentliche Arbeit der Fortbewegung und Verschiebung der Reichenbachbrücke. Unter jedem der zwölf Brückenjoche waren in sicherer Lage je drei starke Hebewinden angebracht, die bestimmt waren, die rollende Last durch kräftigen Hub nach oben zu verringern. Auf ein Pfeifensignal wurden zu gleicher Zeit alle Winden in Thätigkeit gesetzt, daß die alten, aber harten Balken der Brückenfahrbahn krachten. Dann ertönten von zwei Seiten Hupensignale und in gleichmäßigem, langsamem Zuge setzten sich die elf großen Winden auf der Brücke ein. Die starken Drahtseile wurden straff und zogen an den stabilen Rollen an, daß die rückwärtigen Drahtseilverankerungen sich tief in die Widerlagerbalken eingruben. Langsam, für das Auge kaum merkbar, kam die Brücke ins Rollen …«

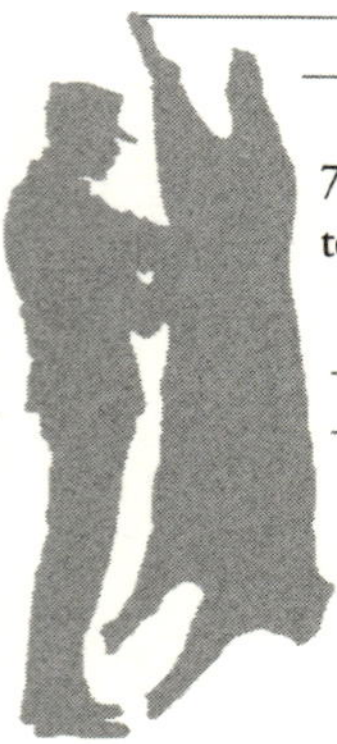

## DIE MÜNCHNER SCHLACHTFREQUENZ

70 Tiere können pro Stunde im Münchner Schlachthof geschlachtet werden. Die Tagesschlachtkapazität beträgt 200 t.

## MÜNCHENS 1. BLUMENLADEN

Am 1. Oktober 1888 eröffnete Luise Schilsky in der Brienner Straße 8, Café Luitpold Block, das erste Geschäft in München, das sich ausschließlich dem Verkauf lebender Blumen verschrieben hatte.

# MÜNCHNER ZAHLEN 089

9.908.774 Übernachtungen

746.543 Wohnungen

398.020 Ein-Personen-Haushalte

53.924 Tourismusbetten

2.976 Ärzte

1.274 Zahnärzte

1.115 Kindertagesstätten

407 Apotheken

194 Volksschulen

189 berufliche Schulen

187 röm.-katholische Kirchen

84 Kinos

120 öffentliche Bibliotheken

61 Theater

51 Altenheime

50 evangelische Kirchen

52 Museen

49 Gymnasien

45 Krankenhäuser

38 Moscheen

37 Realschulen

1 alt-katholische Kirche

2 Synagogen

# MÜNCHEN-MYTHEN

## 1. GRANT

Wilde Geschichten kursieren über ihn, er wird gefürchtet wie der Taxler in Berlin. Totaler Schmarrn! Er ist kein Mythos, denn es gibt ihn wirklich, den Grant, aber der Grantler misanthropelt halt ein wenig und ist ansonsten eigentlich ein ganz netter Zeitgenosse. Wer einen Grant hat, lebt einfach seine schlechte Laune aus und meint es nicht weiter bös.

Hier die Fakten: Grantler, der; -s *(bayer., österr. für mürrischer Mensch)* vom adj. *grantig:* zänkisch, mürrisch, übellaunig; abgl. von *grennen:* murren, brummen, knurren. Syn. *Zwiderling, Zwiderwurzn, Grantlhauer, Grantlhuber*

Ihn gibts im gesamten süddeutschen Raum sowie in Österreich. Er ist meist mit allem unzufrieden und schimpft mehr oder minder leise vor sich hin. Nicht zu verwechseln mit dem Wiener »Suderer«, dem grundsätzlich nichts Recht zu machen ist und der absichtlich an allem herummotzt.

Klassische Grantler: Alois Hingerl, Gepäckträger und von Ludwig Thoma ersonnene literarische Figur (»Ein Münchner im Himmel«); Herr Hirnbeiß, die Cartoon-Figur von Franziska Bilek (tägl. in der Abendzeitung); beinahe alle Filmrollen, die Walter Sedlmayr, Hans Moser und Gerhard Polt spiel(t)-en sowie fast alle bayrischen/österreichischen Kabarettisten. Mit dem Aussterben des Münchnerischen ist auch der Grantler langsam eine verschwindende Spezies.

## 2. FÖHN

Nüchtern betrachtet versteht man unter unserem Föhn einen warmen, trockenen und häufig stark böigen Fallwind auf der Nordseite der Alpen. Föhn ist aber ein weltweites Phänomen sobald ein Gebirge im Spiel ist. In den Rocky Mountains heißt der Föhn z. B. Chinook und ist erheblich stärker als in den Alpen.

Die übliche thermodynamische Föhntheorie trifft dabei nicht auf den Münchner Föhn zu, denn an den meisten Föhntagen herrscht südlich des Alpenkammes kein Niederschlag! Unser Föhn lässt sich ganz einfach dadurch erklären, dass die Luft nicht vom Alpensüdfuß stammt, sondern aus größerer Höhe herabgezwungen wird. Nichts desto trotz scheint Föhn in München weitgehende Auswirkungen zu haben. Er rückt nicht nur die Alpen in scheinbar greifbare Nähe, er dient auch als Ausrede für alles und jeden – für Grant, Maulfaulheit, Migräne, Kreislaufprobleme, Nervosität, Schlafstörungen, Hysterie sowie für den unaufschiebbaren Zwang, den Tag an der Isar, am See, im Biergarten oder Straßencafé zu verbringen. Wissenschaftlich ist eine Auswirkung des Föhn auf den Menschen allerdings immer noch nicht bewiesen.

## DAS ÄLTESTE GYMNASIUM

An der Thierschstraße 46, Ecke Maximilianstraße, direkt am Maxmonument, steht Münchens ältestes – und von 1599 bis 1824 auch einziges – Gymnasium, das Wilhelmsgymnasium, von Insidern kurz »WG« genannt.

*7.080 m* Straßen und
*16.291 m²* Plätze

sind in München nach Menschen benannt,
die einst Schüler des Wilhelmsgymasiums waren.

## ES FÄHRT EIN ZUG NACH AUGSBURG …

Am 26. August 1839 verließ die Dampflokomotive »Vesta« als erste Lok den funkelnagelneuen, hölzernen Münchner Bahnhof auf dem Marsfeld in der Maxvorstadt. »Vesta« kam nur bis Lochhausen, weiter waren die Schienen noch nicht gebaut. Am 7. Oktober 1841 schließlich konnte die Strecke München–Augsburg eröffnet werden.

## ES FÄHRT EIN ZUG VON AUGSBURG …

»Das Beste an Augsburg«, so meinte der große Dramatiker Berthold Brecht einst, »ist der Zug nach München.«

## BIER LÖSCHT DIE BRENNENDE OPER

14. Januar 1823 – die Stadt ist tiefgefroren in einem der kältesten Winter des 19. Jh. Alle Löschteiche bieten nur festes Eis. Und ausgerechnet in dieser Situation bricht während der Aufführung der Oper »Die beiden Füchse« von Étienne-Nicolas Méhul gegen 18 Uhr ein Feuer in der Dekoration aus. Was tun? König Max I. und sein Sohn Ludwig haben eine Idee: Sie lassen Chevaulegers die Bierfässer im nahen Hofbräuhaus beschlagnahmen und mit blanken Waffen Leute zwingen, diese zur Oper rollen. Trotz der Hektoliter Bier, die auf die Flammen regnen, brennt die Oper zur Hälfte nieder. Den Wiederaufbau finanziert der König mit dem »Bierpfennig«, den er auf jede Maß Bier erhebt.

## RAMA DAMA

»Rama dama!«, rief 1949 Münchens Oberbürgermeister Thomas Wimmer (SPD). Auf Hochdeutsch: »Räumen tun wir!« Der »Wimmer Dammerl«, wie die Münchner den beliebten OB nannten, zog sich eine Schürze unter sein Wollsakko, klemmte den Zigarrenstummel in den Mundwinkel und griff selbst zur Schaufel. Ziel der Aktion: München, das nach dem Zweiten Weltkrieg immer noch in Schutt und Asche lag, von den Trümmern zu befreien. Der Wimmer Dammerl legte sich ins Zeug, verlud Ziegelsteine und Ruinentrümmer auf Lastwagen zum Abtransport auf den Schuttberg und die Münchner machten es ihm nach. Bis heute werden offizielle Entrümpelungs- und Abfallentsorgungs-Aktionen in München gerne mit dem Schlachtruf »Rama dama!« beworben.

## MÜNCHENS 1. AMPEL

Rot. Gelb. Grün. Erstmals leuchtete in München das Signal einer elektrischen Ampel im Jahr 1927 an der Nordseite des Bahnhofplatzes.

## DAS BAUREFERAT MELDET:

*32.000.000 m²*
öffentliche Verkehrsflächen

*4.210.00 m²*
Straßenbegleitgrün

*2.235 ha*
Grün- und Parkanlagen

*290 ha*
Friedhofsflächen

*161 ha*
Spielplätze (inkl. Bolzplätze)

## KOMMUNALE BRUNNEN UND DENKMÄLER

*185*
kommunale Brunnen
&
*516*
kommunale Denkmäler und Kunstwerke
unterhält die Stadt München

## UNSERE ZHS IST DIE GRÖSSTE

Zentraler Hochschulsport wird in München riesengroß geschrieben: Über 90.000 Studierende nutzen das Angebot mit mehr als 40 Sportarten von Aerobic bis Windsurfen. Damit ist die ZHS München die größte Hochschulsporteinrichtung Deutschlands.

## ACH JA, DIE GUTE ALTE ZEIT IM HOFBRÄUHAUS …

Reisende beschwerten sich bitter, dass man im Hofbräuhaus »*en canaille*« behandelt würde, denn um 1842 ging es im heute legendären Biertempel so zu: Man musste seinen eigenen Maßkrug mitbringen, so man keinen hatte, musste man sich die Krugmitbenutzung bei einem anderen Gast erkaufen. Spülen musste man den Krug eh selbst am Brunnen. Dann gab man den Krug an der Schänke ab, zahlte und wartete. Die gefüllten Krüge wurden mit Nummern aufgerufen. Passte man gerade nicht auf oder hatte man seine Nummer vergessen, konnte es gut passieren, dass jemand unberechtigter sich den frisch gezapften Seidl aneignete. Na denn, Prost.

## VÖLLIG LOSGELÖST …

In München und der Region gibt es 165 Luft- und Raumfahrtunternehmen sowie 20 Satellitennavigationsunternehmen – wobei es hier Überschneidungen gibt: 21 Firmen sind in beiden Sektoren tätig.
Mit Luft- und Raumfahrt befassen sich außerdem 7 Hochschulen und Forschungseinrichtungen. Rund 30 % der Unternehmen haben ihren Sitz in München, rund 70 % in angrenzenden Gemeinden der Planungsregion

## BEGINN DER STÄDTISCHEN BESTATTUNG

Die erste städtische Leichenanstalt wird im Jahr 1819 errichtet. Ihr obliegt das gesamte Friedhofs- und Bestattungswesen.

## DER FINESSENSEPPERL

Er ist bis heute in München sprichwörtlich und es gab ihn wirklich in Fleisch und Blut: den Finessensepperl. Johann Huber war ein münchenweit bekanntes Original, das man gerne für Botengänge buchte. Legendär wurde sein Spruch: »Nix gwiss woaß ma ned.« Im April 1829 starb der Finessensepperl. Auch im Tod gelang ihm Ungewöhnliches: Sein Skelett kann auf sein Grab schauen – die Gebeine sind in der Pathologie, Thalkirchner Straße, ausgestellt, sein (recht leeres) Grab befindet sich gleich gegenüber im Alten Südlichen Friedhof.

## NUR ZUM VERGLEICH: EIN PAAR ARBEITSLOSENQUOTEN

| | |
|---|---|
| **BERLIN** | 14,1 % |
| **DÜSSELDORF** | 8,6 % |
| **HAMBURG** | 8,6 % |
| **FRANKFURT a. M.** | 6,6 % |
| **NÜRNBERG** | 6,2 % |
| **STUTTGART** | 5,7 % |
| **MÜNCHEN** | 5,0 % |

*Quelle: Bundesagentur für Arbeit, Stand 2009*

## DURCH MÜNCHEN-TOURISMUS AUSGELÖSTE UMSÄTZE

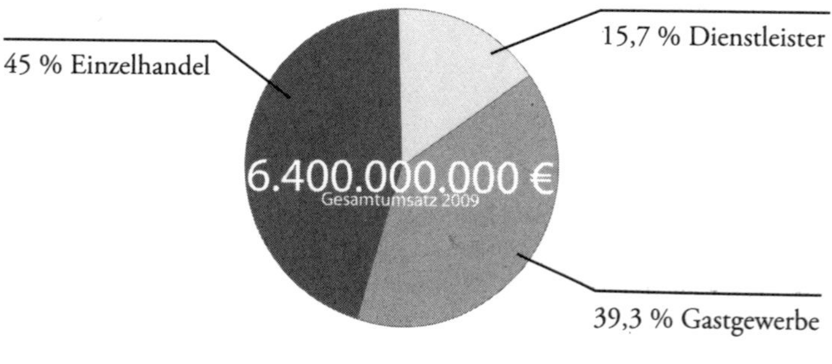

## TANZENDE SCHÄFFLER

Wir schreiben das Jahr 1517: Die Pest wütet in München, über 5.000 Menschen sterben in wenigen Monaten. Alle, die die Seuche nicht dahingerafft hat, verbarrikadieren sich in ihren Häusern. Die Bauern meiden den Markt großräumig, die Stadt ist abgeriegelt. Im Herbst schlägt der Schwarze Tod aber kaum noch zu, das schlimmste scheint vorbei. Um die lähmende Agonie zu durchbrechen und dem Tod ins Gesicht zu lachen, beschließt ein Schäfflermeister, der seine Werkstatt am Färbergraben 20 hat, seine Zunftkollegen zusammenzutrommeln und ein Zeichen des Lebens gegen das Sterben zu setzen. Die Schäffler (Fassmacher) schmeißen sich in ihre Zunfttracht, schaffen es sogar, die Metzgerzunft für die Idee zu begeistern und ziehen ihren uralten Reifentanz tanzend durch die Straßen. Die Metzger singend hinterher. Und der Bann bricht tatsächlich. Die Münchner trauen sich wieder auf die Straße und tanzen sich den Alptraum von der Seele. Eine alte Bäuerin aus Perlach mit einer Butte voller Eier hört vor dem Stadttor das Remmidemmi und denkt sich: »Na, wenn die feiern und singen, wirds wohl mit der Pest vorbei sein.« Sie traut sich zaghaft in die Stadt und wird von den Tanzenden in einer feierlichen Prozession zum Markt geführt. Die Figur der Perlacher »Gretl mit der Buttn« bleibt bis 1802 unverzichtbarer Teil des Schäfflertanzes. Später wird sie vom Hanswurst ersetzt.
Nachdem die Schäffler durch alle Straßen gezogen sind, springen die Metzgerlehrlinge in den Fischbrunnen am Marienplatz, um zu zeigen, dass auch das Wasser wieder rein ist (→ daher kommt angeblich der Metzgersprung, der bis zu Beginn des Zweiten Weltkriegs jährlich an Rosenmontag im Fischbrunnen stattfand). Nach Ende der Pestwellen wird der Schäfflertanz durch ein herzogliches Privileg zunächst alle drei Jahre aufgeführt, um den Triumph des Lebens zu feiern. Warum sich der Rhythmus auf alle sieben Jahre veränderte, ist unklar. Seit 1760 jedenfalls tanzen die Schäffler nur noch alle sieben Jahre zur Faschingszeit (das nächste Mal 2012).
Schäfflermeister oder deren Söhne durften früher nicht tanzen. Die Tänzer mussten unverheiratet sein, einen einwandfreien Leumund haben, gelernte Schäffler sein und seit mindestens zwei Jahren in München wohnen. Ab 1963 zwingt Personalmangel zum Traditionsbruch, auch verheiratete Schäffler dürfen nun tanzen. Ab 1970 muss dann sogar auf berufsfremde Tänzer zurückgegriffen werden. 2005 gehören nur noch ganze fünf Schäffler der Tanzgruppe an, die übrigen 20 Tänzer kommen aus anderen Handwerksberufen.

## KINDERWAGENVERBOT IM HOFGARTEN

Bis zum 21. März 1878 war es verboten, seinen Kinderwagen durch den Hofgarten zu schieben, dann erst wurden bestimmte Strecken für Kinderwägen freigegeben.

## DIE RENNSAU

München war ein Schweineparadies – bis 1475. Ab da durfte keine Sau mehr innerhalb der Stadt frei herumlaufen (zumindest keine vierbeinige Sau). Schweine durften nur noch außerhalb bei den Sauställen (= die heutige Erhardtstraße in der Isarvorstadt) gehalten werden. Mit vier Ausnahmen: Jedes Stadtviertel bekam eine privilegierte Sau, das Antonius- oder Tönerlschwein (Antonius, weil der Hl. Antonius der Schutzpatron der Schweine war, und Tönerl, weil jedes Schwein ein tönendes Glöckchen um den Hals bekam). Das Antoniusschwein war bis ins 16. Jh. die Rennsau. Dann wurde der Brauch abgeschafft und eine neu Rennsau trat auf den Plan: Beim Jacobi-Pferderennen winkte als fünfter und letzter Preis ein Schwein! Der Gewinner durfte seine Sau mit einem Glöckchen ausstatten und innerhalb der Stadt, die ansonsten weiterhin saufreie Zone war, frei herumlaufen lassen, so lange er wollte. Viele machten sich einen Spaß daraus, die Sau durch die Straßen zu jagen. So wurde das Schwein zur Rennsau.

## 1. ZEBRASTREIFEN DEUTSCHLANDS

Schon 1926 ließ der Stadtrat an besonders verkehrsreichen Stellen wie Marienplatz oder Stachus weiße Markierungen auf der Fahrbahn anbringen, um damit Fußgängerüberwege zu kennzeichnen, an denen Autos zu halten hatten. Die Idee floppte umgehend; schon allein, weil die Farbe nicht wetter- und abriebfest war und bereits oft am nächsten Tag nicht mehr erkennbar war. München wurde dann aber doch noch Vorreiter in Sachen Straßenüberquerung: Die ersten Zebrastreifen Deutschlands wurden hier am 8. Juli 1952 auf den Asphalt gemalt – gleich zwölf an der Zahl. Die westdeutsche Straßenverkehrsordnung übernahm Münchens avantgardistische Fußgängerüberwege zum 24. August 1953.

## AM SAMSTAG WAR PFERDEMARKT

Sang- und klanglos verschwand der traditionsreiche Münchner Pferdemarkt im Dezember 2006 aus der Stadt. Seit 1876 fand er in den damals neu gebauten Hallen des Schlachthofs München statt – früher zweimal wöchentlich als »Rossmarkt«, später nur noch einmal monatlich jeden ersten Samstag. 2006 verlegte der Veranstalter, die Einkaufs- und Liefergenossenschaft der Viehkaufleute Bayerns eG, Bayerns einzigen Pferdemarkt dann mir nichts, dir nichts in die Oberlandhalle nach Miesbach.

## DIE LETZTEN PATERNOSTER

Paternoster dürfen seit 1973 in Deutschland nicht mehr in Betrieb genommen werden. Der Münchner »Verein zur Rettung der letzten Paternosteraufzüge« konnte die Stilllegung aller Paternoster 1994 zum Glück verhindern. Hier kann man noch Paternoster fahren:

- Kontorhaus 2 in der Großmarkthalle
- Städtisches Hochhaus, Blumenstraße 28a/b
- Deutsches Patent- und Markenamt, Zweibrückenstraße 12
- Polizeipräsidium München I, Ettstraße 2
- Boston Consulting Group, Ludwigstraße 21
- Galeria Kaufhof am Stachus *(nur für Mitarbeiter)*
- Anger Palais, Unterer Anger 3 *(nur für Mitarbeiter)*

## EINKAUFSZENTREN IN M²

*56.000 m²*
OEZ Olympia-Einkaufszentrum

*50.000 m²*
PEP Einkaufs-Center Neuperlach

*46.500 m²*
Riem Arcaden

*23.000 m²*
Pasing Arcaden *(Eröffnung Herbst 2011)*

*14.000 m²*
Fünf Höfe

## GENUG VON MÜNCHEN?

Auch wenn wir ganz genau wissen, dass es keinerlei echte Alternativen zu München gibt, hier ein paar Vorschläge mit Entfernungsangaben:

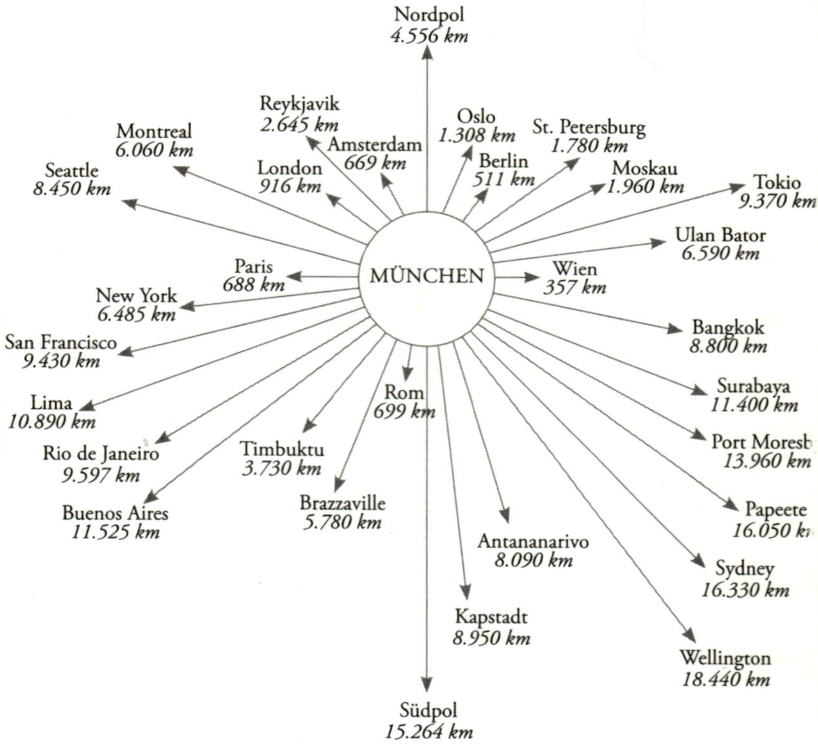